爆笑山海经

一本正经的上古神话

·上·

梁爽
笠原May

著

人民东方出版传媒
People's Oriental Publishing & Media

东方出版社
The Oriental Press

目录

目录

《山海经》竟然是一本食谱？

万古神魔世界，千载山水有灵。

奇珍异兽任纵横，难辨人间仙境？四海八荒争雄，青天白玉为京。

山海变幻何为凭？

听我一本正经！

　　《山海经》是中国先秦时期的一部重要古籍，那么它到底写的是什么呢？——这个答案很复杂。

　　后世人们对这本书的解读，有很多不同的角度：

　　有人认为它是地理著作，因为其中有明确的对方位、距离，以及山与海之中存在的矿产、动物、植物等的描述。曾经有一位美国女探险家莫兹博士，得到了一本残缺不全的《山海经》英译本。她突发奇想，就按照书中的记载，徒步勘察了美洲的山川河流。她沿着一座座山一条条河验证，考证《山海经》里面的地理位置，全程6000多英里，跟书上的记载误差只有107英里，就连其中记载的许多动物都能对上号。要这么看《山海经》记载的还不仅是中国的地理，简直就是世界地图。有些略有出入的地方，咱们也可以理解为地壳运动改变了地貌。至今还一直有学者针对地理学方向，进行考据和探讨。

也有人认为，《山海经》中记载的那些精彩的神魔大战，是经过夸张手法描写的上古历史：什么天塌地陷、搬山倒海、呼风唤雨的场面，其实只是远古部落之间的原始战争。即使有了冶炼技术，上古时期的刀剑也很脆，一刀劈在敌人脸上，刀口可能就崩了——敌人脸皮也有点厚。甚至最早打仗的时候可能还在旧石器时代，大家吵急了，先骂街，再互相扔石头，打不过了怎么办？这些部落的首领就要冲上去用身体硬扛。所以《山海经》经常描述一些首领都有动物的身体，什么虎身、豹尾、鹰爪，或者身高数丈，这都是上古先民对身体力量的崇拜。神话史上那些惊天动地的大场面，只是一种艺术的夸张，但是并不等于这些历史不存在。

还有人认为，《山海经》是一本食谱！这个观点我很喜欢。您还别说，这也很靠谱。为什么呢？因为《山海经》里不但记载了很多珍禽异兽，还记载了它们的口感和疗效。从古至今，很多人尝试把《山海经》中描述的动物画出来，它们大部分看着就很恐怖，不是好几个脑袋，就是好多条腿，要不然就是兽身人首，一个个龇牙咧嘴的，神情凶悍。实际上，书中记载的真正吃人的动物数量并不多——因为谁吃谁，还没准儿呢！

这些鸟兽在先民眼中都是食物，很多还具有药效：

譬如《南山经》记载：招摇之山……有兽焉，其名曰狌狌，食之善走。

就是说吃了这种动物，人就会健步如飞。

还有：青丘之山……有兽焉，其状如狐而九尾，食者不蛊。意思是说，吃了九尾狐的人就可以不中妖邪毒气。

还有一种会叫的鱼，名字叫儵（shū）鱼，食之无忧，就是吃了之后感到无忧无虑。

类似的还有很多，有的可以治疗瘟疫，有的能止吐，有的甚至能治好脚上的老茧。所以《山海经》简直可说是一本健康食疗菜谱大全。总之，所有鱼类和鸟兽基本上都可以吃，架上火、转圈儿一烤，隔壁部落都馋哭了。

从这个层面来看，简直就是"舌尖上的中国"。当然书中描述的地方也包括海外，所以实际上是"舌尖上的世界"，吃遍天下无敌手！为什么这些动物在我们今天的世界里找不到了，可能是因为被吃绝种了……

当然了，也有些怪兽是要吃人的，可能吃完之后，转身也在树上记载一下：有人焉，食之……能解饱！

那么说了半天，《山海经》到底是本什么书呢？我认为，没必要给它归类。因为创作它的不是一个人，成书的时间跨度也很大。

我们说它是先秦的著作。什么是先秦？秦始皇统一中国之前都是先秦。这个历史跨度就非常大了，从旧石器时代到新石器时代，从夏、商、西周，到春秋、战国，笼统地说都是先秦。而《山海经》不是一次写成，也不是一人写成的，前后创作者的跨度可能超过千年。其中很多故事都是碎片化的，甚至有个别说法是前后矛盾的。

所以，本书也会参考其他古籍上的一些神话传说，重新梳理、补全这个体系庞大的故事。

《山海经》的作者们，并不是在写小说，他们仅仅是记录者。您想在上古时代，先民们忙着耕作、狩猎，首先要生存。与此同时，部落之间还要争夺土地、资源。在这种背景下，作者不会进行荒诞的、没有任何真实背景支持的文学创作。他们只是把自己所见所闻记录下来，并且代代相传。

《山海经》为什么能代代相传？因为里面的记录太好玩儿了！不仅有千奇百怪的山川河流，品种丰富的植物动物，而且还暗藏着很多生动的故事，传奇的人物。就好像一扇异世界的大门在我们面前豁然打开。这是一个什么样的异世界？我认为，这是一个人与神共存的世界，是一个万物皆有灵的时代。

马克思曾经说过："任何神话都是用想象和借助想象以征服自然力，支配自然力，把自然力加以形象化。"

上古先民眼中的世界也很简单：那些浓眉大眼的，跟咱们长得差不多的就是人；半人半兽，还神通广大、法力无边的，就是神；此外还有些跟人一点不像，但是也很厉害，动不动要吃人的东西，就是怪物；长得跟人不一样，又不厉害，没啥能耐的呢，那就是食材，是美味佳肴。几千年来对美食的执着，也是咱们的优良传统。

言归正传，人和神为何共存一个世界里呢？因为人是神造的。谁造的？那是一位远古女神，叫作女娲娘娘。

这位众神之祖，最古老的女神女娲娘娘，有些什么故事呢？且听《山海经》第一回，女娲造人。

女娲（上）：
第一回 | 创世女神的流水线

今天这一回，咱们讲讲创世之神的故事。

全世界各个国家，各个民族，都想知道一件事情：这个世界到底是怎么来的，人是怎么来的。对此，不同的文明有着不同的神话传说。

西方有上帝创世的说法，用泥土做出的第一个男人叫亚当，用亚当的肋骨造出的第一个女人叫夏娃，他们就是人类始祖。

印度也有创世神，叫梵天，有四个头、四张脸，他创造了十一位心灵之子，据说就是人类的祖先。

说到中国的创世神，可能很多人会说，盘古开天辟地嘛，创造世界的神，肯定就是盘古。

那盘古是怎么创造世界的呢？

三国时代的古籍《三五历纪》是这么说的："天地浑沌如鸡子，盘古生其中。万八千岁，天地开辟，阳清为天，阴浊为地。盘古在其中，一日九变……"

这是说最初的天地就是一个蛋，还是个孵化不完全的蛋，盘古就是个活珠子……他在里面孵了多长时间呢？一万八千年。里面什么都没有，没有电脑、手机，也太闷了，后来盘古实在忍不了，干脆自己从蛋壳里跑出来了——搞笑的是，经过后代加工的神话里，说盘古用一把巨大的斧子把天地给劈开了——天地都还没有，盘古还是活珠子，这把斧子是哪来的？

总之就是劈开了，盘古也出来了。蛋里面的物质，清为天浊为地，天地就这么产生了。

盘古一出来非常开心，胶囊公寓变成大别墅了，宽敞啊。但是这个别墅还没彻底完工呢，盘古为了稳固天地，又忙活了一万八千年，主要是活儿太多了！忙活完了基建工程，盘古一看，稳是稳当了，可是天地之间什么都没有，这别墅是个毛坯房啊！怎么也得来个精装修是不是？所以盘古就成为历史上第一个器官捐献者：传说他捐出自己的眼睛，一个变成太阳，一个变成月亮，头发变成漫天星斗，身体四肢变成山川，血液变成河流，最后他高昂的头颅，就化为世界第一峰——喜马拉雅山上的珠穆朗玛峰。

记得 1990 年北京举办亚运会时刘欢唱的那首主题曲吗？"我们亚洲，山是高昂的头……"唱得多好，山就是盘古高昂的头呀！

"死后骨节为山林，体为江海，血为淮渎，毛发为草木"，反

正一点儿也没糟践，身体的各个部分都变成了世间万物。相当于盘古把自己全部变成了瓷砖、地板、天花板、吊顶……牺牲自己完成了硬装修。

刚才我们也说了，这个是三国时期的记载，比《山海经》的年代晚了很多。

盘古把天地都弄好了，江河湖海日月星辰都创造出来了，可是没有造人啊！可能忘了，也可能没来得及，就累死了。

如果从这个角度看，创世神不是盘古，而是传说中的万物始祖——女娲娘娘。

可能有人要问了，女娲创造了所有生灵，那女娲是谁创造的？您要是能提出这个问题，就很有思想了。因为大诗人屈原也思考过这个问题。在《天问》这首诗里，屈原提出了170多个问题，涉及天文、地理、王朝兴衰、历史传说，什么都问。其中一个很尖锐的问题是：

"女娲有体，孰制匠之？"

就是说女娲大神按照自己的样子造出了人，说明她自己是有形体的，那她的形体是谁造的呢？

《天问》只有问题，没有答案。屈原也不知道女娲是打哪来的。谁知道呢？

——我呀！

告诉你们，女娲是从葫芦里蹦出来的！

听我慢慢解释。

上古洪荒时代，到处都发大水，那时的人们把葫芦看作神奇的避难所，这就是最早的漂流瓶。传说女娲就是在葫芦里孕育出来的，等到洪水退去，女娲就从葫芦里诞生了。所以直到现在我们国家还有很多地区的很多民族，有对葫芦的崇拜。葫芦也被视为吉祥如意的象征。

女娲出来之后，到处飞，也挺无聊。风景是不错，但是自己玩没劲啊。有天无聊，她坐在河边儿玩泥巴，黏土啊。最先捏出来的，是一只鸡，这一天就被定为了正月初一。这解决了一个千古难题：到底是先有鸡还是先有蛋？从神话角度说呢，是先有鸡，女娲娘娘做的。正月初二，女娲又捏了一只狗，初三，猪，初四，羊，初五，牛，初六，马……到了初七这天，女娲突发奇想，按照自己的形象捏出一个小人儿，往地上一放，嘿，也活了！

这一天是正月初七，所以咱们管初七叫"人日子"。

女娲最开始造人的时候做得比较细致，跟泥人张似的，小泥人儿有身体、四肢、五官……

可是她玩着玩着又烦了，天地之间这么大，一个个地捏，什么时候是个头儿？我啥也不用干了，就天天在河边和泥啊？也太无聊了！

虽然烦了，但是女神还是有责任感的，造人大业不能半途而废，女娲娘娘就研究出一个快速加工的办法：把泥和得稀一点，拿藤条编条绳子蘸着泥浆使劲甩，甩出的泥点子落地也变成了人……

东汉时期的《风俗通义》记载了这个故事：

天地开辟，未有人民，女娲抟黄土作人。剧务，力不暇供，乃引绳于泥中，举以为人。故富贵贤知者，黄土人；贫贱者，引絙（绳）人也。

这后半段有点搞笑，贵族、有钱人，是娘娘用黄土捏的；那些穷人、奴隶，就是绳子甩出来的泥点子！

这是统治阶级往自己脸上贴金：我们为什么高人一等？因为我们是捏的泥人，那是纯手工打造，就贵重。你们为啥是贱民？甩出来的泥点子是流水线作业，就不值钱了。

这个强行解释太露骨了，我们都能看出来，这是为了给统治阶级服务，所以生硬地加上这么一个甩绳子的剧情来解释人类社会地位的差异。

那么女娲造人，天地之间有很多生命了，此后又发生了什么呢？

下回咱们再接着讲。

第二回　**女娲（下）：**
补天的真相

咱们上回说到女娲造人，从纯手工到流水线，终于完成了造人大业。

不过人类的寿命毕竟有限，不能跟神仙比。这造好的小人儿，岁数大了死了一批怎么办？难道还得再甩泥点子？那也太麻烦了。

怎么办呢？女娲就干脆让人类开始自由结合，自己生孩子。这样人类可以自己去繁衍后代，代代相传、生生不息。

办完这事儿啊，女娲娘娘就比较清闲了，到处溜达看看人间，很欣慰。不过大家都知道女娲的形象，人身蛇尾，没腿！那怎么溜达？就得坐车。女娲的座驾厉害了，是雷车。女娲以雷电为车，车上铺的是五彩祥云的席子，那拉车的也不是马，是龙。

拉车的这条龙叫作应龙，一般的龙是没有翅膀的，但是应龙背生双翼，不是凡间怪物，而是天上神龙。日后他还会帮黄帝打仗，助大禹治水，戏份不少。应龙是地位很高的上古神龙，虽然

现在只是女娲娘娘手下一个拉车的，其实神通广大，日后做了很多好事。咱们先记着他，其他的后文再说。

话说女娲坐着车到处这么一溜达，就发现了一个问题。这人类每天耕种劳作，捕鱼打猎，比996还辛苦。女娲娘娘就心疼了：哎呀，怎么能老干活不娱乐呢，这种生活太惨了吧。

于是女娲又创造了一件东西，叫作笙簧。

笙管笛箫的笙，双簧管的簧。这是一种古代的乐器，外壳是葫芦，夹着长短不一的竹管，里面有簧片，可以吹奏出音乐。直到今天，有些少数民族的乐器还保留着笙簧的形式。

女娲发明笙簧之后，人类的生活立刻丰富了起来。每天干完活，点上火，吹乐曲，来个篝火晚会。有些单身的青年男女，通过唱歌跳舞互相认识。笙簧的"笙"，与"生"同音，所以笙簧这种乐器的发明，跟婚姻也有点关联。相亲、结婚、生孩子，这是女娲娘娘给人类提供的一条龙服务啊——多开心！

谁知开心了没有多久，又出大事了：天塌了！

天怎么会塌了呢？现代流传比较广的说法，是共工撞断了不周山，其实最早对这次天灾的记载并没有提到共工。在先秦时期，补天和共工怒触不周山，还是两个完全独立的故事。共工的事发生在女娲补天之后，他是神里面的晚辈儿了，现在还没出场。

当时是出了什么事儿呢？

四极废，九州裂，天不兼覆，地不周载。火爁［làn］焱［yàn］而不灭，水浩洋而不息。

简单说就是天崩地裂，又闹火灾又闹水灾，这日子没法过了。

后世学者考证，认为上古时代可能发生过一次小行星撞地球造成的陨石雨，从而引起了森林火灾和山洪暴发。古人不知道出了啥事，自然就觉得是天崩地裂了。这是现代人认为比较合理的一个解释。

接下来——

> 女娲乃炼五彩石以补天，断鳌［áo］足以立四极，杀黑龙以济冀州，积芦灰以止淫水。

女娲找到一座高山，叫作天台山，这座山不仅高，山顶还非常辽阔平整，像个平台似的，山上还有很多石头。这就是补天的原材料。

女娲在天台山支一口大锅，把石头放在锅里，就开始熬呀熬呀……有的人就要说了：用什么烧火煮石头？古代就是柴火吧，你再怎么煮，那也达不到石头的熔点吧？要达到石头熔点，那锅得是什么材料做的？不可能不可能！

哎，您别抬杠，别忘了咱们这是神话呀！万事皆有可能。女娲娘娘是神仙，炼石补天这么大的工程，烧柴火能行吗？她采天地之灵气、日月之精华，引来太阳神火，把普通的石头炼化成了具有法力的五彩晶石。女娲带着这些晶石飞上天，找到窟窿，一点一点补上。缝隙之间抹点防水涂料，再挤点热熔胶，跟修屋顶似的，就补好了。

补天的时候用了多少块石头呢，36500 块。也有人说，其实是 36501 块，多出一块没用上，扔了。其实多出的这块用途可大着呢！要没有这块残次品，咱们就没有四大名著之一的《红楼梦》了。《红楼梦》的别名就叫《石头记》，贾宝玉戴的那块通灵宝玉，就是女娲娘娘补天剩下的。

其实在《西游记》和《封神演义》两部小说里，也都提到一块神奇的来历不明的石头。大家都知道，孙悟空是从石头里生出来的，《封神演义》里有一位石矶娘娘，也是顽石成精。历来花草树木成精是因为本来就有生命，是活的。可是一块大石头怎么就能孕育出生命来呢？还一生出来就战斗力超强？所以很多人猜测，这两块石头也有问题，保不齐也是女娲补天剩下的。

女娲的遗产，其实不止没用完的石头，当年捏小人儿剩下的

黄土，也被天帝收藏了起来，有神秘用途。这个我们以后会讲到。

漏洞补上之后女娲娘娘还不放心，屋子有柱子撑着，天要是没什么支撑，再漏了咋办呢？正好这时候，人间有很多怪兽横行，女娲就盯上了一只巨大的鳌。

鳌就是甲鱼王八一类的动物，但咱们故事里的鳌不是普通的甲鱼。在神话里面鳌是龙的大儿子，身体虽然像乌龟，但脑袋是个龙头。俗话说"龙生九子，鳌占头"。鳌是老大，而且继承了龙的脑袋，所以才有"独占鳌头"这么个成语。

话说女娲娘娘就看上这只鳌了——不好好在海里待着，趁着天灾跑出来吃人？天理难容！得，你来为补天作点贡献吧。

于是女娲"断鳌足以立四极"，把鳌的四条腿砍下来，东南西北，一边一条腿，就把天撑住了，就像房屋里的四根柱子一样。

这就是女娲补天的故事，不过后世人们发现，女娲的很多行为，还有第二种解释。

咱们说到，这事儿很可能是上古时一场大规模的陨石雨造成的，自然灾害导致山林深处的好多猛兽都跑出来了，到处袭击人类。

既然是自然灾害，那么炼石，就不一定是在补天，石头还可以用来堵住河流决口之处。

古籍《淮南子》中提到"积芦灰以止淫水"，这句话其实就很明确了，女娲收集大量的芦苇草，烧成灰，干什么用呢？治水。

用碎石头掺上草木灰，其实跟现代防汛用的沙袋原理就很相似了。咱们今天防汛用的沙袋，装的不是沙子，而是一种吸水膨胀的特殊树脂，早些年没有这些高科技材料，二三十年前防洪用的沙袋装的就是一些泥沙石头，用袋子装起来垒高堤坝，防止江河泛滥成灾。这些就地取材的沙石，跟女娲那时候用的材料类似。

女娲娘娘很厉害，打败了作恶的猛兽，又收集石头和芦苇草灰来堵住洪水，拯救万民于水火，所以大家都尊敬她，把她视为最了不起的女神。

至于五彩石的说法，我们也可以从另一个角度去看。大雨过后，天上会出现彩虹，人们既然认为暴雨是天漏了，而雨过天晴

看见了彩虹，自然认为是天已经被五彩石给补好了。

因此，女娲补天这个神话传说，实际上很可能是女娲治水。这就是我们所说的第二种解释。她是神话传说中最早从事治水工作的英雄，而且她使用的方法，就当时来讲，还是很先进、很科学的。

很多神话里的英雄，都是因为帮助老百姓与自然灾害作斗争，受到百姓的爱戴，女娲娘娘也不例外。正因为她会治水，后世在暴雨不停、江河即将泛滥的时候也会祭祀女娲。东汉王充《论衡·顺鼓》里面记载："雨不霁，祭女娲。"就是说如果暴雨下个不停，可以拜祭女娲娘娘，天就晴了。

据史书记载，唐宋年间，民间就有祭祀女娲的节日，叫作"天穿节"。天穿就是天漏了的意思。过节的时候，家里的妇女要烙一块大煎饼，祭祀时在煎饼上拴一截红绳，摆在屋顶上。因为屋顶就是住宅的"天"嘛，煎饼放在屋顶上就象征着补天，祝祷大雨天屋顶别漏水，乞求家宅平安。因为女娲是女神，所以这个节日，参与祭祀活动的主要是妇女。

北宋诗人李觏（gòu）在一首诗中提到：

娲皇没有几多年，夏伏冬愆（qiān）任自然。只有人间闲妇女，一枚煎饼补天穿。

诗中所说的娲皇，就是女娲娘娘，因为她为了人间作出这么多贡献，被尊为上古三皇之一，尊称娲皇，是三皇里唯一的女神。

不过这位诗人是个无神论者，所以有点嘲讽煎饼补天这个风俗的意思。其实不用较真，谁都知道煎饼不能补天，女娲到底是补天还是治水，其实也不重要，这种仪式主要是表达了老百姓祈求风调雨顺的美好愿望。一直到今天，在客家以及北方某些地区，还保留着这个节日。

总结一下，女娲的管辖范围主要是这三个：管婚姻，管生育，还管治理暴雨成灾。女娲的故事，到这里就告一段落了。

有人说了，既然女娲为天下创造了婚姻，她自己就没对象吗？

还真没有，这就是典型的为了忙事业耽误了终身大事。再说了，女娲娘娘那是什么地位，什么法力，太优秀了，不好找对象。

《山海经》中确实没提过女娲有对象。但是随着历史的发展，母系氏族社会渐渐转化为父系氏族社会，这时古人就不太接受女性单独成为人类创世之神的概念了，所以呢，还真给女娲找了个丈夫。他们希望创世的是一对夫妻，阴阳调和，而不是单独的一位女神。

女娲这个后来补全的丈夫，是三皇之中另一位大神，羲皇。

下一回咱们就说说这位跟创世女神牵手成功的男神，中华人文的先祖——伏羲。

第三回 | **男神伏羲：**
雷神之子

六爻八卦在方寸，

日月阴阳定乾坤，

万般变化道不尽，

千载纷纭到如今！

书接上文。上回咱们说到女娲娘娘造人、造笙簧，创立了婚姻又补了天，没少忙活。

讲完了这位女神，再讲一位男神。

虽然女娲娘娘没有七大姑八大姨催婚，可世上为她操心的人多了去了！女娲从上古一直单身到了秦朝，这时的人们终于忍不住，给女娲找了个丈夫。

这个丈夫，就是男神伏羲。伏羲，跟女娲一样都是三皇之一。

三皇有哪几位？女娲、伏羲、有巢氏、燧人氏、神农……这就五个了，不是说三皇吗？

　　其实是因为三皇自古以来有很多不同的版本，从先秦到汉唐版本就七八个了，并没有统一的说法。因为掺杂了上古传说和神话色彩，不能像真正的历史那么较真儿，所以咱们就从很多个三皇的不同组合里面，选取最有代表性的几位来说一说。

　　女娲咱们讲过了，创世女神，她应该是没有父母的，就是天生的神仙。

　　那么伏羲有没有父母呢？《太平御览》里面提到：

　　大迹出雷泽，华胥履之，生伏羲。

故事是说华胥氏部落的姑娘，有一天跑到叫雷泽的这个地方玩儿，发现了一个大脚印。华胥姑娘很好奇，她想：我往这脚印里面踩一下吧，有什么可怕的，再大也不过就是个脚印嘛，踩一下又不会怀孕。结果，踩一下还真的怀孕了！而且这一怀，就怀了十二年。古代人认为，预产期推迟是一件好事，凡是大人物、厉害的角色要出生，都得在妈妈肚子里多住几年。像哪吒的妈妈，就怀胎三年零六个月，生出来就是满级号，特别能打。

华胥姑娘怀了十二年，生了个神级号，伏羲。

可是话说回来，这个脚印儿，到底是谁的呢？

《山海经·海内东经》里有一句话：**雷泽中有雷神，龙身而人头，鼓其腹则雷。**

这就破案了！这地方叫雷泽，因为有雷神住在里面。踩个脚印就能让人怀孕，那肯定是神的力量，人是做不到的。而且他身体是龙啊，所以脚印特别大。

不过伏羲自己从来没有提起这个雷神老爹，毕竟他自己就很有本事，不需要拼爹。

伏羲有什么本事？他是一位伟大的发明家。

首先他发明了结绳记事。

这个发明太重要了。在此之前有事你也只能记在心里，因为还没发明文字呀。那位说还有办法啊，古人不是在石头上凿么，凿出画来。这个方法是很早就有了，但是它太费事。平民百姓哪有那么闲，整天在石头上写日记：隔壁老王去年借走我一头牛，今年都没还，而且我儿子为什么长得像他不像我……这太复杂，不好画，凿石头得凿好几个月，不用种地干活了。

所以最初人类是没有方便的记录方式，要真是够级别值得刻在石头上的事情，一般也都是重大祭祀或者颁布法典之类的整个部落的大事。

老百姓怎么记事呢？伏羲想了这么个办法：有些重要的事，咱可以用绳子，打个结，就代表了。不同的事情，绳结也不一样。

小事儿系小结：我今天吃了一条鱼，系个指尖儿这么大的小扣儿。

大事儿系大结：今天首领表扬我了，给我评了个先进生产者，奖励我一块肉！这得找根粗绳子，系个拳头这么大的结吧。

今天我掉河里了，但是呢，我摸着一个贝壳，里面有一颗珍珠……比较复杂，就系两三个绳结，有大有小，组合起来记录这件事。

今天媳妇跟隔壁老王跑了，那……算了吧……这事儿不打绳结也不太容易忘，要这都能忘，心得多宽。

总之这就是结绳记事的方法。

另外伏羲还有个影响了中华文明几千年的非常伟大的发明创造，就是八卦。

八卦为：乾、坎、艮、震、巽、离、坤、兑。

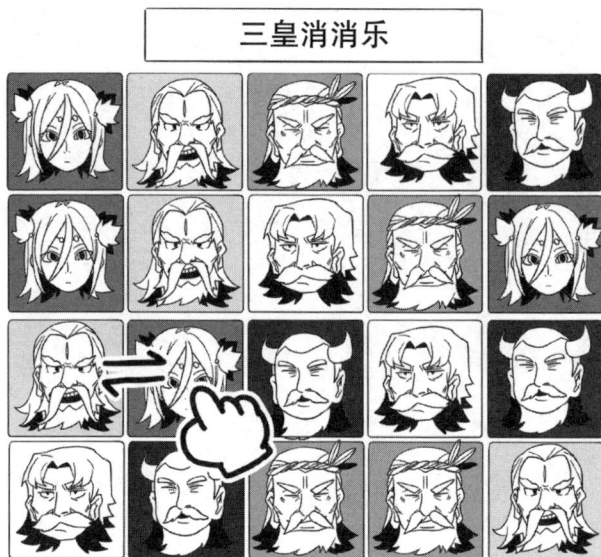

三皇消消乐

这是怎么想出来的呢？话说伏羲有一天闲着没事，在树林里溜达，忽然看见有蜘蛛在枝叶之间结网。伏羲觉得很有趣，就盯着看，灵光一闪，于是就模仿蜘蛛网的形状，发明了用绳子结网的方法。最初这个网是用来打渔的。做出渔网来实践了一下，还真行！比以前用叉子叉强了。后来又从这个网的形状里，琢磨出很多深奥的道理来，这才有了伏羲八卦。

《周易·系辞下》记载：

（伏羲）仰则观象于天，俯则观法于地；观鸟兽之文与地之宜；近取诸身，远取诸物，于是始作八卦，以通神明之德，以类

万物之情。

八卦在中华文化中占有极高的地位，与阴阳五行结合，用来推演空间、时间、事物的关系，古代主要用来占卜。八卦文化不仅在中国受到重视，东南亚几乎所有国家的文化都受到它的影响，全世界都有人研究伏羲八卦的内涵和哲学意义。而且研究了好几千年，至今都没人敢说彻底研究透了——您说这得多高明。

所以人们认为上古发明家里面，伏羲的贡献非常重要，尽管三皇的版本不同，但是伏羲几乎在所有版本中都有一席之地。

其实不管哪个版本，凡是被尊称为皇的都是发明家，下一回，咱们再来说说三皇还有什么其他重大发明。

第四回 | # 三皇五帝：
古代发明家的日常

咱们上回说到，伏羲是一位上古伟大的发明家，研究出了包罗万象的八卦，影响世界，流传几千载。

除此之外，伏羲爱好音乐，所以他跟女娲一样，也发明了乐器。

《楚辞》中记载"伏羲氏作瑟，造《驾辩》之曲"，就是说伏羲不仅发明了琴瑟，自己还会作曲。据说他制作乐器不仅演奏起来好听，还有神奇的魔力，可以触动人心。所以至今在各种玄幻故事里，都可以见到伏羲琴作为威力巨大的法器出现。

伏羲还有一个别名，叫作庖牺，这个庖字，就是庖丁解牛的庖，是厨子的意思。为什么伏羲会有这样的别名呢，《三皇本纪》中记载他：**……养牺牲以庖厨，故曰庖牺。**

意思就是伏羲带领着部落的人们驯养家畜，丰富了食物，所以得了这个别名。在我国考古发掘的很多文化遗址，已经证实了新石器时代人们就懂得驯养家畜了。

那么既然肉食丰富起来了，人们还是吃生食吗？肯定不是。

其实人类很早就学会用火了。这个火是天火。

譬如说下雨的时候打雷，一个闪电下来把大树劈着火了。雨停了之后，火还燃着呢！有人经过正好看见了，好开心，捡一根正在着火的树枝就往家跑。找些干草树枝，拢起一个篝火，就算是把这个火种保留下来了。天冷可以取暖，也能煮饭烤肉。

这时候火种很珍贵的，得好好守着不能灭了，灭了就要等下次闪电劈大树，那谁知道是什么时候！万一不劈树呢，人站在树旁边等着，再把人给劈了，这太危险了！

所以说用天火，还是很不方便的，一来是发生的概率太低了，不可能随时都有，二来火种不好保存。

直到后来，有这么一个人，到处瞎溜达，来到了南边一个很遥远的国度，叫作燧明国。《太平御览》中记载，这个国家没有四季，也不分昼夜。国家里的人长生不死，"**厌世则升天**"，就是实在活腻了，可以自己选择不活了，升天了。

这个人走到燧明国，累了，就在一棵大树下休息。他忽然发现有一只鸟抓着树，用嘴敲树干，估计是啄木鸟一类的，想找虫子吃。可是它一啄这个树干，竟然火星四溅，光芒璀璨。鸟吓一跳，这是什么树啊。

这个人也吓一跳！不过惊吓之后他又高兴起来了，这是宝树啊！

这树就叫燧木。

《韩非子》记载：

有圣人作钻燧取火，以化腥臊，而民悦之，使王天下，号之曰燧人氏。

燧人氏，就是这个看见啄木鸟领悟出钻木取火的人。他回家之后把这个方法教给了部落的人，这才有了主动获取火种的途径，人民都很开心，尊称他为圣人，奉他为王。

另外还有一位圣人，名气更大了，就是神农氏。

神农氏有两个贡献，一个是农业贡献，一个是医学贡献。

传说神农发明了各种农具，还教大家用牛来耕地，在农耕文化的社会里，这个贡献是非常大的。所以神农的形象是脑袋上长着牛角，代表他具有神性。在神话史上，人们把神农和炎帝合二为一了，实际上神农和炎帝不可能是一个人，因为神农尝百草就死了，而炎帝还活得好好的，并且跟黄帝合并部落，一起跟蚩尤大战，这才有了我们这个"炎黄子孙"的称呼。

所以实际情况应该是，神农是一个部落的名字，曾经有一位又会种地又懂草药的首领，吃草药吃死了……后来同一个部落的另一位首领炎帝，则是黄帝的兄弟！

五帝连连看

　　咱们先说这位会种地又懂草药的首领。神农尝百草的故事大家都知道，但其实神农辨别草药还有别的方法。

　　《搜神记》记载：

　　神农以赭鞭鞭百草，尽知其平毒寒温之性。

　　这个记载很有意思，就是说神农找到一种草药之后，就拿鞭子抽，"说，你到底治啥病的？属寒性啊，还是温性，有没有毒？！"啪啪一顿抽，草药急了赶紧说：我没毒我没毒！！！……可能草药不会说话，可为什么鞭子能抽出药性来，这个咱们就不知道了。

　　另外一种说法更有趣。元朝有个叫陈芬的人，写了一本《芸窗私志》，其中记载说，神农有一只白民国进贡的药兽，当有人生病的时候，就摸摸这只药兽，把病情跟它讲讲，药兽听到之后，就屁颠屁颠自己跑到野外，找到草药用嘴咬着带回来，病人吃了就药到病除。

　　这就全自动的了，是辨别草药的升级 2.0 版。

　　另外一位重要的发明家，叫作有巢氏。

　　有巢，就是鸟巢的巢。他教人们用木头造房子，住在树上躲避野兽。大家知道我们 2008 年北京奥运会主场馆叫鸟巢，这个建筑的设计理念就包含着有巢氏部族文明的内涵，是对上古文化的一种致敬。

我们来看哈，这些发明家能成为三皇版本之一，是因为作出了哪些贡献呢？

——发明房子，有地方住了，再耕地种上粮食。发明渔网捕鱼、打猎，回到家，舒舒服服地点起火来就可以做饭了，有荤菜有素菜——完美！所以这就是上古时期最重视的事情，跟着谁有房子住、有烤肉吃，谁就是英雄！

皇和帝的称号，都是在上古时期对贡献非常大的部族首领的尊称，就像说"全国劳模"一样。只不过为了凸显他们的神性，凡是大人物的形象设定往往有一半是动物。

像女娲和伏羲是人身蛇尾，神农长个牛脑袋，所以司马迁做《史记》的时候就不乐意写上古传说的三皇，连五帝也是"叙其德略其事"，就是不想详细写他们的事迹了，因为五帝长得也奇形怪状的，黄帝有四张脸，帝夋长着燕子的头，史学家发愁啊：这叫历史么，这我没法写！

同三皇一样，五帝的版本也很多，炎帝、黄帝、颛顼、帝喾、尧帝、舜帝等都在其中。

我们通常会称自己是炎黄子孙，那么炎帝和黄帝，就相当于官方认证的开创中华民族历史的祖先，是我们的"总爸爸"。下一回，咱们就讲一讲四海八荒都敬仰的轩辕黄帝。

第五回 | 黄帝：
史上最成功的 CEO

在《山海经》当中，有两位特殊的神，一个叫帝俊，一个就是黄帝，他们都是超越其他帝王之上的，也就是上帝。

有人说不对啊，上帝不是指西方的神吗？不对，那只是现代通用的说法。因为在明末清初，很多外国传教士来到中国的时候，为了方便向中国人传教，他们就从各种中国本土的古代典籍中找到了这么一个现成的词，用来代表最高神的名称。上帝是一个很好的翻译，让中国人感到亲切，能轻易了解是什么意思——因为这个词是中国自古就有的。

但是黄帝跟帝俊还不一样，这两位地位都非常高，但是属于不同体系。

黄帝的后代都很厉害，尧、舜、禹全是他的后代，其他后辈还诞生了北狄、犬戎等不少的小部落，所以后来整个华夏民族包括少数民族都算是黄帝后人。

可是帝夋呢，他老婆生了太阳和月亮……这就看出差距来了。在《山海经》中虽然漫山遍野都是神，但帝夋是隐藏在背后的终极 BOSS。

黄帝最初却是具有人间属性的首领，长期脚踏实地在人间历练，刷遍副本，是在无数次的打怪之后才终于升级成为上帝的。

关于帝夋我们以后再说，今天就先说说大家比较熟悉的黄帝。

作为五帝之首的黄帝，继承了前辈三皇发明家的好传统，也进行了很多的发明创造。

首先黄帝的妻子嫘祖，发明了养蚕缫丝，也就是从蚕茧里抽

出丝来，纺织丝绸。所以历史记载"黄帝制衣冠"，其实是他媳妇做的。上古先民以前穿什么呢？兽皮的衣服那是比较贵重的了，老百姓穿粗麻的衣服，甚至要剥树皮，用树木纤维编织衣物。您想啊，这些穿戴肯定都很不舒服。直到嫘祖教大家养蚕缫丝之后，有了丝绸，才能做出又轻柔又好看的衣裳——这是华夏文明伟大的发明，影响了整个世界。要是没有丝绸，哪来的丝绸之路呢！

嫘祖的功绩被后人归给了黄帝，史书记载，黄帝不仅发明了衣裳，还发明了水井、创建了音律、发明了文字……其实这里有些是臣子们的功劳。

比如说音律。据说黄帝有一位臣子叫作伶伦，能歌善舞，专门为黄帝主持祭祀。《吕氏春秋·古乐》记载："昔黄帝令伶伦作为律。"就是说黄帝自己虽然没有发明音律，但是他下令让手下人去办这个事。伶伦接到命令之后就来到昆仑山，冥思苦想之时，忽然听到了凤凰的鸣叫声，雄的凤叫了六声，雌的凰也叫了六声。伶伦灵光一闪，就根据凤凰的鸣叫声，定了十二律。于是伶伦成了音乐家的祖师爷，后世掌管音乐的官员，就叫作伶官，而奏乐或者表演歌舞的人，也称为伶人。

再比如说文字，准确来说也不是黄帝亲自发明的。东汉许慎的《说文解字》中特地提到："黄帝之史仓颉……初造书契。"因为仓颉是黄帝的臣子，所以造字的功劳也归了他。不过文字虽然

不是黄帝发明的，作为一位英明的领导，他认真重视了这个发明，下令推广文字，用于社会，使部落发展得更为兴旺，这确实也是很大的功绩。

这个大概就像是有一个公司，黄帝是董事长，公司里面任何人做出的业绩，都应该算他一份。这也不过分，毕竟没有好领导就没有好项目嘛！

黄帝本人最大的发明，可能还是车。我们说黄帝又被称为轩辕黄帝，轩辕这两个字，偏旁都是车，显然跟车有关。轩就是古代有围篷的车厢，辕则是拉车用的两个木条。

在黄帝时代，车应该还是比较简陋的，轮子都是实心的，甚

至可能最早的时候拉车的还是人，到后来才渐渐驯养牲畜来拉车。

黄帝造车，故号轩辕氏。正因为发明了车，所以他才被称为轩辕氏。

那为什么叫"黄"帝呢？这是因为上古农耕时代非常重视土地，土地是每个人的衣食父母呀！所以从个人到群体，都把黄土地视作祥瑞，也用黄土来形容人品尊贵。黄帝被人民所拥戴，奉为圣人，所以用黄字作为帝号，表示以后他就是大家的衣食父母了。

黄帝统一了华夏各个部落，成了部落大联盟的总首领，不但掌握了很多珍贵的土地，还掌握了各种技术，更重要的是有了文字。文字的出现，代表了黄帝正式开创了华夏民族的文明史，至今已有五千多年。

我们常说自己是"炎黄子孙"，既然黄帝是天下共主，那么炎帝呢？

说起来炎帝也不是外人，他是黄帝同父异母的哥哥，各自率领不同的部落。当时黄帝部落在中原，炎帝在西边，而九黎部落的首领蚩尤占据东方，形成三足鼎立之势。

在黄帝部落走向兴盛的时候，炎帝的部落却已经开始衰败，包括炎帝本人也已经年老力衰。而黄帝却正当盛年，有勇有谋。各种发明创造向民众一推广，很多部落都非常仰慕，前来归附，组成了强大的部落联盟。

而且我们之前也介绍过，黄帝的后人众多，子子孙孙无穷尽，家族兴旺得很。与之相反的，虽然炎黄子孙这个说法是把炎帝摆在前面，可是炎帝几乎绝后了。当然炎帝也有很多非常有名的后代：女儿淹死了变成精卫去填海，后代共工大闹人间之后撞山自杀，还有曾曾曾孙夸父追太阳渴死途中……有名的都死了。当然啦，炎帝也不至于就绝户了，《山海经》记载他还有一些后人，但是跟黄帝比起来，那真是枝叶凋零，而且很多后代都没有好下场！

这中间到底发生过什么呢？炎帝一族是怎么衰败的？下一回咱们就讲一讲炎帝跟黄帝那场著名的阪泉之战！

阪泉之战：
应龙牌灭火器

第六回

上回咱们说到，炎黄二帝，黄帝子孙兴盛，炎帝后代凋零，这可能跟他们之间的一场大战有关。

炎帝和黄帝本来是兄弟，为什么打起来了呢？史书上对开战的理由都语焉不详。汉代贾谊《新书》记载：

黄帝行道而炎帝不听，故战于阪泉之野，血流漂杵。

黄帝行道，炎帝不听。可是黄帝到底要行啥道，跟不是同一个单位当领导的炎帝有什么关系？这个谁也没说清楚。反正就是谈不来，观点不一致，用现代的话来说，就是理念不合。

理念不合这事，谁想说服谁都不太可能，得啦，能动手的事就别啰嗦了！

《吕氏春秋·荡兵篇》记载：

兵所自来久已，黄、炎故用水火矣。

　　这句话其实有双关的意思，一方面说黄帝和炎帝的矛盾已经到了水火不容的地步，另一方面也指他们各自的神属性。

　　当时天下形势，是五帝为君。同时五帝的属性还配合金木水火土五行。

　　《山海经》记载：

　　四方之神东方句（gōu）芒、南方祝融、西方蓐（rù）收、北方禺（yú）疆。

这四位其实分别是辅佐四方君王的守护神。东方青帝伏羲，属木，辅佐他的是木神句芒；西方白帝少昊，属金，辅佐他的是秋收之神蓐收；南方赤帝炎帝，属火，辅佐他的是火神祝融；北方玄帝颛顼，属水，辅佐他的是水神禺疆。

东南西北分别有神明镇守，而轩辕黄帝的属性是土。因为他执政英明，部落强大，所以坐镇中央。这就跟东邪、西毒、南帝、北丐、中神通一样，中间的王重阳最厉害，所以后来中心土系的黄帝统领了四方。

炎帝是太阳之神，炎字有两个火，顾名思义，用的是火属性魔法；而黄帝五行属土，但是也擅长水系魔法，因为当时在他座下有这么一员大将，叫作应龙。

大家应该还记得，这条龙给女娲娘娘拉过车。

俗话说，宰相门前七品官，何况是给创世女神拉车的龙！

应龙号称是所有龙的老祖宗，跟那些山野成精的妖龙绝对不一样。后世用这个称号来衡量神龙一族的等级——也就是说，龙族修炼得一步一步升级，顶级的大神才可以称为应龙。

应龙长着一对翅膀，头上还有角——这种外观听起来有点像西方的龙，也说不定是在上古时期，真有类似这样的动物，东方西方的先民都见过，所以留下了一个统一的形象。

应龙的法力很强，行云布雨，擅长的是水系魔法。

炎帝和黄帝，在阪泉发生了一场大战。阪泉这个地方是哪里在学术界还有争议。根据《史记》的说明：

阪泉，今名黄帝泉，在妫（guī）州怀戎县东五十六里。

根据现代国学大师钱穆先生考据，位置就在今天的河北省涿鹿县。这个地方现在属于张家口市。

如果按照这个说法的话，这场水火不容的大战，相当耐人寻味，因为既不是发生在黄帝的地盘，也不是发生在炎帝的地盘。当时这二位的领地都不在张家口附近。

由此看来至少可以确定一点：这场战争不是一方侵占另一方，而是双方争夺另外一块地盘。

黄帝说：黄土地都是我的！

炎帝说：没主儿的地凭什么归你呀，不服就干！

一场大战就这样开始了。

开战时，黄帝的阵容非常强大，《列子·黄帝篇》记载：

黄帝与炎帝战于阪泉之野，帅熊、罴（pí）、狼、豹、貙（chū）、虎为前驱，雕、鹖（hé）、鹰、鸢为旗帜，此以力使禽兽者也。

　　一共有六种猛兽，四种猛禽。因为提到旗帜，也有人解释说这一共是十面战旗，上面画着飞禽走兽。可是您别忽略后面这句，"此以力使禽兽者也"，原文想描述的，确实是黄帝有驱使鸟兽作战的神力，毕竟是神话嘛！龙都参战了，凭什么狗熊老虎不能上战场。

　　黄帝命令神龙应龙挂帅，带领猛禽凶兽，分成十个队伍，摆开了阵势！

　　那么炎帝手下有谁呢？有大将祝融。

没了。

没啦？

对呀！咱们前面提过，炎帝部落在这个时候已经衰败，手下兵不强，马不壮，神仙不多，也没有记载表明炎帝这边还有什么神兽神鸟，姑且当作没有吧！

炎黄大战，有三次激烈的交锋。

第一次，炎帝命令祝融，火攻！

黄帝说灭火！应龙上去打俩喷嚏，火灭了。

第二次，炎帝命令祝融，火攻！

黄帝说灭火！应龙上去吐点口水：我呸！火又灭了。

第三次，炎帝命令祝融，火攻！

祝融就哭了，说：我不去了，那条龙太不讲卫生了，咱先把口罩戴上吧！

炎帝一看不行，于是就坚守不出。炎帝部落虽然不兴旺，但是毕竟也经营了多年，就算不招兵买马，也得聚草屯粮。古代战争的时候，只要粮草充足，就算打不过也可以撑很久。所以炎帝就安营扎寨，坚守不出，反正队伍已经到了阪泉了，我就守着这块地方，看你咋办。

这时候就显示出黄帝的能耐了。他运用神通，祭出七面大纛旗，立在七个方位，按北斗七星之法，摆下了一个"星斗七旗阵"！这回炎帝不想坚守也不行了，彻底出不来了！但是黄帝也没想把炎帝就这么困死，毕竟是亲兄弟，黄帝以仁义治天下，要把自己亲哥哥弄死了，名声不好听。于是他借着星斗七旗阵的掩护，派人开始挖地道。

地道战的创始人就是轩辕黄帝。

地道挖进了炎帝大营后方，出其不意来了个前后夹击，终于在这第三次交锋中彻底打败了炎帝。

这就是神话历史上第一次重大神战，阪泉之战。

现在张家口就有黄帝城景区，景区的南边有个千年古镇，名字就叫七旗镇，传说就是当年的古战场。

炎帝被打败之后，却还有人不服，继续跟黄帝作对。愤怒战神蚩尤、永不妥协的刑天先后登场，更为精彩的神魔大战，且听下回分解。

第七回 | # 黄帝：
神魔版武林大会

上回书说到，炎帝在阪泉被黄帝偷袭，吃了败仗，双方停止交兵、终于坐下来谈判了。

黄帝就说啊："兄弟……大哥！咱们虽然不是一母所生，好歹是一个亲爹，多大仇啊？不如把你的部落也合并过来，一起参加我的联盟……"

炎帝说："好。"

黄帝说："哎？我还没说完呢你怎么就答应了？我还准备了好些劝降的词儿呢！"

炎帝说："我同意你的观点，别说了。"

黄帝说："你不再考虑考虑了？"

炎帝说："不用了，我都答应……你这把九米长的大刀可以拿开了。"

劝降谈判就这样成功了。

为了庆祝阪泉之战的胜利和炎帝的归顺，黄帝在西太山召开了一次空前盛大的会议。

在《山海经·中次七经》中提到过这座太山，"太""泰"二字在古代通用。清朝一位叫汪绂的学者，在这里加了一句注释："此太山在郑，非东岳太山。"可见自古就有东西两座泰山。

西太山在郑，郑就在今天的河南省新郑市境内。现在那里还有个西太山原始生态景区，民间至今流传着一首民谣叫作《神仙谣》，歌词很有意思：

　　西太山，峰连峰，

　　方圆百里都有名，

黄帝在这赶过会，

骑过老虎玩过龙。

听听这词儿，骑过老虎玩过龙，多潇洒！

不过黄帝召集天下所有的部落到西太山开会，可不仅是为了跟大家吃饭喝酒。各部落来的都是头领，这就好像联合国首脑会议，也可以说是江湖武林大会。作为会议发起人，黄帝的主要目的，还是要展示实力。简单说就是：你们拥护我当武林盟主，我以后罩着你们，我有这个能力。

他怎么展示实力呢？战国古籍《韩非子》中记载了这件事：

昔者黄帝合鬼神于西太山之上，驾象车而六蛟龙，毕方竝（bàng）辖，蚩尤居前，风伯扫进，雨师洒道，虎狼在前，鬼神在后，腾蛇伏地，凤凰覆上，大合鬼神，作为《清角》。

这个阵容一听就很豪华！黄帝赴会，坐着大象拉的车，六条蛟龙环绕着，毕方神鸟为他驾辖。毕方鸟长着仙鹤的身子和人的脸，只有一条腿，青色的羽毛上带有火红的斑纹，样子非常神气！巨人蚩尤带领着虎狼为他开道，风伯和雨师洗干净道路上的尘埃；会飞的腾蛇都趴在地上表示尊敬，凤凰展开五彩的翅膀送上吉祥的祝福；空中响起了惊天地泣鬼神的乐声，正是黄帝创作的《清角》之曲！

关于《清角》，后世还有个传奇的故事。

据说在春秋时候，晋平公特别热爱音乐，有一天卫灵公带着自己的乐师来串门，在宴会上演奏了一首乐曲叫作《清商》。晋平公听完了就问自己的乐师：《清商》就是最优雅美好的乐曲吗？

他的乐师回答："还有《清征》更美。"

晋平公命乐师演奏。

乐师演奏的时候，有十六只仙鹤从南方飞过来，站在城门楼上，列队舞蹈。参加宴会的宾客都非常惊喜。

晋平公有点儿陶醉过头，继续问："那《清征》是最美的乐曲吗？"乐师回答："也不是，除了清蒸，还有红烧，醋溜，爆炒，蒜蓉，麻辣，十三香……"

晋平公：把这个厨子打出去！我问的是音乐！

乐师说："确实还有更美的曲子，叫作《清角》，是世间最美的雅乐。"

晋平公说：那你直接演奏这首！

乐师说：不行啊，这是黄帝在西太山会合天下鬼神的乐曲，轻易不能弹奏，恐怕咱们命小福薄承受不起。

晋平公就不乐意了：你说谁承受不起？少废话，马上给我演奏！

乐师无奈，就拿起琴来开始弹奏，弹着弹着，突然乌云密布，狂风大作，屋顶哗啦一声就掀没了，屋里的帘子帐子都被撕成了碎布条，大冰雹噼里啪啦往下砸，宾客们被砸得抱头鼠窜四散奔逃，狂风把宴席上的菜盆子汤锅全掀飞了，晋平公擦了一把脸上的鱼羹，跑到角落里躲着瑟瑟发抖。

这件事之后，晋国大旱三年，晋平公也生了一场重病，差点没了小命。

可见黄帝这首曲子，确实是天乐，凡人没有福气听。

话说西太山之上，众鬼神云集，黄帝就坐了首席。他威严地说：

"怎么样？大家伙都表个态吧？从今往后，所有联盟的部落大家都是好兄弟，天上的事、地下的事，我都能帮你们摆平，我来当这个天地共主，好不好呀？"

这些部落首领和鬼神一族，都很仰慕黄帝的仁政，就齐声叫好，唯有九黎族的首领蚩尤撇了撇嘴。

刚才我们还提到蚩尤为黄帝的车队开路，为什么现在又反对这件事呢？

其实蚩尤曾是炎帝的属下，是很有能力的一位首领。他联络了九个部落结为联盟，称为九黎。蚩尤也算是一方霸主，他本来对黄帝打败炎帝就很不服气。之所以来参加黄帝的集会，一方面想看看黄帝的实力，另一方面也想自我展示一下，所以开路的时候，他驱动大群虎豹，也有点挑衅的意思：你看，你能带着狗熊上战场，我也有命令虎豹的神通，不比你差。

蚩尤一直瞪着黄帝，黄帝也觉察到他目光不善，于是就主动开口询问：蚩尤酋长你瞅啥啊？

蚩尤耿直地说：我不服！

黄帝和蔼地说：我，专治不服。

于是气氛就很尴尬了。不过在这么盛大的集会上面，大家都要面子嘛，也没有当场翻脸。黄帝率领大家祭祀了天地，完成了这次天下盛会。

散会之后，蚩尤越想越想不开，接下来可就又要出大事啦！下一回咱们再详细讲讲这个让黄帝头疼的男人——战神蚩尤！

第八回 | # 战神蚩尤：
何谓"魑魅魍魉"

百川纵横腾云仗，

天下浩劫动刀枪。

阪泉涿鹿开战场，

黄帝未胜蚩尤强！

说到这位战神蚩尤，可不是一般的部落首领。黄帝打炎帝，才交锋三场就打赢了；打蚩尤呢，九战九败，差点儿就栽了。咱们就把这涿鹿之战的前因后果详细说说。

话说蚩尤离开了西太山大会，心里挺憋屈的，就去找炎帝。

他对炎帝说：你被黄帝打败了，就服软啦？太没出息了！你那时候怎么不找我帮忙呢？

蚩尤觉得，当时也就是我没去，所以炎帝才失败了。所以跑来劝说炎帝再次召集兵马，跟黄帝争一争这个天下。

炎帝却没有兴趣，说：算了吧，争不争能咋的。

蚩尤就怒了，说："黄帝是真心对你好吗？你自己想想！你那个小女儿女娃，到东海去玩，怎么就淹死了？东海那是禺的地盘，禺是谁你不知道吗？那是黄帝的儿子，你的侄子，女娃的表哥！你就一点不怀疑，孩子是怎么出事儿的？"

《山海经·大荒东经》记载，

黄帝生禺（xiāo），禺生禺疆。禺疆处北海，禺处东海，是惟海神。

就是说东海和北海的两位海神分别是黄帝的儿子和孙子。

那女娃又是怎么回事呢？

《山海经·北次三经》原文：

女娃游于东海，溺而不返，故为精卫。常衔西山之木石，以堙于东海。

炎帝之女女娃去自己表哥掌管的海里玩儿，淹死了。死后化为精卫鸟，衔着树枝和石头，想把东海填上，这就是著名的精卫填海的故事。

不过这个故事确实有疑点，神族的孩子怎么那么容易淹死？如果她确实是自己不小心，为什么那么恨东海，还天天衔树枝、石子，恨不得把海给填平呢？精卫不能真的把海填平，但这种行为其实是表达了一种诅咒和复仇之意。

蚩尤提起了女娃的神秘死亡，确实疑点重重，炎帝也很伤心。但是炎帝认为，如果继续打仗，不管谁输谁赢，倒霉的还是老百姓，不如归顺黄帝，让族人能安居乐业。

蚩尤没有说服炎帝，很是生气。他对炎帝说：你不争这个天下共主，我来争！说完就怒气冲冲地走了。

蚩尤回到九黎部落，召集自己的兄弟，商议怎么跟黄帝争天下。

蚩尤的兄弟，可是一整个团队。他有九九八十一个兄弟，都是巨人一族，他们都跟蚩尤一样，身材无比高大，长着三头六臂，非常骁勇善战。

汉代古籍《龙鱼河图》记载：

蚩尤兄弟八十一人，并兽身人语，铜头铁额，食沙石子，造五兵，仗刀戟大弩，威振天下。

食沙石子，就是能吃沙子石头，您看这牙口。这要是行军打仗，连粮食都省了。

里面提到"造五兵"是什么意思呢？蚩尤部落有一门很厉害的手艺，就是冶炼金属，打造各种武器。五兵就是五种兵器：

戈、殳、戟、夷矛、酋矛。咱们说的故事都发生在青铜时代，冶炼技术的高低直接决定了兵器的硬度，技术差的，兵器一撅就折了，还打什么仗呀！那时候也没有十八般兵器，五种就很了不起了。这五兵都是长兵器，拓展了刀枪的战斗范围。

因此后世奉蚩尤为兵器之祖。

有些人根据外表判断蚩尤四肢发达、肯定头脑简单，这显然是不对的。他一定特别聪明，才能掌握高端的冶炼技术。在古代，冶炼金属、打造器具就是高科技。而且从古至今，任何国家的武器研发都是很重要的，枪杆子里面出政权嘛！这就像现代核潜艇、航空母舰，都是国力的体现。九黎部落的武器在当时非常先进，蚩尤一族可以说是走在了时代的前沿。

蚩尤在西太山大会已经探听了一番黄帝的虚实，知道他手下有很多厉害的兵马，所以自己也得多召集一些鬼怪助阵。找来了谁呢？就是魑魅魍魉。

咱们都听说过魑魅魍魉，可这到底是什么东西呢？

《史记·五帝本纪》记载：魑魅，人面兽身，四足，好惑人。

魑魅是很善于迷惑人类的一种妖怪。

魍魉据古籍记载：山川之精也……状如三岁小儿，赤目长耳美发，好学人声而迷惑人也。

魍魉发型不错，专长也是迷惑人，还能学人说话。

有了这两个妖怪助阵，蚩尤还不踏实。因为他知道黄帝那边有个应龙大神，于是也请来了两位懂得呼风唤雨的神仙：风伯和雨师。

风伯和雨师也参加了西太山大会，蚩尤发现他们对黄帝也多少有点儿不服，便趁机结交，说服他们加入到自己的队伍里。

蚩尤把人马兵器都准备好了，就率领八十一位兄弟，带着各路鬼神，一起杀奔涿鹿。

这涿鹿在哪呢，其实距离阪泉只有五里地。阪泉可以说是包含在整个涿鹿地区里面的一个军事要塞。有些人认为阪泉和涿鹿就是一个地方，阪泉之战和涿鹿之战就是一场战争，这是个误会。阪泉和涿鹿的关系，就类似六合与南京，昌平与北京。你要非说六合跟南京是一个地方，这也不算错吧。但涿鹿是一个更大的战场。

《山海经·大荒北经》写道：

蚩尤作兵伐黄帝，黄帝乃令应龙攻之冀州之野。

先起兵的是蚩尤，黄帝还是派出应龙作为先锋官，在冀州之野截杀蚩尤的队伍。古冀州就在河北，其实冀州之野就是涿鹿之野。

蚩尤率领魑魅魍魉、风伯雨师，八十一个兄弟各自带领九黎兵马，摆开阵势。

再看黄帝这边，兵马浩浩荡荡，旌旗招展：一龙旗，二凤旗，三虎旗，四豹旗，五行相生旗，六合天下旗，七星旗，八卦旗，九锁连环旗，十面埋伏旗！真是威风凛凛，杀气腾腾！

没想到两边的兵马刚一照面，蚩尤就先出了一个大招，把黄帝直接打蒙圈了！欲知涿鹿大战的详情，且听下回分解。

第九回 | # 涿鹿大战（上）：
全员路痴

上回说到，黄帝的兵马浩浩荡荡摆开了阵势，蚩尤带领武器精良的九黎猛将，也是毫不逊色。

双方人马渐渐接近，一场大战一触即发。就在这个时候，蚩尤已经暗暗蓄力，突然就祭出了一个大招：喷云吐雾！

一瞬间厚厚的云雾扑面而来，黄帝的兵马就觉得眼前一白——一片白雾，遮住了视线。

这雾不透明，它是白的。雾气的基本原理大家也都知道，简单点说就是空气里水汽含量很高，小水滴反射自然光，所以看起来是白的。当然自然形成的雾都是贴近地面的，可是蚩尤这个是法术，高空也不放过，遮天蔽日，蔓延不断。

这手绝技黄帝可没预料到，这就是战前情报工作没做好。蚩尤去西太山参加大会，把黄帝的底细给摸清了，可是黄帝对蚩尤还不够了解，只知道他擅造兵器，不知道人家也有厉害的法术。

这一下，黄帝的兵马就乱套了！别看应龙会飞，飞再高也看不见！还有那些凶猛的狗熊老虎和更多的人类士兵，都在地面上。大雾包围了整个队伍，大家瞬间失去了方向，不知道敌人在哪边了。

这白雾让敌人看不见路，可是蚩尤这方人马却能在雾中自由行动，他们能看见！这就可怕了，蚩尤带着八十一个兄弟在雾中偷袭。这雾里左边出来一根长矛戳一下，右边又砍来一刀，还没来得及躲，脑袋顶上飞来一脚，踹得一溜跟头⋯⋯

更难以抵挡的就是魑魅魍魉的邪术。咱们上回介绍了，这两位的专长都是迷惑人。这就像游戏里的一个负面 BUFF，叫作混乱，中招之后就找不着目标啦！会随机攻击自己人！黄帝的兵马

就好像中了群体混乱，都晕了，分不清敌我，狗熊见人就拍，一巴掌过去半个脑袋没了！打了半天，伤的全是自己人。

黄帝一看不妙，就命令队伍撤退。问题是也分不清前后左右，整个队伍是人喊马嘶、虎窜狼奔！为了整肃兵马，黄帝急忙拿出了自己的神器夔皮鼓。这可不是一般的战鼓，是用神兽的皮制作的。

《山海经·大荒东经》记载：

有兽，状如牛，苍身而无角，一足，出入水则必风雨，其光如日月，其声如雷，其名曰夔。黄帝得之，以其皮为鼓，橛（jué）以雷兽之骨，声闻五百里，以威天下。

用夔牛的皮做鼓面，用雷兽的骨头做鼓槌，这两种神兽都以声音响亮著称，所以当黄帝擂起这面战鼓，就震慑了魑魅魍魉的靡靡之音，让将士们的心神稳定了下来，相当于解除了负面BUFF！

这种鼓不仅有稳定军心的作用，因为它特别响，"声闻五百里"，用鼓声还可以联络较远的战士，传递消息。

在原始社会，鼓的用途很大，不同的音节可以报告不同的消息。就跟后来的摩斯电码似的。只要事先约定好了，几个鼓点代表什么意思，就可以把统帅的军令直接传给全体士兵。譬如"咚"

一声是冲锋，"咚咚"两声是撤退，"咚咚咚"三声是开饭了，"董咚董咚董咚"就是大家一起跳芭蕾……大概就这意思吧！

黄帝用夔皮战鼓指挥大军，暂时缓解了一片混乱的状态，稳住了阵脚。

蚩尤听到鼓声，也暂且撤兵，反正黄帝走不出大雾，他也不着急，找了个山头就安营扎寨去了。

黄帝这边呢，虽然军心安定了一些，可是白雾重重走不出去，大家还在迷路中。这一迷就迷了整整三天。无论往哪边走都是雾，怎么走都走不出去。

哎呀，这回黄帝可发愁了。走了三天，是人困马乏，那老虎

和狗熊都打蔫儿了。这什么时候是个头儿啊？正在黄帝十分焦虑的时候，偶然一回头，发现身后有个叫"风后"的老部下，正在摇晃的战车里斜倚着身子，抱着肩膀，眯着眼睛好像快睡着了。

风后是谁呢？是黄帝手下主管政务的大臣。听这个名字啊，很多人以为是个女的，其实是个小老头。说起他的来历，还有一段故事。

黄帝为了成就霸业，广招天下人才。日有所思夜有所梦，有一天夜里，黄帝做了一个梦，梦见"大风吹去天下尘垢。又执千钧之弩，驱羊万群"，醒来以后他就想啊，这是什么意思呢？大风吹走灰尘和污垢，这是上天的神明让我打扫房间？不能啊！神明还管查卫生？这肯定是因为我求贤若渴，神明要指点我去寻找人才。对，应该是人名。

他就猜，"风"可能是一个人的姓，风把土吹走了，"垢"字去土是"后"。这是"风后"两个字。那个"执千钧之弩"，能拉硬弓这是有"力"，驱羊就是"牧羊"，是个牧字！看来这就是风后、力牧，两个名字。

黄帝按照梦里的指示，果然就找到了风后、力牧两个人。风后有学识，掌管政务，力牧有武力，做了大将。这两个人呢，相当于黄帝的左膀右臂，一个文将军一个武将军。

这个风后，就是文将军，他虽然自己不能打，但是他懂兵法，随军当了军师。

黄帝正为了迷路的事儿焦虑呢，回头一看我这军师风后心咋这么宽，还打瞌睡呢？黄帝这气儿不打一处来！好么这三天，吃不好喝不好，我都没合一下眼休息休息，你身为军师，不赶紧出谋划策，还敢睡觉，挺舒服啊你！

黄帝盛怒之下，就要斥责风后！却没想到这个瞌睡老头儿，即将扭转战局！要想知道黄帝怎么冲出蚩尤的大雾迷魂阵，且听下回分解！

第十回 | **涿鹿大战**（中）：
一番操作猛如虎

话说黄帝被蚩尤用大雾困了三天三夜，无计可施，正着急呢，忽然发现自己的军师风后在打瞌睡。

黄帝就喊他："哎我说，醒醒吧！咱们都被困三天了，再出不去，那些老虎狗熊都要拿咱们开饭了，你还有心思睡觉？！"

风后揉了揉眼睛，打了个哈欠，不慌不忙抻了个懒腰，又捋了捋胡子……

黄帝说：你赶紧说话，再多一个动作，信不信我砍死你！

风后说：老臣真不是在睡觉，是在想脱困之计！

黄帝一听眼睛亮了：计将安出？

风后说：还没想好。

黄帝说：信不信我真打你！

《太平御览》记载：

蚩尤作大雾弥三日，军人皆惑。黄帝乃令风后法斗机，作指南车，以别四方。

也就是说，风后在黄帝的指导下，参考了一种叫作"斗机"的装置，做出了可以分辨方向的指南车。

斗机是古代一种观星用的仪器，全称叫璇玑玉衡，因为是用来观测北斗七星的，所以简称为斗机。

风后有这个构想，黄帝呢，对于造车很有研究，俩人临阵磨枪，就在战场上发明了一辆指南车。这车上有一个小木头人儿，举着一只手，无论车子怎么走，是前后走还是拐弯儿，小人儿手

风伯／雨师

应龙

指的方向总是南方。

有了这个指南车，部队终于在黄帝的带领下，走出了大雾。

出了大雾之后，黄帝摩拳擦掌，要收拾蚩尤，报仇雪恨——我打遍天下无敌手啊，什么时候吃过这亏！不能饶了他！

于是黄帝传令：先锋何在？

应龙赶紧答应。其实应龙很羞愧，被蚩尤一顿打，损失不少兵马。听黄帝喊他，立刻重新振作起来，摇头摆尾。

黄帝命应龙出战，应龙得令，一甩尾巴，飞上半空。这下可了不得了，天昏地暗，飞沙走石，半悬空雷声滚滚，咔啦啦几道闪电。只见应龙倒吸一口气，鼓着腮帮子，突然大嘴一张，呼地一声，一道大水喷向地面，犹如天河倒灌，汹涌而来！

应龙高兴啊，得意啊，可轮到我秀一把了！让你们见识一下我的法术！发大水淹死你们！

应龙飘了，在半空中张牙舞爪，连喊带骂的，也没有大神的风度：蚩尤！就问你怕不怕，还不赶紧给爷爷磕头……

他是挺乐观的，但是乐早了！

咱们说了，蚩尤的部队在山上安营扎寨，黄帝的兵马走出迷雾之后，把山团团围住了。

蚩尤一看应龙蓄水就乐了，立刻招呼手下大将：风伯、雨师！应龙蓄水了，咱们帮他一把？

风伯、雨师接令：好嘞！您瞧好儿吧！

这二位上神也飞上半空，开始施展法术。

按说两军对垒，描述双方的大将都应该是什么金盔金甲皂罗袍，帅字旗迎风飘摆什么的。不过咱们这是神魔大战，直接都上天了，也不用顶盔掼甲。

那么也得说说这风伯、雨师长什么样啊。

风伯是：**鹿身，头如雀，有角，而蛇尾豹纹**。

他是鸟的脑袋上还长角，鹿的身子，蛇的尾巴，浑身豹纹，只见风伯手持一把芭蕉大扇，在空中摇来摆去，顿时狂风大作，飞沙走石。

雨师呢，古籍记载是：（身体）**如蚕，长七八寸**。

这个比较袖珍，就像个大虫子。雨师在天上扭来扭去，张开像个黑洞的嘴，虽然不是应龙那样的血盆大口，可是他功率大啊，吞吐之间，乌云翻滚，电闪雷鸣。

雨师一张嘴啊，竟能把应龙喷的水收拢起来，小小的身体好像连着江河湖海一样，把水吸进去，再喷出来，无穷无尽！

风伯顺着水势，刮起阵阵狂风。这风好厉害！但只见：

霹雳炸响天地暗，

飞沙走石无遮拦，

三千里外农家院，

刮飞了石头大磨盘！

了不得了！

打仗的时候风向很重要。大家都知道，三国时的赤壁之战，诸葛亮也是靠着火烧了曹操的战船，那要是刮西北风，就把东吴的战船烧了。不但火攻需要风势，水攻也需要！

风也起了，水也来了，黄帝就喊应龙："我说应龙啊，你可太有才啦！敌人在高处咱们在低处，你居然给我蓄水？！"

应龙惭愧无语，刚才还趾高气扬的，转眼就被人家反制了！这真叫一顿操作猛如虎，一看比分 0 比 5！

黄帝没办法，赶紧跑啊！可是人马哪有水跑得快！好一场大水，平地成了汪洋大海，借着风势波浪滔天。黄帝的兵马被冲得东倒西歪，战车也散架了，参战的猛兽都漂在水面上狗刨儿，还淹死不少人。

蚩尤借着势头率领人马冲下山来，黄帝兵马是节节败退！

这就是神话史上记载的，黄帝攻蚩尤九战九败！也有记载说实际上是七十二败的，那真是屡战屡败、屡败屡战啊！反正不管怎么说吧，总的意思都是黄帝惨败，非常惨！

水战失利，黄帝没办法，只有暂时撤退，回到西太山休养生息。

大雨还是下个没完，他心里着急啊，日夜祭祀、祈祷上天，希望获得神祇的帮助。您还别说，黄帝的诚心终于感动了上天，有一天夜里，他又做了一个梦。

这次他梦见一位青衣女子，身上祥光缭绕，脸上带着微笑，向自己款款走来！

这回黄帝可该得救了！这正是：九天玄女传战术，奇门遁甲败蚩尤！

这一次战况又将如何？咱们下回接着说！

第十一回 | # 涿鹿大战（下）：
神秘救星登场

上回书说到，三更半夜，半夜三更，有一位青衣女子面带微笑，来到黄帝梦中。

青衣女对黄帝说道：我乃九天玄女，奉上天旨意，入你梦中。我看你骨骼清奇，必是练武奇才，我这有几本绝世秘籍：《九阴真经》《九阳神功》《如来神掌》《六脉神剑》《乾坤大挪移》……既然跟你有缘，就算你十个贝壳一本……

有人问怎么还有贝壳呢？因为黄帝那时候还没有金属的钱币，因为金属太贵重，普遍都使用贝壳作交易。当然啦，那时也没有《九阴真经》什么的。这位玄女传授给黄帝的是《阴阳术》《兵信符》等，都是高级战术秘籍。据说这些就是后世所说的奇门遁甲。

那么这位玄女到底是何方神圣，她怎么会这些奇书秘术呢？——不告诉你！咱们这里先埋下一个伏笔，评书叫作留扣子。往后咱们还会详细解释玄女的来历。

眼下单说黄帝，从这位玄女手中得到了不少战法秘籍。

汉代古籍《龙鱼河图》记载：

黄帝仁义，不能禁止蚩尤，遂不敌。黄帝仰天而叹。天遣玄女下授黄帝兵信神符。

您瞧这话说得多委婉。敢情黄帝打不过蚩尤不是因为战斗力太渣，而是因为太仁义了！他仰天长叹："救救我吧，活不了啦！快派救兵啊！"上天听到了他的悲鸣，就派来玄女传授他战法。当中就包括神秘的奇门遁甲。

奇门遁甲，据说是一种涵盖了天文学、物理学、地理学、数学等内容的秘术，应用于战场，就类似于阵法。

黄帝得到时，一共有四千三百二十局。

梦醒之后，黄帝赶紧找军师风后商量啊。风后一看这四千多种招数，太烦琐了，不利于普及，于是就对奇门遁甲进行了改良。改良后是一千零八十局，后来传到周朝姜子牙的时候，就剩下七十二局，到了汉代，张良得到的只有十八局……反正是越传越少。虽然越传越少，但是奇门遁甲在历史上一直时隐时现，凡是具有极高智慧的传奇人物都用过。不仅有姜太公、张良，还有诸葛亮、刘伯温这些军事上的大腕儿，都是奇门遁甲的后世传人。可见这门学问有多厉害。

黄帝训练士兵学会了神秘的阵法，但是还惧怕蚩尤手下风伯雨师的厉害，就把自己的女儿也招回来助战。

黄帝的女儿名叫魃，因为法力高强，已经升天为神女了。

她这个神力不是修炼的，是天生的！也不知道为什么，这位姑娘的身体里积蓄着无穷无尽的炎热，是干旱之神，正是水系法术的克星。

这回黄帝有底气了，重整兵马，再次攻打蚩尤！

两军一对垒，风伯雨师又来啦，风雨雷电的法术一顿施展。这时候黄帝的女儿魃就出来应战了。

说来也怪，魃往战场上一走，狂风骤雨瞬间就消失得无影无

踪，天上烈日当头。这个您知道，天特别晴的时候就没有雾，水汽蒸发没了，蚩尤的两个大招都是水系的，都失灵了。既不能喷云吐雾，也不能行云布雨。

这回黄帝终于打了一个大胜仗，乘胜追击，最后抓住了蚩尤。

清朝文学家吴任臣在《山海经广注》中引用古籍《广成子传》说：

蚩尤铜头啖石，飞空走险。以夔牛皮为鼓，九击止之，尤不能飞走，遂杀之。

这里还透露了另外一个信息，就是蚩尤有飞行技能。"飞空走险"，就是说他能上天。这时候黄帝把神奇的战鼓又拿出来，敲了九次，破了蚩尤的飞行法术，才终于把蚩尤给杀了。在什么地方杀的呢？这场追杀已经离开了涿鹿。

古籍《归藏》记载：**蚩尤登九淖空桑，黄帝杀之于青丘。**

九淖、空桑这都是地名，应该是蚩尤出战时经过的地方。青丘这个名字大家就更熟悉了，很多玄幻剧都有青丘的九尾狐。说句题外话，现在电视剧里的仙山，大多出自《山海经》：譬如《花千骨》里的长留山，《三生三世十里桃花》的青丘、昆仑虚，《青云志》的空桑山等，《山海经》可以说为玄幻故事提供了无限的素材。

在咱们这个故事里，蚩尤被黄帝杀死在青丘。据考据，青丘在河北跟山东交界的地方，而涿鹿在河北张家口，这说明蚩尤被打败之后，一路往山东方向撤退，终于被黄帝追上，战死在青丘。

在南朝任昉所写的《述异记》中，还提到了这次战争留下的遗迹：

今冀州人掘地得髑髅如铜铁者，即蚩尤之骨也。今有蚩尤齿，长二寸，坚不可碎。

骨头像铜铁，大牙就二寸长。可以想象，蚩尤的形象确实非常威武。

蚩尤的巨人一族被黄帝消灭了，九黎部落也合并在黄帝的部落联盟里了。"黎民百姓"这个词中，百姓说的是各种姓氏的人民，而黎民指的是九黎后人。

蚩尤虽然造反失败，但是他威武的战神形象深入人心，黄帝甚至画了蚩尤的画像，用来震慑那些想要造反的小部落。

为了庆祝涿鹿之战的胜利，四方鬼神集合九州之铜，铸造了一把宝剑献给黄帝，这就是著名的轩辕剑！

黄帝手持宝剑，震慑四方，志得意满，对着高山大海怒吼一声："还！有！谁？"

这一问不要紧，又喊出来一位神勇无敌的战士！下一回，咱们讲讲历史上最悲壮的英雄——刑天。

第十二回 | # 壮士刑天：
公然叫板，后果严重

怒气勃发山河震，

长啸悲歌鬼神惊。

埋首常羊心不灭，

千古谁知壮士名？

上回书咱们讲了黄帝跟蚩尤的一场大战，这个故事记载在《山海经·大荒北经》中：

蚩尤请风伯、雨师，纵大风雨。黄帝乃下天女曰［妭］，雨止，遂杀蚩尤。［妭］不得复上，所居不雨。……后置之赤水之北。［妭］时亡之。所欲逐之者令曰："神北行！"

我们看这段话，不仅记载了黄帝与蚩尤的这场战事，还记载了黄帝的女儿魃（妭）的结局。

她帮父亲打了胜仗之后，法力消耗实在太大，能力就变得不可控了！以前制造旱灾的法术只在需要的时候放出来，现在收不住了，所到之处千里大旱！天宫一看，这个神女我们不要了，我们天上也怕旱灾，你就别回来了！——神仙们也挺不厚道的！

不仅如此，因为过度疲劳，魃还掉光了头发！挺漂亮一个姑娘，很"秃然"地就秃了，成为历史上第一个为了工作秃头的人。

从此之后，这个天女魃走到哪里，哪里就闹旱灾，就被百姓称为旱魃。黄帝也没办法，就把旱魃送到了北方荒蛮之地。旱魃生气啊：我是亲生的吗？我帮你打仗，立这么大功，累成了秃子，不奖励我也就算了，怎么还把我给流放了！旱魃不服气，所以经常从流放之地跑出来瞎溜达，所到之处赤地千里、颗粒无收！老百姓为了把这位姑奶奶请走，就请巫师做法，念咒语："神北行！"旱魃呢也就走了，毕竟不是有心作恶，她就是闷得慌，溜达溜达。巫师祭祀她，送她走，她就会回到北荒去。

而黄帝的另一员大将应龙，也因为过度消耗法力，无法回到天上，就去了南方隐居。

所以北方容易闹旱灾，是因为旱魃经常在北边溜达，而南方多雨，是因为应龙住在南方。不过应龙的运气比旱魃姑娘好一些，后面还有不少出场机会。

黄帝虽然损兵折将，但是终于平定了天下。他手持轩辕剑，豪情万丈地对着高山大海呼唤：还有谁不服？

万万没想到，还真有人应了一声：我不服！

所以说做人不能太高调。

比如《三国演义》里就有这么一段。话说赤壁之战曹军落败，曹操逃跑的时候，每跑到一个险要的地方就哈哈大笑，说："哎呀这诸葛亮还是不行，要真是神机妙算，在这里埋伏一队人马，我不就完了吗?！"

结果每次一笑就笑出来一队埋伏，第一次笑出了赵云，第二次笑出了张飞，最后在华容道把关羽笑出来了！要不是关羽放他一马，他就死定了。

咱们这老祖宗黄帝也有这毛病。黄帝第一次战胜了炎帝，就

在西太山大会上问有没有人不服，结果蚩尤不服。打了三年，九战九败，把女儿旱魃和大将应龙都搭上了，这才把蚩尤打败。

现在又嚷嚷着问谁不服，结果又问出一位不服的人来！

这个人跟蚩尤一样，也属于巨人种族，身高两丈，孔武有力。以前曾在炎帝手下效力，是一个无名勇士。

有朋友说这不对啊，怎么会无名呢，姓刑叫天啊！

先别急，听我慢慢道来。

刑天这个名字是有来历的。刑就是杀戮的意思，天却有两种解释。一种解释认为天就是头颅，所以刑天是在被砍掉脑袋之后，才被称为刑天的；还有一种解释，认为天指天帝，也就是当上了天地共主的黄帝。刑天就是要杀黄帝的意思。我们这里采用后一种说法。

这位勇士原来就在炎帝麾下，后来炎帝败了，就随着炎帝隐居在南方。他本来不是什么大将，所以在他正式造反之前，没有记载他叫什么名字。

虽然名不见经传，他却是一位热血青年，对黄帝一直就不服气。

蚩尤讨伐黄帝的时候，这位勇士本想跟去，却被炎帝阻拦了。后来蚩尤兵败，被大卸八块，死得相当惨。这位勇士知道后非常生气，不顾炎帝的阻拦，独自离开南方，冲到了黄帝的地盘。他的口号是：杀了黄帝，我来做主！所以自号刑天。

刑天冲到黄帝的宫殿前，把愤怒化为斗志，战斗力瞬间暴涨，一手举着巨大的盾牌，一手挥舞着大斧子，嗷嗷怪叫：

"黄帝你给我出来！你有什么本事，还不是全靠阴谋诡计？！有种出来单挑！"

黄帝这时也没把刑天放在眼里，无名小辈也敢跟我争？正好刚得到一把轩辕神剑，好，就拿你开个张！于是真的就单人独剑，出去迎战了。

这一战，那真是短兵相接了。虽然没有呼风唤雨、喷火吐雾，但是场面也十分激烈！

这轩辕剑，亮铮铮似泉水，冷森森如寒冰，一剑挥来光万丈，百步之外断山梁！

那战斧却是暗沉沉不见光彩，黑黝黝夹带风声，但只见仙人解带斩腰间，丹凤朝阳劈哽嗓！

好一场大战，上天入地神鬼皆惊，打得是天昏地暗、日月无光！两人一直杀到了常羊山下！最后黄帝靠着轩辕剑的神力占了上风，瞅见一个破绽，一剑斩下，就把刑天的头颅砍了下来！斗大的脑袋骨碌碌乱滚，滚到了常羊山脚下！

死了？没有！刑天伸手一摸，我脑袋呢？咋没了？一般情况下，脑袋都砍了，这场战斗就应该结束了！可是刑天没死，还拼命挥动着巨大的战斧，舞动得呼呼生风，周围树木纷纷倒下，连群山都被砍得沙石四溅！

黄帝吓坏了，这货脑袋都没了，还能继续打？那得打到什么时候！这场单挑到底如何收场，且听下回分解！

第十三回 | # 统一华夏：
谁不服就打到他服

上回咱们说到，刑天跟黄帝单挑，被砍掉了脑袋。

黄帝以为打完收工了呢，可是没想到啊，这刑天没死！嗬，还活蹦乱跳的呢！只见他一挺肚子，从肚脐眼位置冒出一张嘴来，这嘴还嚷呢："头来！头来！"

黄帝被吓出一身冷汗，这位太猛了，我平生征战无数，还没见过这么狠的人！要让他找到脑袋，说不定还真能续上呢！

于是黄帝举起轩辕剑，劈向常羊山，只听嘎啦啦一声巨响，大山分为两半！山脚下这颗巨大的头颅骨碌碌就滚进了山间缝隙之中，黄帝急忙施法，随着轰隆隆一阵巨响，这劈成两半的山又合上了，就把这颗头颅埋葬在深山之中！

刑天用肚脐眼大吼几声，不见头来，胸口这肌肉晃动几下，双乳猛然间就瞪出了一双眼睛。可是有眼睛也看不见脑袋了，那颗头已经被埋进山里了，找不着呀！

《山海经·海外西经》记载：**刑天与帝争神。帝断其首，葬**

之常羊之山。乃以乳为目，以脐为口，操干戚以舞。

"干戚"，干就是盾，戚就是大斧子。

没脑袋的刑天一手举盾牌，一手疯狂地挥舞着巨大的战斧，发出震动天地的怒吼声！

黄帝一看，不禁心惊肉跳，甚至还有点感动。这货太勇猛了，脑袋都没了，还想继续战斗，这是什么精神啊?！实在是可敬，可叹啊！

咱们分析一下，黄帝为什么没有赶尽杀绝？当然不仅是因为敬佩刑天，您想，还有那么多围观群众呢，麾下的将领们虽然没参战，这都在附近打酱油呢！回头大家要是一发微博、朋友圈儿，说刑天死得多么惨，搞不好刑天变成了英雄，自己变成暴君，太影响自己的形象。

所以黄帝悄悄离去，留下这位神志不清的勇士刑天，独自在常羊山下，挥舞着战斧。

清代徐锡龄的《熙朝新语》中记载，说在康熙年间有书吏画异兽图，"目在乳傍，口在脐傍"，有官员认为不可能有这种怪兽，上报说是欺君之罪。欺君之罪很严重啊，那是要砍头的。康熙就说先别杀，派人往西北去找找，看到底有没有这回事。结果有将军回奏，说在蒙古边境有哨兵亲眼见过，真有这种怪兽，就长这样，据说就是《山海经》上所记载的刑天。康熙感叹了一番，就释放了画图的书吏。

这事有点儿意思，要是跟先秦比起来，这康熙年间距离现在要近得多了，居然还有人声称亲眼见过刑天，虽然无法求证，但是让人觉得这个上古传说更加神奇了。搞不好直到今天，无头的刑天还在什么地方挥舞着盾牌和战斧呢！

东晋著名的诗人陶渊明曾经在读过《山海经》之后，写了十几首诗的读后感，其中第十首就有这样的诗句：**刑天舞干戚，猛志固常在。**

就是在感叹刑天至死不屈的斗争精神。

话说战胜了刑天之后，黄帝本来想再大吼一声："还有谁？！"

但是他的臣子们及时地阻拦了："您别问了好吗？这没完没了

的，再问出一位来可咋整啊，还是直接昭告天下，宣布您就是天下之主，别再问了！"

黄帝还挺听劝的。要不人家是明君呢！

于是黄帝正式登基。这事儿是发生在哪一年呢？还别说，真有人研究出来了。

黄帝正式登基之时，按照我们现在的历法说，是公元前2697年。

这是后世人们根据古代史书记载推算出来的，当然其中夹杂着一些传说成分，未必准确，算一种通用的说法吧。我们传统的农历，就是把这一年作为开元之年，道家也把这一年作为道历的元年。道历就是道家的历法。

古代曾经有过不少历法，历法简单说就是日历，什么时候是正月新年，一个月多少天，一年多少天，这个就是历法。详细的太复杂我们就不多说了。

总之我们现在使用的历法是有公历有农历，农历就是黄帝历，是黄帝创造的历法。古代曾经有著名的"古六历"，其中就包括黄帝历。不过其他的像颛顼历之类早就失传了，仅在考古发现中确认存在过。唯有黄帝历影响深远，至今还在广泛使用。

史书记载，黄帝执政期间，华夏文明达到前所未有的辉煌程度，大臣们有了更多的发明创造，大大提高了人们的生活质量。从衣食住行，乃至音乐、医学各个方面都有了飞跃。《黄帝内经》

虽然被考据为后世的人假借黄帝之名写的，但是也有很多史书记载，黄帝时代确实是中医经脉理论的源头。

黄帝既然平定了天下，就要治理天下。他封风后、力牧、常先、大鸿四位贤臣为辅佐大臣，替他关注着四方动向，治理天下。《史记·五帝本纪》记载：

天下有不顺者，黄帝从而征之。

这说明在统一之后，还是有小规模的战争，不过都不成气候。谁不服，就把他打服。

黄帝不但管理人类，神鬼妖魔之间有纠纷，他也要管。

譬如说风后来报了：

"钟山之神的儿子叫鼓，这个鼓跟一个叫钦䲹的一起合谋，把天神葆江杀死了。"

黄帝一听这还了得？神二代随便谋杀天神，下旨：弄死！

鼓和钦䲹两个凶手就被正法了。不过他们死后复生，化为两只猛禽。

您看《山海经》就知道了，很多神死后都能复生，但是不能重生为神了，只能变成鸟兽。譬如我们提到精卫填海，精卫就是炎帝的小女儿，是神族，所以死后可以变成鸟。类似的情况还有很多，后面还会提到。

不久力牧又来报告：

"不好啦，中原的神族窦窳无缘无故被人杀啦！"

黄帝马上派人调查，结果查出来，是一个叫作贰负的神。

黄帝就想："这回不杀他了，杀了他还能复活，这个惩罚不够重。我得好好收拾他！"

黄帝想出了什么古怪的刑罚来对付凶手呢？咱们下回接着说。

第十四回 | # 黄帝求仙（一）：
开启修仙系统

话说黄帝统一华夏，掌管天下间人神两界的秩序，维护宇宙和平。

上回说到神族窫窳被一个叫贰负的给谋害了。说起来也很冤枉，贰负有个臣子叫危，闲得蛋疼在其中挑拨离间，贰负大概是真的比较二，听信谗言，一时冲动就把窫窳给杀了。黄帝很生气，决定重重惩罚他们两个。怎么处罚呢？

《山海经·海内西经》上说：

贰负之臣曰危，危与贰负杀窫窳。帝乃梏之疏属之山，桎其右足，反缚两手（与发），系之山上木。

黄帝就下旨，把他们囚禁在一座叫疏属的高山上，用大铁枷扣住右脚，用他们的头发反绑双手，拴在山上一棵大树下，永远受刑。

这招够狠，不但终生监禁，而且还用自己的头发反绑着手。

据说几千年后，汉朝之时，还有人在深山发现了一个反绑戴枷的人。当时的大臣上书汉宣帝，认为这个人就是贰负，汉宣帝大惊——天呐，原来传说都是真的！当时的朝臣和文人墨客还因此纷纷重新学习《山海经》。这当然也是野史传闻啦。

黄帝惩罚了凶手之后，也想救被害者。因为神族不是可以复活吗？黄帝就指派六位巫师，想办法去复活被杀害的窫窳。后来窫窳还真的复活了，可是很不幸，也变成了奇怪的猛兽。可见复活技术一直就不过关，无论生前是好还是坏，一旦死而复生统统

变成妖怪。复活的窦窳长着牛身子、龙脑袋，藏身在昆仑山下的弱水之中。而且神志也失常了，抽冷子就冒出来吃人。这个窦窳变成的怪物，以后还要出场，这里先交代一下它的来历。

黄帝观察了这些复活变异事件之后，自己心里也有了点想法。那就是自己将来会不会死？死后变异了咋办呢？

为了寻找答案，黄帝找来信任的大臣，就跟大家商量：

"就算咱们是神族，也还是会死，死后虽然也可能复活，但是会变成失去理智的动物，甚至还会变妖怪、变疯子，到处吃人！这个不像话啊，我堂堂华夏最高领导人，应该有不同的结局。大家说说这事儿有没有啥解决的办法？"

群臣沉默了。为啥呢，因为大家也没有办法！

黄帝说："你们说话呀！计将安出？来，哪位贤臣有办法，向前一步说话！"

这时候文武群臣集体后退了一步，只有风后在打瞌睡，没留神，就被剩下来，站在了最前面。

风后大家还记得吧？帮助黄帝造指南车，破除了大雾的小老头儿，后来还改良了奇门遁甲，在对蚩尤的战争中立下了大功。

黄帝一看他在最前面，抚掌而笑："风后！太好了，你有主意啊？"

风后吓了一跳，"嗯？下班儿啦？"

黄帝："下什么班！你，你是不是又睡着啦？醒醒嘿！"

风后赶紧说："臣没有瞌睡，是在闭目养神想办法啊。"

于是他清了清嗓子，沉着地说：

"您身为天地共主，理应去追求宇宙间的真理和大道。"

那位说"宇宙"这词儿也太现代了吧？其实这还真是一个古代的词。知识点又来啦！西汉时的《淮南子》曾经提到：

往古来今谓之宙，四方上下谓之宇。

就是说宇是空间，宙是时间，两者合二为一，谓之宇宙。这是在两千多年以前，哲学家们就已经理解到四维了，空间加时间嘛。那时古人的观念就已经先进到这个程度了。

可是风后这么一说呢，黄帝就更糊涂了：

"那到底什么是真理和大道呢？"

风后说："鲁迅先生曾经说过，做了人类想成仙，生在地上要上天。"

黄帝气坏了：你赶上鲁迅先生那年月了吗！

当然这话不是风后说的，但这句话还真是鲁迅说的，见于1919 年出版的杂文集《热风》。

虽然风后不可能引用鲁迅这句话，但是他的意思跟这句话很相似，就是说：您想追求的大道，就是长生不老、得道成仙。

得道，才能不老，成仙，才能长生。

风后说："您呐，就得升天！"

黄帝说："那我还是要死啊？"

风后说：您应该去求仙问道，修炼之后升天，脱离了凡俗世界，才能真正获得永生。

黄帝相信了风后的话，于是就放下了所有的事，带着风后出去旅游，走遍万水千山，寻找长生不死的仙法。

说到这里，咱们还得简单解释一下：人们常说神仙、神仙，其实在从早期神话的设定来看，神和仙的区别还是很大的。

上古神话里的神，都先天自带才艺：什么呼风唤雨、喷火吐水，这些都不是学习得来的。而且神都得掌管一项事物，或者掌管一方山海，什么山神、海神、河神，这相当于在体制内工作。

而仙是后天的，仙法要学习，要修炼，凡人经过修炼也有可能成仙。一旦修炼成功，就逍遥自在，不用上班干活，在体制内也没有编制。

这就相当于，神不需要接受九年制义务教育就直接分配工作了，而仙从小学初中高中开始一点点学习，寒暑假作业要得做完，最后还得考大学！但是修炼成功大学毕业了，也不用找工作，可以逍遥自在，搞搞哲学艺术，整点儿小语录什么的，不用干活！

所以神和仙是不同的体系，即使在神话研究的领域，学者们也把神话和仙话分为两个体系，仙话可以看作是中国神话独有的一个分支，这个系统是外国神话里没有的。

当然，咱们讲故事就不分这么清楚了，因为《山海经》本身也是神、仙并存的世界，是兼容并蓄的。

这时候黄帝想成仙了，就开始了修仙问道之旅。他会遇到谁，途中又发生了什么有趣的事呢？咱们下回接着说。

黄帝求仙（二）:
野山菌炖九尾狐

第十五回

当时只记入山深，

青溪几度到云林。

春来遍是桃花水，

不辨仙源何处寻。

今天这首定场诗，是唐朝诗人王维的《桃源行》的最后四句。内容是关于陶渊明《桃花源记》的。《桃花源记》咱们都学过，王维在诗中把桃花源形容为"仙源"，因为太美好了，是俗世中没有的地方，所以感叹说"不辨仙源何处寻"——没处找去！仙境嘛，不是随便就能找到的。

我们故事的主人公黄帝，也要去寻找仙境。黄帝是个有理想的君主，在统一华夏之后，有了更高的追求——得道成仙。

修仙是中国特有的一种文化，要得道，才能成仙。那到底什么是道呢？道，就是生命的规律，是宇宙间万事万物的至高真理。

有人说您这等于没解释啊，到底是啥真理？那我要能理解得很清楚透彻，我不就成仙了嘛！还出什么书！

不管怎么说吧，道可以说是一种哲学思想。古人天真地认为，只要把这事儿参悟明白了，就能成仙。

黄帝这时候，还没参悟出来——我不明白咋回事，那就找个仙人问问呗。所以他就带着自己的亲信风后开始了求仙之旅。这种不懂就问，愿意跟别人学习的精神，很值得学习！

黄帝这个到处旅游的念头，跟妻子嫘祖很相似。咱们前文说

过，嫘祖发明了养蚕。不过她还有个爱好，就是旅游。

古籍记载：

嫘祖好远游，死于道，后人祀以为行神。

她特别喜欢到处游山玩水，最后也是在途中去世，真是用生命在旅游啊！后人把嫘祖称为行神，她就是驴友的保护神。

黄帝开始了自己的旅程，他周游仙山，首先来到了青丘。

青丘咱们之前提过，黄帝在这里杀死了蚩尤，也提到过青丘盛产九尾狐。《山海经》是怎么描述九尾狐的呢？

有兽焉，其状如狐而九尾，其音如婴儿，能食人，食者不蛊。

这个跟我们印象中的大美女九尾狐好像有点不一样。其音如婴儿，声音挺嫩，可是它吃人啊。当然啦，我们人类也不示弱，它能吃人，人也吃它。吃了还有好处：食者不蛊，吃了九尾狐的肉，可以不被妖邪迷惑，还算是一种药膳。

黄帝虽然来过这里，但是当时在打仗，也没有心情游山玩水。

这次不一样了，黄帝信步闲游，心情也很放松，于是就说："走这么久，也累了，咱看看哪有九尾狐啊，找一只，炖个蘑菇，野炊一下。"

风后就劝："您别这样，咱不是求仙来了嘛，别一上来就把人家山上的原住民给炖了，不太友好。"

黄帝一听，也有道理，他四下望去，见这青丘山的风景相当不错，树木苍翠，溪水潺潺，看着就像个仙境。

黄帝很高兴，就对风后说："你看这里风景如画，有一种超凡脱俗的意境，说不定真有仙人居住。"

话音刚落，就听见有声音大喊："傻瓜！傻瓜！"

黄帝说："大胆！你要造反啊，敢骂我？"

风后说："冤枉啊，我这还没来得及开口呢！我说话没有这么这么直白，就算要骂，我也得绕着弯子骂啊。"

什么乱七八糟的！黄帝说："这山上就咱俩啊，没看见别人，不是你是谁？"

风后说："您且抬头看！"

黄帝抬头一看，就在身边有一棵参天大树，就在眼前不远这个树枝上，落着一只蓝褐色的鸟，这只鸟抖了抖羽毛，歪了歪脑袋，张嘴就叫：

"傻瓜！傻瓜！"

黄帝当时就把轩辕剑抽出来了："找点树枝树杈，给我烤个鸟肉串儿！"

风后急忙阻拦，又劝说："您请息怒，这乃是青丘特有的鸟类，它的叫声天生如此，可不是针对您！"

《山海经》记载：

有鸟焉，其状如鸠，其音如呵，名曰灌灌，佩之不惑。

这个鸟啊，外表看起来像个斑鸠，名字叫灌灌，其音如呵。"呵"是什么意思呢？就是呵斥、责骂。这种鸟一叫起来，就好像俩人在吵架，你一句我一句对着骂街，还挺热闹。

佩戴它的羽毛做成的饰品，还可以不被妖邪迷惑。可见青丘山鸟兽的主题，都是防止被蛊惑的。

黄帝听了风后的解释，这才把剑收起来。黄帝在青丘没有找到仙人，愤愤离去。

宋代古籍《云笈七笺》记载："**黄帝东到青丘，过风山，见紫府先生。**"

离开青丘，他们去了风山。

风山顾名思义，在上古传说中产生风的一座山。据说山上有一个深不见底的大洞，从洞的深处产生了风，吹向四面八方。这当然也是古人因为不理解风的成因，所以脑洞大开，觉得刮风也是从神秘的地方出来的一种神力。

那么这位紫府先生是谁呢？这位在黄帝的故事里仅仅一带而过，虽然也传授了一点仙法，但并不是决定性的人物，就是一位打酱油的仙人。

但实际上，紫府可是一位传奇的重量级大仙，在道教里面地位非常高。他的仙山洞府，并不在风山，黄帝能在这里碰巧遇到他，也算是一种缘分吧！

史书记载，这位紫府先生，曾经传授黄帝一本《三皇经》，估计是记载了上古的一些修炼秘法。这本经书据说能除鬼辟邪、起死回生。后来一直流传到唐朝。在贞观年间，朝廷觉得这书都是胡扯，下令全部焚毁，从此就失传了。

黄帝得到《三皇经》之后，看了看也没啥感悟，就带着风后继续到处游历，去了很多名山大川。

这一天就来至青城山下。

中国道教有四大名山：安徽齐云山、湖北武当山、江西龙虎山、四川青城山。其中这青城山自古就有仙人的传说。至今在青城山景区里还有很多相关的古迹，比如老君阁、天师洞、上清宫等，这些名字一听就跟神仙有关。

从古至今很多诗人都赞美过青城山。这里也是《白蛇传说》中白娘子的故乡，说明这里一直都有仙气，所以这白蛇青蛇才能修炼成人形，演绎出一段千古佳话。

黄帝对此山也是赞叹不已。只见遍地奇花异草，半山腰云雾缭绕，抬头看，山顶上有霞光瑞气直冲云霄。

其实青城山的仙人，还是黄帝的熟人，此人就是宁先生。这位宁先生曾经也是黄帝的臣子，本来是一位陶正。陶正就是负责烧陶器的官员。据说有一次宁陶正在烧制陶器的时候，突然间火光冲天，有五色烟雾腾腾升起！宁先生看着熊熊烈焰，也不知为何一瞬间就得到了感悟，纵身投入了火焰！

围观群众都吓坏了，就在一片慌乱之中，有人大叫一声："你们抬头看！"大伙一抬头，只见火中冉冉升起了一道人形的烟雾，越来越高，形象居然还清晰可辨，仔细一看，正是宁先生——原来他是火化升仙，成为了仙人。

黄帝听风后这么一说，也想起了自己失踪的陶正，原来是真的成仙了。二人来到山顶，找到了宁先生，请教成仙之法。

宁先生还真不藏私，说："没问题！来，风后你帮忙捡点柴火，咱们把黄帝火化了吧！"

风后赶紧拦着："别冲动别冲动！仙人冷静！"

黄帝一听当然也不干："烧了像话吗？多危险！要不然，您先传授我一个仙法，咱一步一步来。"

于是宁先生就传给黄帝一本《龙跷仙经》。

《龙跷仙经》非常实用，是一个功法，学会之后能像龙族一样潇洒地飞行，可以腾云驾雾，瞬间万里。

黄帝非常高兴，封宁先生为"五岳丈人"，总司五岳，所以青城山又叫丈人山。

什么丈人？老丈人？不是！丈人原本的词义，是指德高望重的老年男子，这个丈就是大丈夫的丈。也有人解释说是因为老人拄拐杖，这俩字通用，到后来词义演变，才用这个词来称呼岳父。

宁先生被册封之后，道号就叫宁封子——封就表示有黄帝的册封，子呢，道家这个"子"不能随便用，得是真正修道有成就的人，才能称为某某子。就像后来老子、孙子、列子，也都是尊称。

后世人把宁封子奉为陶祖——烧陶把自己都烧了，这是多么感人的奉献精神，他就是中华陶瓷的祖师爷。

这回黄帝带着风后上路的时候就高兴了，他们手拉手，腾云驾雾，瞬息间就能跨越千山万水，东南西北，任意遨游。

一路之上，也得了不少仙法、秘诀。黄帝跟风后商量："这仙法的教材，咱们也弄了不少，可是得什么时候才能真正成仙呀？

风后微微一笑，捋了捋胡子说：您还缺少一位老师，还得找一位善于讲解道理的仙人传道解惑。"

就这么着，继续到处打听，终于在崆峒山找到了广成子。

战国古籍《庄子》记载：**"（黄帝）闻广成子在于空同之上，故往见之。"**

空同，就是崆峒山。黄帝听说那里有位仙师叫广成子，所以就去拜见他。什么叫广成子？就是无所不通。他的学问广大，修得了一切成就，所以叫广成子。

黄帝来到崆峒山下，自己也有点紧张，就跟风后商量：

"你说我见着广成子，我怎么问呢？"

风后说："您不能直接说是为了自己求道。应该说是为了天下的百姓。这格调马上就高了嘛！"

黄帝点头称是，这便要造访广成子，探讨成仙之道。咱们下回，接着说。

第十六回 | 黄帝求仙（三）：玩火的严重后果

上回说到黄帝要拜访仙师广成子，风后为他出谋划策。

风后说："您呀，求学也要讲究技巧。第一步，您先要说求道是为了百姓安乐。第二步，您再说是为了好好治理天下。第三步再说是为了追求真理。这样格局就显得大了。"

黄帝一听，嗯，有道理，套路还是你玩得溜。

君臣二人就来到崆峒山上，只见山顶一片空旷，只有几棵苍翠的老松树。一棵参天古松之下，摆着石桌石凳，有两位道骨仙风的老人正在下棋。

黄帝一看，虽然不知道哪位是广成子，但是这俩都是仙人准没错，因为别看他们头发胡子雪白，可是那脸蛋儿挺嫩，面色红润精神焕发，一点衰老之态都没有，这就叫鹤发童颜。

咱们书中暗表，这两位仙人，一位正是广成子，另一位叫作赤松子。

大家要是看过《封神演义》的话，应该知道广成子。《封神演义》讲的是武王伐纣的故事，那已经是商朝覆灭、周朝建立的时候，比黄帝时代晚了一千多年，广成子到那时候还活着呢！

《封神演义》里的广成子很能打，他手里有一颗番天印，抛出去专拍脑门儿，当板砖用。这块板砖可神通广大，广成子拿着番天印拍死过金光圣母、火灵圣母，那真是仙人会武术，谁也挡不住！后来这颗印落在一个叛徒手里，十二金仙都制不住他，连哪吒都被打下了风火轮。有兴趣的朋友可以看看《封神榜》，这里就不细表了。

跟广成子下棋的赤松子也是一位得道的仙人，他跟炎帝有点

渊源——炎帝的女儿是他的弟子。

前文提到过，炎帝的女儿女娃在东海淹死了，化为精卫鸟。炎帝其实有三个女儿，还有个女儿叫作瑶姬，自幼体弱多病，《山海经》记载她没出嫁就死了，化为仙草。后来的古籍《水经注》记载炎帝心疼这个早夭的女儿，封她去巫山做山神，被后世演绎出一段巫山神女的故事。据说楚怀王就梦到过瑶姬，这事被记载在战国宋玉的名篇《高唐赋》中，也就是成语"巫山云雨"的由来。

李白曾作诗道："瑶姬天帝女，精彩化朝云。婉转入霄梦，无心向楚君。"意思是：人家炎帝的女儿是啥身份，能主动来跟你告白吗？楚王也就是自己做个梦，自作多情了。

炎帝的第三个女儿，就是这位赤松子的徒弟。这个女儿没有留下名字，但是跟另外两个一样，也很不省心。她自幼拜赤松子为师，渐渐修仙有成，经常化为一只白色的喜鹊，蹲在一种特别高大的桑树上，变回人形的时候行为举止也跟鸟似的。炎帝着急啊，女娃已经变成精卫鸟了，这孩子怎么也要变鸟？

可女儿不听话，非蹲在桑树上。炎帝一生气，就放了一把火，想逼她下来，没想到她就蹲在树杈一动不动，转眼间就升天了——这招儿现在大家都知道了，叫火化成仙。《山海经》记载，这种桑树后来就被命名为帝女桑，以纪念这个没有留下名字的女孩。

要不说别随便玩火。玩火的危险性可大了，这历史教训还不少。最著名的莫过于春秋时期介子推的故事。他跟着重耳逃亡十九年，忠心耿耿，后来重耳成为晋文公，要封赏他，可是他死活不肯，带着老母亲隐居在绵山之上。晋文公看他不肯出来，就说放把火把他逼出来吧。结果呢，一把大火烧绵山，把介子推母子二人活活烧死了。您看这恩报的！咱们中国有个传统节日，寒食节，就是清明的前一天，在过去，这一天不能动火，要吃冷食，就是为了纪念介子推。

炎帝这事儿也是类似的乌龙事件。女儿淘气，好好教育呗，放啥火？！说是成仙了吧，反正再也没找着，这下三个女儿就全没了。

咱们再回头说黄帝，来到崆峒山上，对着二位仙人恭恭敬敬深施一礼，说道：

"二位仙人请了！我听说仙法玄妙非常，包含了宇宙间的真理大道，我不敢前来求教啊！"

这是一句客气话，没想到两位仙人看着棋盘，头也不抬，其中一人说："不敢问，那就走吧！"

黄帝让人一句就给噎回去了，这话没法接啊。风后偷偷拉着黄帝小声说："我听说广成子的挚友是赤松子，恐怕就是说话的这位。他是炎帝女儿的师父，所以可能对您有点儿意见。"

黄帝一听，更加恭敬地说："仙人可以不管我的迷惑，但是难道天下百姓的迷惑，你们也不闻不问吗？"

这就采取了风后之前的建议：不是为我自己，这是为了天下百姓，你们管不管？

没想到赤松子微微一笑说道："君王清明，百姓日子就好，百姓如果迷惑，那就是你不好呗！因为你治理天下，天下就是你的责任，百姓也是你的责任，这不归我们管。"

这把黄帝给噎得，差点背过气去！

风后使了个眼色，于是黄帝忍气吞声，再次开口：

"我看百姓们的命运，差异很大，有人命长，有人命短，有人富贵，有人贫贱，我想替百姓问一问，为什么这么不公平呢？"

赤松子就说："上天其实很公平，给所有人的寿命，都是四万三千八百天，总共一百二十岁。"

黄帝一听，这话不对吧？一百二十岁，哪有那么高寿的人！

在黄帝时代，人类的寿命是非常短的，根据考古学家们研究，夏商周前后人类的平均寿命才二十来岁。大家都知道古代医疗水平差，很多现在看起来是小病，那时候就要命了，可能拉个肚子就完了，同时婴儿夭折概率也高，寿命肯定不如现代长。您想啊，"人生七十古来稀"，这是唐朝留下的俗语，说明直到那个时候七十岁还是很罕见的高寿，何况上古时代呢。

说人的标准寿命是一百二十岁，黄帝表示，这不科学。

赤松子冷笑说："寿命本来都是一样。但是天上有司命监视着，做了一件坏事，或者私下说了什么坏话，甚至就在心里动了一个坏心思，那都要扣寿命。如果这人特别坏，福气和寿命都扣没了还不够，那就祸及子孙。所以最终众生的命运，就不一样了。"

这个逻辑，就好比人生是一张考卷，一百二十分是满分，错题就得扣分。

黄帝一听，也有点抬杠的意思，就接着问："那也有的人，没干过啥坏事，可就是运气不好，这是为什么？"

赤松子说："那就是因为你不好。"

黄帝心说这天没法聊了，小声问风后：你说我要是把赤松子砍了会怎么样？

风后说：那您可能要负分儿了，还是忍了吧。

赤松子理直气壮，悠悠然说：

"如果一个人作恶，只是折损自己的寿命，败坏自己的气运。如果很多很多人都去作恶，有违天道，那就要出大事了，什么暴雨山洪，天火瘟疫，灾祸会大面积降临，甚至牵连那些好人也要遭殃。这天下要是坏人多，好人少，你说怨谁啊？你管理天下，那就得怨你！"

这话黄帝虽然不爱听，但是又觉得说得好有道理，无法反驳。

这时候赤松子就打开了话匣子，长篇大论讲了很多道理，都是关于善恶、道德的重要性和法则。黄帝听得那叫一个困啊，但为了表示重视，就让风后把赤松子的话全部记录下来，将来好传给大家学习。这就是道教著名的劝善典籍《赤松子中诫经》，以黄帝与赤松子一问一答的形式记载，流传至今。

赤松子教训了黄帝一顿，那是口若悬河、滔滔不绝！说完了挺过瘾。一看这个黄帝还命令风后做学习笔记呢，神色也和气了，就推开棋盘站了起来，说道：

"看你还有几分好学，将来可以到昆仑山走一走，有缘再见。"

说完，就走了。

黄帝擦了一把额头的汗，感叹说：总算走了，怎么这么能聊，这聊了好几天吧？

风后乐了，说：您不是嫌别的仙人话太少，不爱详细解释，这回这个多好，解释得多详细。

俩人再一看，广成子也睡着了。这也难怪，广成子没插上嘴，太无聊了，就睡着了。黄帝赶紧把他喊醒。广成子醒来一看，立刻就急了：这盘棋我马上就要赢了，就差一步，他竟然耍赖跑了！不行，我追他去！

说着把整个石头桌子举起来就要去追赤松子。

黄帝和风后赶紧拦了下来，黄帝急忙说："仙师！仙师！您少安勿躁。我诚心上山求教，您好歹得指点几句吧？"

广成子已经有点急啦，就说："你到底想问什么呀，快说快说！"

黄帝说："**吾欲取天下之精，以佐五谷，以养民人。吾又欲官阴阳以遂群生，为之奈何？**"

黄帝这两个问题非常厉害，通俗地翻译就是：我要用高科技促进农业发展，养活老百姓，我还要弄明白天文地理阴阳五行，好领导天下众生，该怎么做呢？

广成子一听很烦躁，说你这话题太大了。想一下子就发展成高科技社会，省略过程，就想直接得到成果，这纯粹扯淡！

那位说，仙人能这么说话吗？他还真是这意思。

古籍记载广成子回答是："**佞人之心翦翦者，又奚足以语至道。**"

"**佞人**"，就是奸佞，坏人。广成子说你问的这些根本不是修行的大道，都是俗事。自己不修身养性，做啥事都想要一步到位，不顺其自然地发展，痴人说梦！

"**又奚足以语至道**"，意思就是你太俗气了，想让我跟你论道，你也配？！

这不就是骂街嘛！

说完广成子抱起棋盘，一跺脚飞走了。

黄帝受了赤松子一场怼，又挨了广成子一顿骂，转眼两人都走了，只剩下黄帝和风后在风中凌乱，黄帝都快气哭了！

黄帝委屈地说："这仙人脾气怎么这么大？好好的怎么说翻脸

就翻脸。风后啊，你教我的套路也不好使啊！"

风后说："仙人也有仙人的套路哇。一般都不能轻易传道，要你三请四请表现出虔诚的态度，这样才显得他道法高深。一问就说，就不值钱了。我看广成子并非不想说，只是要做个姿态。咱们下次再来拜访，必定能有突破。"

黄帝听了长叹一声："这不是套路，简直就是套娃啊！"

这正是：空山存大道，孤松伴月眠。不听真言语，何处更求仙！

预知后事，且听下回：黄帝再拜广成子！

第十七回　**黄帝求仙**（四）：
是拜师不是拜坟

我们说到黄帝到处求仙，根据晋代古籍《抱朴子·地真篇》记载，他不仅去过青丘、风山、青城山、崆峒山，还去过峨眉山、王屋山等很多地方。没办法呀，仙人都住山上呢！

上回说到黄帝在崆峒山被赤松子和广成子轮流怼，其实也不是什么新鲜事儿。峨眉山有一位叫天真黄人的大仙，那骂得更难听，他说：**"子既君四海，欲复求长生，不亦贪乎？"** 意思就是你已经君临四海了，还想求长生，是不是太贪心了？

黄帝也没生气，已经被怼习惯了，坚持跟人家说好话，最后也获得了仙书。

求仙之路上，黄帝姿态放得很低。对于普通人他是君王，相对于仙人，他就是个刚入职场的新丁。

职场小白怎么才能快速成长呢？不仅要实践，还需要高人指导。你去问领导，这事怎么处理？按照惯例，领导也要先怼你两句："什么事都问我，要你有啥用？"但是一般负责的领导怼完了还会教给你应该怎么做。就像黄帝遇到的仙人中，也有爱怼人的，但是怼痛快了，照样传授知识。

仗着这种锲而不舍的精神，黄帝总共拜见了二十四位仙师，收集了很多的仙法秘籍。成仙就像一个游戏任务，这些仙人都是发放任务物品的 NPC，最后你还得交任务呢！上哪儿交呢？黄帝认为，最了不起的还是崆峒山的广成子，就找他交任务去了。

广成子怼了黄帝一句就走了。风后判断，广成子是嫌黄帝态度还不够谦逊诚恳，还要继续表现才行。

《庄子》记载：**黄帝退，捐天下，筑特室，席白茅，间居三月，复往邀之。**

意思是黄帝被批评了一顿，回去之后就不上班儿了。专门盖了一间草房，睡在茅草上，闭关三个月努力学习，然后再去拜见广成子。

二上崆峒山，黄帝是自己去的。他找到了广成子居住的石屋，敲了几下门，无人应答，只好自己推门来看。

这门一推吱呀呀直响，像是好几百年没开过的一样。推开木门一看，里面倒很洁净，没有灰尘。黄帝一看这屋子，简直就是家徒四壁，除了一张打坐的云床之外什么都没有。修行的人，不讲究那些世俗享受。

广成子在屋里干嘛呢？他正躺在床上睡觉。

古籍记载：（黄帝）**顺下风膝行而进，再拜稽首。**

古代非常讲究尊师重道，想拜师学艺，就得有规矩。

黄帝这回下了血本儿，直接就跪了。但是仙师躺着呢，你不能正面从头的方向去跪拜，拜头那是拜死人的礼节。

老年间停尸的规矩就这样，尤其北方习俗，都是在脑袋前面放一碗倒头饭，供着香，让人行礼祭拜。所以说人躺着，拜脑袋那边，不吉利！

得"**顺下风**"，就从脚的这个方向过去，这才是拜人。从头拜是拜坟。黄帝还"**膝行**"，就是没到床前就已经跪下了，用膝盖行走，蹭着过去，然后再磕头行礼。

也是豁出去了，好嘛，那可是堂堂的轩辕黄帝啊。彻底放下偶像包袱了，跪下就磕头，可见真是一片诚心。

而且这回呢，问题也变了，黄帝求教："**治身奈何而可以长久**？"这就不整虚的，不玩套路，实实在在地问："到底怎么可以活得长久？"

广成子真睡着了吗？其实也没有，黄帝怎么跪，说什么话，他听得清清楚楚。广成子觉得黄帝态度很诚恳，很有礼貌，也高兴了。

广成子蹶然而起，曰："善哉问乎！"

噌一下子就坐起来了，把黄帝吓一跳。

善哉，就是说问得好！这话大意是：既然你诚心诚意地发问了，我就大发慈悲地告诉你。

广成子盘膝而坐，手捻长髯，问黄帝："你先猜猜看，我有多大岁数？"

黄帝一看，这也不好猜啊，五六十？七八十？一百二？

广成子说："我今年刚刚一千两百岁。"

好家伙，黄帝惊呆啦！"这哪看得出来啊！不像不像！"

俗话见物增价，见人矬寿。

譬如说人家姑娘买个包，让你看好不好，你就算不认识这牌子也得把价钱往高了猜："哎哟这包厉害了，一看就是名牌，这得十来万吧？"对方一听不好意思了："哪有哇，就是几百块钱的东西。"你还得接着捧："不像不像！好看，大气，一瞅起码上万，您真会买东西！"这样说人家听了多高兴呀！这就叫情商。

见人矬寿呢也是类似的意思。见着老年人，你把岁数得往小了猜，猜大了人家不乐意。"您多大岁数？六十五？哎哟，怎么瞅着跟七八十似的，这一脸褶子！可别出来溜达了，再把人吓着！"要这么说，容易挨揍，得往小里猜。

可是黄帝一听广成子一千两百岁了，这都没法聊啦！还怎么矬寿。

黄帝就尬聊："您瞅着不像一千二的，像……像一千一的！"

广成子看黄帝激动得都胡说八道的了，忍不住得意地一笑，说："**来，吾语女至道**！"女，就是汝，是"你"的意思。广成子说："来，我告诉你什么是真理大道！"最早古文里汝是不加三点水的，女就是你。

于是，广成子把他参悟的道法，对黄帝进行了一番细致的讲解。

那么黄帝这就直接成仙了吗？——还没有。

过去修仙讲究服食丹药，就像中药需要药引子，或者像健身要搭配健康饮食，这都是一套的流程。我们说过，黄帝以前的不死药技术不过关，窃窳吃了变妖怪了。所以黄帝还要再学正确的炼丹术。

炼丹术，这可是上古时代顶级的高科技，超越一切魔法道术。

黄帝跟谁学呢？《山海经》中最具传奇色彩的女神即将闪亮登场啦！

她，地位超然，跨越神族和仙族，不属于任何谱系，逍遥自在，独霸一方。她是不死药唯一专利者，灾祸与瘟疫之神，内心萝莉的女汉子，最早的玉器开发商，生化武器制造者，热爱宠物的小姐姐，上古正义与和平的维护者——西王母。

黄帝与西王母的历史性会面究竟如何？且听下回分解！

第十八回 | **轩辕镜：**
古代打假报警器

上回说到，黄帝想要长生不老，还要配合服用丹药。想要得道成仙，学问和丹药，缺一不可。

其实从上古时代到封建时代，对仙丹的研究从未停止。但是炼出来的指不定是什么，历史上有文字记载的，自己炼丹，胡炼瞎吃致死的例子非常多。

就说最著名的疯狂追求长生不老的秦始皇，就曾经疯狂地嗑药。还派术士徐福带着三千童男童女去海上寻找仙山，结果再也没回来。而秦始皇是在巡视天下的途中暴毙的，死得不明不白，八成就跟乱吃药有关。

再说东晋有位皇帝，晋哀帝司马丕，可算是极品了。他也喜欢服食长生不老药，后来中毒而死，享年 25 岁！——这是真的不会老了，永远 25 岁！

咱们接着说，上古神话中永生不死的概念，在《山海经》中时常出现，什么不死树、不死草、不死国、不死民，这些所谓不死，不是真的永生，其实就是活得比较久。

像黄帝的巫师以前使用的不死药咱们讲过了，是山寨版，吃完活了，也疯了。其实在人神两界，真正掌握不死药核心技术的大神，有且只有一位，那就是西王母。

西王母咱们上回说了，有一堆头衔：不死药唯一专利者，灾祸与瘟疫之神，内心萝莉的女汉子，最早的玉器开发商，生化武器制造者，热爱宠物的小姐姐，上古正义与和平的维护者……

这个当然是我总结出来的。实际上后来在道教中赋予西王母的尊号，也是挺长的，叫作：

上圣白玉龟台九灵太真无极圣母瑶池大圣西王金母无上清灵元君统御群仙大天尊。

厉害吧？单名字就比别人长。

这《山海经》时期的西王母，跟道教还没什么关系，后来被道家封为神明，恰恰就跟这不死药有极大关系。因为道家追求长生不老，对于掌握这个技术的女神，自然是非常崇拜的。

那么西王母到底是什么来历，有什么法力，又有哪些传奇呢？——咱们暂且不表。

那位说了，你这逗我们玩儿呢?！把西王母一顿吹，怎么又不表了呢？讲讲啊！

讲是要讲的，但是得先把黄帝送走呀！西王母的故事那不是三句五句能说清楚的，咱不能把黄帝搁这不管了，耽误人家成仙的大事啊！

　　黄帝早就听说西王母的威名，但是一直没有机会见面。这一次，黄帝郑重地派人下帖子——西王母不是想见就能见的，得提前预约，就要这派头儿！

　　定好了约会之后，黄帝先把手下人找来，商量着要带点什么礼物。

　　风后说："拎二斤点心，大八件小八件，带只烤鸭，这不都挺好吗？"

　　黄帝摇头说："这你就俗了，像赤松子、广成子，这都不吃烤鸭，怕胖。你看仙人都是瘦子，仙风道骨的，人家都辟谷了，根本不吃饭。"

　　黄帝冥思苦想，最后决定，铸造十二面铜镜，象征一年十二个月，送给西王母作为见面礼。

　　这可是厚礼了。第一，那个时代一切金属都是贵金属。青铜器当年可是皇家御用之物。第二，镜子是新发明。

　　《轩辕本纪》上说：**帝会王母铸镜十二，随月用之，此镜之始也。**

　　黄帝铸造的这十二面镜子就是历史上最早的镜子了。在这之前，姑娘们梳妆打扮，只能在河边儿照一照，要是怕掉河里就打盆水，在水面上看看。

古籍中还有另外一种说法，说黄帝铸造的镜子是十五面，每一面都有神奇的功效。隋末唐初，有一位叫王度的书生，得到了其中的第八面镜子，拿镜子能照见妖魔鬼怪，由此引发了很多有趣的事情。王度把这些奇闻写成一篇小说《古镜记》，成为了唐人小说的开山鼻祖，在文学史上很有名气。

后世的帝王们，也借着轩辕黄帝的威名制作了一种轩辕镜。故宫里凡是皇帝宝座的正上方，都会有一个"盘龙藻井"，上面雕刻的龙嘴里叼着一个亮晶晶的圆球，就是轩辕镜。轩辕镜是圆形的，不是青铜，而是由水银制成的，制作很精巧，在有光源的情况下，光芒四射。这是后世的帝王们，以轩辕的威名制造的打假警报器。

怎么打假呢？就是轩辕镜可以分辨坐在龙椅上的到底是不是真龙天子，要不是，这个圆球就会掉下来，砸在假皇帝的脑袋上。这个打假，是真"打"，奔着砸死假货去的。不过现在去故宫已经看不到轩辕镜了，因为怕年久失修，松动损坏，所以近几年已经收到库房里去了。

传说袁世凯登基的时候，有点儿心虚，害怕轩辕镜掉下来把自己砸死，下令将龙椅往后挪了三米。

说了几段相关的趣事，这黄帝还没见着西王母呢！各位别急，咱们下回分解！

第十九回 # 约会西王母：
跟女神炫富的下场

轩辕铸铜镜，

菱花照月明。

高台神仙会，

回首已忘情。

上回书说到，黄帝跟西王母定了个约会。约会地点在哪儿呢？有说在王屋山的，因为有古籍记载说"帝与王母会于王屋"。可是也有学者不同意这个观点，认为西王母人家住在昆仑山，没理由跑王屋山去见黄帝，这句话里的王屋，指的应该就是"西王母的屋子"，不是山的名字，约会地点应该就是在昆仑山上，西王母的宫殿里。

咱不管这些争议，反正就是在山上。

这一天，黄帝命人把十二面巨大的青铜镜搬到山上，心里得意，心想这发明创造，一定能博得西王母欢心。

没想到等他走进大殿这么一看，可了不得了，但只见：

八宝金殿八丈高，

斗大的珍珠放光豪。

日月宝扇分左右，

紫金炉内檀香烧。

白玉桌上翡翠盏，

笙笛细乐伴长宵。

金龙盘柱祥云照，

丹凤飞舞任逍遥。

黄帝惊了！他本来弄一堆镜子想显摆，结果一看，人家这排场可比自己大多了，就是自己住的宫殿跟人家都没法比。人家这桌子都是白玉的，照明都不用火把了，用夜明珠！这还怎么炫富?！

黄帝不由得心中赞叹，看看人家这生活品位，那比我高多啦。但别说，黄帝这十二面镜子，也算是锦上添花。镜子能反光呀！夜明珠光芒璀璨，再用铜镜这么一反射，看上去那真是一片辉煌！

黄帝心想，生活这么讲究，那女神本人指不定得多漂亮呢！正在胡思乱想，只见珠帘一挑，西王母款款而来！

黄帝一看这位女神的模样，不由得倒吸一口冷气！

西王母长啥样啊？《山海经》中有八个字描述：**豹尾虎齿、蓬发戴胜。**

豹子的尾巴，老虎的牙齿，虽然也戴着美玉头饰，可是一脑袋头发乱七八糟，发丝都支棱起来了。模样丑不丑先不说，这不是人样啊？妖怪么这不是。

其实西王母长得可不丑，就是不太会打扮。这豹尾虎齿，也不是西王母真的长着尾巴，呲着满嘴大虎牙，都是她戴的装饰品。古代讲究这个，穿个兽皮啊，用野兽的牙齿装饰一下。

西王母就是个宅女，不太会打扮。她生活在这个山头林立的上古时代，到处是妖魔鬼怪，为了塑造威严的形象，她也是拼了，什么都往身上捯饬，脸上画几道杠，横的竖的、红的黑的，眼睛周围画个白圈，嘴往大里画，恨不能咧到耳根子上，再把头发整成杀马特——非常另类。

黄帝一看，这是女神吗，这是女神经啊！豹纹装还挺时髦的，可是脸没法看呐！黑不黑红不红，五官都看不清楚了，头发还立着，跟鸡毛掸子成精一样！

只见西王母袅袅婷婷、扭扭捏捏，就来到黄帝的面前。

堂堂黄帝真有点想喊救命。正在尴尬的时候，只见从西王母身后走出一位青衣女子，娇滴滴地问道："轩辕黄帝，可还认识我？"

黄帝定睛观瞧，嘿，还真认出来了！

正是黄帝打蚩尤的时候，梦中送来兵书战策的神秘女子。

黄帝一见这位女子，赶快施礼："上次匆忙之间也未请教，仙女尊姓大名？"

青衣女子微微一笑："我是西王母座下玄女，当初正是娘娘派我前去相助的。"

书中交代，这位玄女是西王母的弟子，被后世称为九天玄女，特别擅长兵书战策，在历朝历代的神话传说中都出现过。

您要是看过《水浒传》，应该还记得，宋江犯事之后被官兵追赶，躲进一间古庙，遇见了玄女娘娘，传授他三卷天书，之后才能三打祝家庄，三败高太尉。那宋江本来是郓城县的押司，押司就是个文书，怎么就会带兵打仗呢？那都是因为有天书帮忙。后来被招安了，跟辽兵大战的时候，还是玄女在梦中教给他破阵之法，这才能打败辽国。

这位九天玄女看来很喜欢在梦中传授兵法，传授黄帝奇门遁甲的时候也是在梦中。

黄帝见到玄女是西王母的手下，那可就不好意思走了。当初在危难时刻人家帮过自己，得知道感恩啊。这才正式入座，攀谈叙话。

西王母说："我早就听说过你了，以仁义治天下嘛，我就觉得你挺不错的，因此才派玄女去帮忙。"

黄帝只好连连道谢："是是，太感谢了，您确实于我有恩呀！真是不知该如何报答。"

西王母说："如何报答？好办啊，你就以身相许呗！"

黄帝刚坐稳当，一听这话差点从椅子上摔下来。心说这西王母怎么不按套路来呢！一般人家说我应该怎么报答你呀，就是客气一句，正常回答应该是：我也不求报答，只希望你好好治理天下！——这才有风度嘛！

玄女在旁边打圆场："娘娘啊，您是女神，要矜持啊！"

玄女的原形是玄鸟，有人认为玄鸟就是燕子。商朝的祖先就自称是玄鸟的后裔，以燕子为图腾，所以有"天命玄鸟，降而生商"的说法。

咱们这位玄女，主要技能是在行军布阵、兵书战策这方面，是一位军事家。玄女的戏份还没完，大禹治水的时候，她还要出来帮忙打怪，这是后话了。

西王母哈哈大笑，也没生气，说："咱们先吃，边吃边聊。"

黄帝松了口气，这才腾出功夫来往桌上看。只见满桌尽是各种稀奇古怪之物，黄帝瞅半天，没敢下筷子！

他也纳闷啊，我坐拥天下，怎么这一桌子菜我都不认识呢？只好惭愧地问西王母："请问娘娘，这都是什么菜呀？"

"这叫西餐！"

西王母的餐，简称西餐！

说罢举起象牙筷子，指指点点为黄帝讲解：

"您看这个，这个红的是炖朱砂，那个绿的是清炒和田玉，还有这碗水银汤，在丹炉里炖了九九八十一天，味儿足！这还有一盆珍珠翡翠白玉汤！"

黄帝看着这一桌子"绿色"食品忽然觉得有点牙疼。西王母一看黄帝的表情，噗嗤一乐，说："其实我知道你是来干嘛的，你不就是想问问不死药吗？"

黄帝听到这，站了起来，整束衣冠，恭恭敬敬深施一礼，道："我欲求登仙之术，请娘娘指点迷津！"

西王母点点头，说："可以，但你还是要献身呐！"

黄帝一听急了，西王母嘴一撇，说："逗你玩儿呢！你精神上修炼已经差不多了，就这肉身还得再好好提升一下。"

西王母慷慨地传授了黄帝服食玉膏滋补的法门。

古人这脑洞也很神奇。有很多修仙者认为玉能代表仙家的精神，要想办法把玉石吃下去，就能成仙。咱们现在说玉能养人，指的是佩戴玉石，可是古人更激进，很多典籍都记载着把玉磨成粉末当补品吃的事情，甚至《本草纲目》里也提到了和田玉的药用价值。大诗人屈原在《楚辞》中说道：

登昆仑兮食玉英，与天地兮同寿，与日月兮同光。

玉英就是玉石的精华，屈原说吃了这个可以与天地同寿、日月同光，那不就是成仙了！

西王母把服用玉石的方法告诉了黄帝，黄帝千恩万谢，这场约会就算结束了，没下文了。

《山海经·西次三经》记载，黄帝找到了一座盛产白玉的峚（mì）山，山上有一种玉膏很神奇：

其源沸沸汤汤，黄帝是食是飨。

沸沸汤汤，本来是形容水奔腾汹涌的样子，可见这个玉膏是流动的，就跟芝麻糊似的，还咕嘟咕嘟往外冒！这个东西肯定就比磨成粉末要好吸收呀！

经过一段时间的食补，黄帝的精神和身体都得到了升华，感觉时机已到，就把风后喊到身边说：

"风后呀，我终于要升天啦！"

风后听了哇一声就哭了："我主啊！您放心去吧，我一定让您风光大葬，多收份子……"

黄帝一听什么乱七八糟的，赶紧说："你先冷静一下，我不是要死！我是要成仙飞升！"

史书记载：**黄帝采首山之铜，铸鼎于湖。**

就是铸造了一个鼎，用于升天祭祀的仪式。黄帝召集手下文武众臣，举办了一个盛大的仪式，庆祝自己羽化登仙。

到了这一天，在众臣和各方首领的见证下，铜鼎之中香烟缭绕，天上飘来了五彩祥云。伴随着不知道从哪里来的仙乐，猛然间云层中探出了一个巨龙的脑袋，身子都隐藏在祥云之中，看不见整个儿有多大，就单这颗脑袋已经了不得了，垂下来的几条胡子数十丈长，从半空中直垂到了地面上。黄帝看着这龙须垂到自己面前，还轻轻晃动了几下，挺纳闷："你要干啥？"

龙说："来不及解释了，快上车！不是，快上龙！"

黄帝心想：敢情是让我顺着龙须爬上去，还挺有仪式感的。于是双手抓住了面前的龙须就开始往上爬。

文武群臣向往成仙的热情也非常高涨，这会儿都沸腾了！大家围成一圈，眼看黄帝的身影即将爬上龙头，隐没在五彩祥云之中，当即就有七十多人，争先恐后揪着龙的胡子也开始爬。风后、力牧这样的忠臣上前阻拦："不要乱，不要影响我主登仙！"文武群臣是大呼小叫，场面一度十分混乱。

等到黄帝爬到了龙身上，坐稳当了，巨龙轻轻甩了甩头，还揪着胡须的那些人纷纷坠落，一个也没跟上，还有几位手劲儿大，拽得太狠，把龙的胡子都揪断了不少，据说这些断掉的胡子落在地上生根发芽，长出了绿油油的细草，后世就把这种草叫作龙须草。龙须草是一味中药，有清热解毒利尿之功效。

　　黄帝就此乘龙而去，正式离开了人间历史的舞台，不过他的后代们依然叱咤风云，在华夏大地上繁衍不息。

　　黄帝的故事就告一段落，接下来，更为精彩的西王母传奇即将隆重登场！

第二十回

西王母（一）：
魔镜魔镜告诉我

黄帝飞升了，他学习的那些修仙之法，也传承了一部分给自己的后人，虽然不完整，也能延年益寿。

《山海经·海外西经》记载：**轩辕之国在穷山之际，其不寿者八百岁。**

这个轩辕之国，应该就是得到黄帝传承的后代部落，所以自称轩辕。这个国家的人长寿到什么程度呢？**不寿者八百岁**，就是说活到八百岁还算是短命鬼了！

在黄帝登仙的进程中，西王母作出了关键的贡献，黄帝很感激，虽然没有以身相许，也算有所回报。譬如他送给西王母的镜子，也是一个让世世代代的女性都受益的伟大发明。

不过西王母第一次照镜子，并不是很开心，因为以前她没有认真看过自己的模样，没想到这么寒碜。

黄帝走了之后，西王母站在第一面镜子前问："魔镜魔镜告诉我，谁是世界上最美的女人？"

镜子说："白雪公主！"

西王母一皱眉："你串台了吧？回答错误！"

随手一挥，哗啦，镜子就被打碎了。西王母神力无边，铜镜也禁不起她一挥手的力量。

西王母又问第二面镜子："魔镜魔镜告诉我，谁是世界上最美的女人？"

镜子说："你问这干啥，跟你又没有关系！"

哗啦，又碎了。

简短说吧，十二面青铜镜，碎了七面，满地铜渣，气氛很紧张。

西王母冷着脸，来到第八面镜子的面前，继续问："魔镜魔镜告诉我，谁是世界上最美的女人？"

这镜子已经吓得直哆嗦了，用尽灵力把画面强行美化了一下，终于开口，坚定地说："西王母，就是世界上最美的女人！"

你看，情商是多么重要。

还别说，这回西王母往镜子里一看：锥子脸，大眼睛，肤白貌美大长腿。虽然还是穿戴得有点乱七八糟，但是加上滤镜之后也显得有种另类美，还挺酷！

西王母很满意，对着镜子仔细打量一番之后，发现这身装扮确实不适合自己。

巧了，想吃冰下雹子。刚好这个时候，登仙之前的黄帝派人送来了精致的丝绸衣裙。

说到这里，咱们插叙几句。中国早在 20 世纪 50 年代，就在仰韶文化遗址中发现了新石器时代遗留下来的半个蚕茧，上面有清晰的人工切割痕迹，当时考古学家们推测是上古先民养蚕缫丝的遗迹。但是考古学界有很多质疑，觉得只有蚕茧不算实锤，就算是人工养殖、人工切割，说不定古人是拿来吃的呢？

但是在 2019 年，仰韶考古团队在一个头盖骨附着物上，检测到了桑蚕丝残留物，确认了包裹尸体的是丝织品。2019 年 12 月，中国丝绸博物馆和郑州市文物考古研究所联合召开新闻发布会，结合多项考古发现，认证了华夏的先民在五千多年前的仰韶文化时代，已经开始养蚕制丝。

仰韶文化遗址正是在黄河流域，华夏文明发源地——轩辕黄帝的地盘儿。

所以，虽然黄帝传说带有神话色彩，但是已经有越来越多的证据表明，炎帝、黄帝时代是真实存在的历史时期。在新石器时代我们的祖先就做出了丝绸，这是一件很值得骄傲的事情。

书归正传，西王母收到这些精美的衣裙，穿戴打扮起来。还别说，看起来就正常了很多，长得还挺好看的。

应该完整介绍一下西王母的来历了。

西王母到底是谁？

有人说，我知道是谁，不就是王母娘娘嘛！是个老太太。这

老太太可坏了，反对牛郎织女谈恋爱，拿金簪子划出一道天河，不让人家夫妻团聚。

还真不是！

大约从元代杂剧开始，文人笔下的西王母才逐渐变成老太太形象。可能是大家觉得过去这么多年了，娘娘也该老了。殊不知西王母在黄帝时代都已经几千岁了，人家的基本技能就是长生不老。

西王母反对别人谈恋爱？更不能了，她自己谈恋爱还谈不过来呢！历朝历代都没闲着，从东到西从天到地，谈了神仙谈帝王，留下许多传奇故事。下一回咱们就详细讲一讲，西王母的爱情故事。

第二十一回 | **西王母**（二）：
从女汉子到女神

天上白玉京，

十二楼五城。

仙人抚我顶，

结发受长生。

今天咱们的定场诗，是唐代大诗人李白一首长诗的开头四句。

古人对求仙这件事非常向往，连大诗人也不能免俗。

前面说过，神和仙不一样，但是西王母比较特殊，她同时具有神和仙的特性，这在我们曲艺行业有个名词可以形容，叫"两门儿抱"！

诗中这天上白玉京，就是西王母住的地方，也是专门出神仙的地方。今天咱们就来说说西王母的豪宅——中华第一神山，昆仑山。

西王母是天生地养，没有爹妈，我们只能从她的出身之地开始讲。西王母出身何处呢？

《山海经》记载了好几个地方，按照出现的顺序，分别是玉山、西王母之山、昆仑之丘、昆仑虚等。

其实都是昆仑山。因为昆仑并不是一座山峰，而是一条山脉。

昆仑山脉，西起帕米尔高原东部，横贯新疆、西藏，伸延至青海境内，全长约 2500 公里，平均海拔 5500—6000 米，总面积达 50 多万平方公里，是传说中的中华"龙脉之祖"。

现代有不少学者也考据过，认为从描述的地理位置和山脉走向来分析，《山海经》中的昆仑山并不是今天的昆仑山脉，具体在哪还存在争议，反正就叫昆仑山，很大，有很多山峰。

在昆仑山上，西王母的豪宅就不是大别墅那么简单了，可以说是别墅群，"十二楼五城"，那简直就相当于一个地形结构复杂的豪华小区，里面有丰富的景观，有花园凉亭，有休闲餐饮，上有天台、下有车库……

有人问了，这都是《山海经》上面说的吗？我跟您说，《山海经》原文对昆仑山有四个字的评语：万物尽有。

服气吧？它是要啥就有啥，应有尽有。

据《山海经·海内西经》记载：**昆仑之虚，高万仞。……面有九门，门有开明兽守之，百神之所在。**

仞，是古代的计量单位，长度有各种说法，在周朝是八尺为一仞，汉朝是七尺。我们按照早期的八尺计算，周尺大约二十三厘米，一仞就是一米八四，万仞就大约是一万八千米。

这个守门的开明兽什么样呢？

开明兽身大类虎而九首，皆人面，东向立昆仑上。

身体像老虎，九个脑袋，九个脑袋上长的都是人脸。埃及有狮身人面像，中国有虎身人面兽。这只开明兽就是西王母小区的

保安，它有九个脑袋，这就是无死角监控，八个脑袋四面八方都看到，还剩一个脑袋可以打打瞌睡，轮流休息一下。

昆仑山上还有一只神兽，叫陆吾，也是老虎身子、人脸，不过他没有九个脑袋，却有九条尾巴。因为都是人面虎身，所以经常有人弄混，以为开明兽就是陆吾。其实不是一回事，陆吾的职责跟开明兽完全不一样，它管理的是神山的时令和节气——类似于大型中央空调，使整个小区处于恒温恒湿的理想状态，四季如春。

《山海经》说昆仑山是百神之所在，因为整条山脉面积很大，住着很多的大神小神、神人神兽，可是西王母的势力在这里依然是最大的。

她为了彰显自己的霸气，给自己进行了失败的包装，这就是我们前面提到的女汉子形象。

《山海经》原文是这么描述的：**西王母其状如人，豹尾虎齿而善啸，蓬发戴胜，是司天之厉及五残。**

这里说其状如人啊，就是说她其实不是人。这不是骂人吗，不是人是什么？是神。我们前文提过，神都是有工作的，西王母的职权范围是**司天之厉及五残**，司就是管理的意思，"厉"和"五残"都是古代天文学中的凶星。西王母掌管的正是刑罚、灾祸和瘟疫。

那么她搞个吓人的造型也可以理解了，因为上古时代很乱，到处打仗，到处是怪兽和凶神，西王母认为，想要让大家都害怕，扮相就得凶一点，才能镇得住。

这种事在历史上也常见，最著名的就是北齐的兰陵王。兰陵王是古代十大美男子之一，长得跟大姑娘似的。主帅长这么秀气，怎么统率千军万马呀？所以他上阵打仗的时候就戴上一个青铜面具，敌人一看，这主帅青面獠牙披头散发，又这么勇猛，就吓得四散奔逃。

西王母搞成那个鬼样子，也是同样的意图。

这句里还有一个描述：善啸。有人理解为西王母没事儿嗷嗷叫，这不对。西王母造型是丑了点，那也不能跟野兽似的，没事老叫唤。"啸"，在古代是一种唱歌的方式，没有歌词，但并不是乱喊，是具有音乐属性的。

比方说竹林七贤之一的阮籍，史书上记载他就擅长弹着琴发出长啸，非常动人。王维的名句也有"独坐幽篁里，弹琴复长啸"，说明啸不是乱喊，而是一种吟唱的方式。

古人说"丝不如竹，竹不如肉"，这句话意思是说，手弹奏丝弦不如吹竹子的笙管笛箫打动人，而口吹的竹管不如喉舌直接发出的声音动听——肉嗓子最好听。

所以西王母是有才艺的，闲来对着高山大海，自己开个不插电的音乐会。善啸，就是善于狂野地歌唱。

自从帮助黄帝登仙之后，西王母的形象有所改变了，在后来的古籍记载中，她从狂野女汉子渐渐变成了仙气十足的形象。

西王母的感情生活也很丰富多彩。她的初恋是谁呢？是我们曾经提到过的一位大仙——紫府先生，他曾经传授给黄帝一本《三皇经》。这位，就是西王母的初恋。

紫府先生，只是他的马甲之一，他的大号儿叫东王公。

您听听这名字，西王母、东王公，这要不是一对，天理难容哇！

话说当初四海八荒还没有起战争的时候，天下一片平静。

那时西王母还是个宅女，整天在家养宠物玩。除了大神级的开明兽和陆吾，西王母还有最亲密的四大灵宠，那就是：金乌、金蟾、玉兔和九尾狐。考古学家在汉代壁画上，发现了西王母在这四大灵宠的围绕下，悠然自得，宅得一塌糊涂。

蟾蜍在古代是吉祥的象征，金蟾就是特指一种三条腿的蟾蜍。民间俗语不是说么：三条腿的蛤蟆不好找，两条腿的活人有的是！三条腿的蛤蟆为啥不好找？因为据说这种三足金蟾能口吐金钱。咱是没见过活的，但是这种造型倒是很常见，有摆件，有绘画，一般嘴里还咬着一枚金色的钱币，是流行的装饰品。金蟾被认为可以招财致富。

九尾狐咱们很熟悉了，青丘特产，差点被黄帝炖了蘑菇。九尾狐在咱们这部书里有三次出场，一次是介绍青丘山的时候讲过，九尾狐能学婴儿叫，会吃人；第二次是出现在西王母这里，在某些古画上，九尾狐还佩剑站在西王母身边，显然算是个侍卫的角色；第三次出场，是在大禹时代，到时候咱们再说。

另外两只宠物玉兔和金乌，也象征着祥瑞，在古代象征的是月亮和太阳。玉兔很神奇，在各路神仙的故事中都在捣药，譬如说跟着嫦娥在月亮里面，也是捣药——以后咱们再讲嫦娥的故事。

金乌，是三足乌鸦，在上古是象征太阳精华的图腾。

用鸟类来象征太阳，不是中国独有的。

在古埃及，有一种羽毛像放射着火焰的太阳鸟"贝努"，被视为太阳神的象征，现在去埃及参观神庙，还能看到太阳鸟的图腾遗迹。

在印第安神话里，太阳和月亮都被一位老人藏在家里，是一只乌鸦把他们偷了出来，世界才有了光明，乌鸦也是光明的象征。

而在希腊神话里，乌鸦本来就是太阳神阿波罗的化身。

怎么全世界都会不约而同地把乌鸦跟太阳联系在一起呢？这件事还真有很多学者专家研究过，比较主流的解释是：三足乌的原型是太阳黑子。

太阳黑子的运动，在阳光不强烈的时候，用肉眼就能看到。古人不能理解，再加上对阴影形状的一些想象，就认为有神鸟在太阳里面飞来飞去。这就是为什么在不同的上古文明神话里，都有太阳鸟的形象。

一些古代典籍认为，三足乌就是《山海经》上提到的三青鸟，应该有三只鸟，据《山海经·大荒西经》记载，这三只鸟还都有名字：**一名曰大鵹（lí），一名曰少鵹，一名曰青鸟。** 它们的工作是 **"为西王母取食"**，是娘娘的专属外卖鸟。

这就是西王母的宠物们。

昆仑山咱们说过，是一条山脉。那西王母居住的小区地形比较特殊，周围有水火屏障，外面的鸟兽和人神轻易进不来。

水，名为弱水。《山海经》记载：**其力不能胜芥，故名弱水。** 芥在这里泛指小草。又有记载说 **"鸿毛浮不起"**，意思是这个水完全没有浮力，连一根小草、一片羽毛也漂不起来。

所以弱水其实一点也不弱，以至于后来人们把所有险恶的、无法渡过的江水河流，都叫弱水。《西游记》中沙和尚居住的流沙河，也有类似的描述，原文说：**八百流沙界，三千弱水深。鹅毛飘不起，芦花定底深。** 这里的描述，应该就是参考了《山海经》对西王母小区护城河的设定。

除弱水之外，昆仑山还有一层天然保护，称为炎火山。这个《西游记》里也有类似的设定，那就是火焰山。

这个西王母小区的安保工作可以说是顶级配置了，上有炎火山，下有弱水深渊，万一有神通广大能进来的，还有九个脑袋的监控开明兽守着呢，所以西王母住在里面，非常安逸。

可是安逸时间长了，西王母也觉得有点闷得慌，想出去走走，于是就骑上了神兽陆吾，准备去小区外头溜达。

那位说，神仙不是都会飞吗，还要坐骑干什么？那不一样，这是身份的象征啊。您看无论佛家还是道家，大咖都有自己的坐骑，去参加社交活动或者天上开会，漫天神佛都得骑着神兽过来。要的就是这个派头！

西王母骑着神兽陆吾这么一溜达，哎，就遇到了东王公！

当场俩人一对眼神儿，噼里啪啦冒火星子，就此一见钟情，展开了一场超神之恋！

第二十二回 | # 西王母（三）：
女神的初恋

闲游昆仑境，邂逅东王公。

紫衫醉红日，白发映青瞳。

投壶嫣然笑，回眸春雪融。

鹏鸟振双翅，聚散总如风。

上回说到，西王母骑着神兽陆吾，出门闲逛。

刚一出门，在树林里还没溜达两步呢，就听见前面树林里边有动静。只见不远处，参天大树纷纷倒下，有的连根折断，有的干脆飞起来了，西王母心说谁跑我家门口砍树来了？

只见在大树倒下之处，跑出来一头黑熊！好家伙，这头黑熊比别的熊个大得多，浑身上下一根杂毛没有，一跑起来把周围的大树都撞断了。嗬，把西王母气的，跑我家门口撒野来了，这还得了！一抬手刚要弄死它，突然发现这黑熊上边好像还坐着一个人，还是个精神小伙儿。

西王母定睛观瞧，这个小伙端坐黑熊之上，身高足有一丈，雪白的长发及腰，一身紫衣。再看那脸，五官就跟玉石雕刻出来又敷了一层粉似的，甭提多英俊了！

再细看，西王母忍不住乐了，怎么呢？这位身后还有一条老虎尾巴！西王母是豹尾，这位是虎尾，西王母一看哎呀，这个好，跟我是情侣装。

对面这位一看西王母，也是眼前一亮，开口说："这位小姐姐，敢问芳名？"

"我乃西王母是也，你呢？"

"我是东王公！"

西王母一听把眼一瞪："哎？你这不是占我便宜吗？我占西你占东，我是母你是公？！挺押韵的。你这是现编的吗？"

这位也乐了："不是，我真叫东王公！"

西王母半信半疑，说："真的？这还真是郎才女貌，豺狼虎豹！"

"嗐，这什么成语啊！"东王公直嘬牙花子，"这得叫天作之合呀！"

书中暗表，东王公这名字，还真是照着西王母取的。但不是他自个儿取的。

其实早期的西王母根本就没对象，但是到了秦汉时期，开始流行阴阳学说。那些道家学者们，给女神都配上对了，这叫对偶神。譬如咱们讲过，伏羲跟女娲，在上古神话里本来也没啥关系，是后来人们给搭配在一起的。东王公也是一样，以前根本就没有这个人物，是后来人们特地为西王母设计的老公，所以取名叫东王公。

从此以后，在道家体系里面，西王母就专门负责女性的登仙事业，东王公负责男性登仙事业，古人喜欢这样，阴阳调和，各司其职。

东王公的别名很多。紫府先生只是他的道号之一，他还有个很好听的称谓，叫作**东华紫府少阳帝君**。没错，就是网红剧《三生三世十里桃花》和《枕上书》里面的东华帝君。总穿一身紫色的衣服，一脑袋潇洒飘逸的白色长发，走高冷路线的，跟九尾狐谈恋爱的那位。

当然，爱上九尾狐这是编剧编的，东王公在古代神话史上唯一的恋爱对象就是西王母。这是官配。

东华帝君还在《西游记》第二十六回出现过。话说孙悟空推倒了五庄观的人参果树之后，观主镇元子把唐僧师徒都抓起来了，逼着孙悟空想办法复活人参果树。当时孙悟空走访仙山到处求救，就曾经去找过东华帝君。东华帝君身边负责斟茶的童子叫作东方朔，还跟孙悟空闲聊了几句，这个东方朔就是相声行的祖师爷。

东华帝君当时说：我手上有九转大还丹，不过人参果树是仙根，恐怕九转大还丹也救不活。这颗丹药，隐藏了一个线索。

《西游记》第十九回，高老庄收猪八戒的时候，猪八戒有一大段自我介绍，大意是说：我当初本来很笨，也很没追求，幸好遇到了一位真仙收我做徒弟，给了我一颗九转大还丹，吃了之后丹田里噌噌冒仙气，这才修炼成仙。您看看，很多人看《西游记》看了多少遍，也不知道猪八戒的师父是谁，这里就有线索了。谁有九转大还丹？东华帝君呀！猪八戒从下界上天，怎么就能掌管天河、总督水军，封为天蓬元帅呢？孙悟空那么大能耐，上天怎么就封了个弼马温，养马去了？皆因为这猪八戒的师父厉害，东

华帝君那是跟玉帝平起平坐的上仙，所以他的徒弟一上天就直接当了海军司令。孙悟空的师父菩提祖师虽然也厉害，但是当初嘱咐过孙悟空，不许报他的名号，这就吃亏了。

现在再回来说东王公跟西王母的爱情故事。

话说俩人一见钟情，东王公打听西王母住处，西王母说："我住昆仑山。"

东王公一听："巧了么这不是，我也住昆仑山。"

西王母很惊讶："那我怎么没见过你呢？"

其实这不奇怪，咱们说过，昆仑山脉总面积五十多万平方公里，就算一辈子见不着也不奇怪。

西王母住在西边，东王公住在东面，缘分到了，这二位就见到了面，从此成了一对神仙眷侣。

不过虽然同在昆仑山上，距离还是太远，要约会一次也挺不容易的。

汉朝古籍《神异经》记载：

有大鸟，名曰希有，南向，张左翼覆东王公，右翼覆西王母。背上小处无羽，一万九千里。西王母岁登翼，上之东王公也。

这段描述了他们约会的情景。说有一只大鸟，名字叫希有，鸟头冲南，张开双翼，左边就是东方，右边就是西方，西王母和东王公每年会面一次，就踩着鸟翅膀，在它的背上相会。这鸟究竟有多大呢，就后背上有一小块没毛儿的地方，就有一万九千里。秃了一万九千里啊！不过人家秃得很有价值，为神仙提供了约会场地。

这只希有鸟从哪来的，怎么这么大呢？其实这鸟咱们也很熟悉，在神话史上，能大到这种程度的鸟只此一只。它就是《庄子》中的大鹏鸟。大鹏鸟是一种叫作鲲的鱼变化的。

这个鱼的鲲字，跟昆仑的昆，在古代是通用的。所以鲲是昆仑山附近水系里面的神鱼，化为大鹏鸟，帮助西王母和东王公约会。

西王母和东王公就这么相会，相当于异地恋，一年见一次。

有人问一年见一面是不是有点太少了？这个得放在神话背景下去看，他们都是神仙，寿命动不动就万八千岁还打不住，人家的一年一会，大概也就相当于异地恋的情侣每周末见一面吧。

西王母和东王公，一西一东，登上鸟的翅膀，走到中间来相会。牛郎织女鹊桥相会的故事，估计也是参考了西王母的恋爱故事。

咱们前头提过，牛郎织女故事里面的王母娘娘，不是《山海经》里面的西王母。因为玉皇大帝这个天宫，是另一套神话体系，算是平行空间吧！虽然王母娘娘这个人物的构思也是从西王母演化来的，但是人物差异非常大，从外貌性格到职权范围，整个人设都变了。只能说是人们根据西王母重新创造出的一个老年版的王母娘娘。

咱们这部书的西王母，不是老太太，是个大美女，性格也非常好，虽然有点大大咧咧，又经常乱用成语，但是性格天真可爱，还喜欢助人为乐。那么跟东王公这段恋情，怎么就无疾而终了呢？其实主要还是因为东王公不靠谱。

东王公有个爱好，喜欢玩投壶游戏。投壶大家可能在影视剧里面见过，是一种从战国时代就非常盛行的传统游戏。那个壶像个花瓶似的，肚子大、口儿小，人们用羽箭往壶里面投。这个游戏还比较复杂，不是投进去直接就赢了，还有各种计算比分的细则，各地的规则还不一样。就像现在打麻将，四川麻将和北京麻将，规则不一样。

这东王公，就跟现在男生喜欢打游戏一样，玩上瘾了啥都顾不上了。

西王母那边派玄女过来传话，说都打扮好了，在大鸟背上等他呢。他呢，还在洞府里跟一群仙女玩投壶游戏。竞争很激烈，东王公都没空回信，头都没回就跟玄女说：

"告诉她等我投完这一局！"

这就像今天有些男孩，女朋友喊你不赶紧去，还说不行我要打完这一局，不能坑队友！——这情商得多低。

玄女一听也生气，回去就跟西王母添油加醋这么一汇报，西王母当时就气得头发都立起来了——噢，本来也立着。

她一听怎么着，敢情东王公没空约会，是因为跟仙女一起玩游戏？

好么，彻底翻脸了。

从此以后，西王母就跟东王公结束了恋爱关系。

又过了不知多久，黄帝的造访打破了西王母生活的平静，不但送了她镜子，还送了不少好看的衣裙。西王母对镜梳妆，不由得暗自赞叹："像我这么优秀的女子，怎么能单身呢？"

确实不能够哇！接下去周天子武装旅游，西王母再遇情缘的故事，咱们下回接着说！

第二十三回 | **西王母**（四）：
情场失意，职场得意

话说西王母跟东王公，虽然是官配，连名字都是按照对偶神的标准来的，可是这段感情，在神话史上就没更多记载了。最著名的就是踩着大鸟翅膀约会的事。

虽说到了后来，升级版的神话里又愣是给西王母安排了二十多个女儿，但是从来没人提起，这些孩子的爸爸是谁。

反正咱们的故事里，西王母并没当妈，还是超凡脱俗的单身女神。

东王公呢，跟西王母分手之后，也没再找对象。他就一心修道，最后成为了男仙之首。

又过了很多年，到了宋元时期，道家全真教南北二宗合并的时候，把东华帝君——也就是东王公——奉为祖师。这是东王公在历史上最风光的时代。

很多人是通过看金庸的武侠小说了解全真教的，金老先生写的全真七子历史上都确有其人。像小说里的马钰、丘处机等，都是历史上真实存在过的道家名人。

金庸小说里的全真七子，属于北宗，简称北七真；宋朝时还有南宗的南七真。这南宗和北宗就在大约郭靖那个年代的前后，进行了南北合宗。简单说就是以前大家观点不太一致，你说月饼五仁的好吃，我说还是肉的好吃……总之，到了丘处机这一代，大家终于相互理解、相互包容，啥甜的咸的，好吃就得了呗！后来南北宗都一致同意，奉东华帝君为全真教的祖师，从此二宗合并，共同发展。

在历史上，丘处机确实是高人，全真教就是在他这一代走向兴盛！他之后的掌教人是谁呢？这人你们肯定也很熟悉：就是尹

志平！哎，欺负小龙女的那个坏人啊？——那是小说，不能当真。尹志平在历史上可是有道高人，是好人！他自幼分别以全真五子为师——就是说全真七子他拜过其中五位，道法学习得是相当精深，最后还接替丘处机成为掌教宗师，对全真教贡献很大，并没有啥风流韵事……很多了解历史的朋友，也为尹志平感到冤枉，所以后来金庸先生晚年修订小说的时候，特地把这个人物的名字给改了，以免读者误会，影响尹志平道长的声誉。

这说远了，算是一个补充知识吧。东王公的事情，咱们就交代到这里了。他尊号东华帝君，当了全真教老祖。

咱们还是回到几千年前，接着说西王母。

西王母失恋的反应就比东王公要强烈很多，东王公没怎么伤心，而西王母很生气，为了发泄心中悲愤，先是准备自暴自弃。

西王母说："我不化妆了！我不打扮了！我要自暴自弃！"

一直陪伴安慰她的玄女就叹了口气："娘娘啊，您这形象，还要自暴自弃？这基本上也没有什么下降的空间了。"

西王母气得："你个鸟人怎么说话呢？"

——怎么是鸟人呢？玄女是玄鸟修炼成仙的，原形是燕子，可不就是鸟人么。

玄女赶快挽救话题："不是不是，我的意思是，您不就是想发泄一下情绪嘛，我看不如化悲痛为饭量！反正您是神仙，吃多了也不会发胖。"

西王母一听，这话还真有点道理。于是吩咐：

"把那个最大的青铜鼎给我搬出来。"那年月没有锅，都是用鼎炖肉吃。

吃了半个月，玄女又来劝了：

"娘娘啊，虽说咱们昆仑山是有很多的活物，但也架不住您这么狠吃啊！再这么下去，山都要被吃空了！"

西王母说那怎么办，不吃活物吃什么？

玄女想了想说："咱们山上玉石很多，吃了还能美容养颜，要不您吃点玉石？"

西王母住的山峰，别名就叫作玉山。顾名思义，就是盛产玉石。

《山海经》这部书对地质学来说是非常好的研究资料，书里记载的玉的种类和名称，就有三十多种：像什么白玉、文玉、水玉、苍玉、玄玉，还有名字不是玉，但是有王字旁的：璇、珚、珉、琅、瑂等，反正汉字里有王字旁的几乎都跟玉器有关，所以过去这个偏旁就叫斜玉旁。

西王母就从这时候开始研究用玉石、翡翠做菜，要不黄帝来的时候，怎么能用一桌子"绿色食品"招待他呢？

俗话说无心插柳柳成荫，没想到在钻研玉石烹饪的过程中，西王母无意中深化了玉的养生功效，由此领悟了不死药的制作技术。

西王母的职责是什么来着？掌管刑罚、瘟疫和灾祸。这个活儿听起来特别不吉利，简直是灾星、瘟神！西王母就想要把自己的管理范围扩大一点，让形象再吉利一点儿，于是就专心研究不死药。——我不但要掌管死，还要掌管生，一次性承包生杀大权！

这个不死药的配方是什么呢？大家记一下：五花肉半斤、八角若干、香叶几片、酱油少许、黄酒一勺、糖适量……废话，不死药的配方我哪知道？这是西王母专利，人家有知识产权。

后世很多修道的人，也只知道玉石这一种原料，想方设法磨粉吃，但都没有成功。所以配方里肯定还有其他东西。

我们可以从昆仑山上独特的物产当中窥得一二。虽然没有五花肉，但是原料里可能真有一种"肉"。

《山海经》记载，在昆仑山上，有一种神奇的肉，叫视肉，因为这肉上长着眼睛。只有眼睛，没有其他五官。这种视肉有什么神奇之处呢？就是割掉一块还能再长出来，永远割不完，生生不息。

西晋学者郭璞在注解《山海经》时，专门解释了视肉：

形如牛肝，有两目也。食之无尽，寻复更生如故。

形状跟牛肝一样，上面长俩眼睛。这种肉割下来一块，自己还能长回去，所以"食之无尽"，永远吃不完。

虽然名字叫肉，但古人也没有明确说出这到底是动物还是植物。这种视肉，其实就是传说中的太岁、肉灵芝。

太岁这个名词可能有些朋友听说过，最大的特点就是吃不完，咬一口它还能再长回来，取之不尽用之不竭。古人认为这个东西跟长生有密切的关系，所以又称为肉灵芝。

就连《本草纲目》也提到了肉灵芝，把它收入了"菜部"这一门类，功效是**"久食，轻身不老，延年神仙"**。一听这词儿，就是成仙的药材。

那么这种像肉又不是肉的东西，在自然界里到底是不是真实存在呢？有人坚信是存在的。甚至咱们前些年在新闻里还能看到，说什么地方的村民挖出了太岁，甚至还有人形的，看着就挺神奇的。

也有人认为，这不是什么宝贝，以现代科学眼光看，这就是一种黏菌复合体，是介乎动物和真菌之间的一种生物——那么它的口味，很可能类似蘑菇。

这种东西的活性确实很强，而且也确有再生能力。这件事实际上没有什么神奇的，就是自然现象。

反正不论如何，西王母发明了吃了就可以成仙的不死之药！

这时候西王母心情就好了，有事业的女人就自信啊！

西王母的事业是越做越大。玉器在古代是非常珍贵的，比如战国时代的和氏璧甚至能引发国家级别的战争，有这么巨大的影响，可见其珍贵。

西王母不需要拿玉器换钱，人家昆仑山"万物尽有"，她用玉器，开展起了山海之间的社交活动。

因为玉很珍贵，拿去送人送神仙，都有面子，特别受欢迎。

西王母以前脾气不好，不管是人是兽是神是仙，一言不合就把人家牙敲下来做项链。名气虽然很大，但是名声不好，就是个瘟神。

但是有了不死药，神格提高了，同时通过玉器外交，西王母改善了自己在四海八荒的形象，转型成为象征吉祥幸福的女神。

正因如此，到了周朝，就有一位人间帝王千里迢迢前来朝拜她。下一回咱们就讲一讲，周穆王与西王母不得不说的故事。

第二十四回 | # 西王母（五）：
墓里挖出来的风流韵事

上回说到西王母转型成功，被凡人和神仙所爱戴。

自从有了不死药和玉器外交两个项目，西王母人气是越来越高了。凡间对她的敬仰也是犹如滔滔江水连绵不绝，在不同朝代都受到崇拜，向她祈求长寿、祈求发财，甚至还向她求子。

这个时候，西王母又感到寂寞了。

"这些人是不是傻？怎么还跟我求子？我还没对象呢！"

终于，到了西周时，一位勇敢的追求者出现了，这就是历史上有名的"穆天子"——周穆王。

周穆王，名叫姬满，是西周的第五位君主。据说他在位55年，是西周历史上在位时间最长的王，被尊称为"穆天子"。

西周这一系的君王都姓姬。这个姓，传自黄帝。我们一直说轩辕黄帝，轩辕是一个尊号，黄帝就姓姬。

上古有八大姓：姬、姜、姒、嬴、妘、妫、姚、妊。这些字，全都有女字的部首，为什么呢？因为上古是母系氏族制度，姓就源于母系社会，姓这个字也是女字边。中国现在的大多数姓氏，除了一些外来姓氏，大多数是从上古八大姓演变而来的。

在古代姓和氏是两个概念，姓代表的是族号，表示血统。而氏是姓的分支，往往是封地名称或者尊号，一般地位低的平民是没有氏的。譬如黄帝是轩辕氏，这是他的尊号，他的后代部落，如《山海经》记载的轩辕之国，特别长寿的那个部落，就继承了轩辕的氏。但这个部落里的人未必姓姬。司马迁在《史记》中记载："黄帝二十五子，得其姓者十四人。"也就是说姓不是谁都有资格继承的。

详细的咱就不说了，因为中国姓氏的历史演变也很复杂，姓、氏、名、字、号都不一样，一个人可以有五种以上的称呼。简单来讲就是先秦时期姓和氏还是分开的，到春秋战国就有点混乱了，直到秦汉以后姓氏合一，彻底成为父系血脉的象征，一直延续到今天。

西周开国君主周武王，叫姬发，看过《封神演义》的应该都知道。其实姬发弟弟的名号在历史上比周武王还响亮，那就是儒学创始人周公。我们说书经常用到一句："既读孔孟之书，必达周公之礼。"说的就是这位周公。如果"周公之礼"您还不熟悉，那"周公解梦"总听说过吧？但是周公并不姓周。周就是姓氏中的"氏"，不是姓，他是周武王姬发的弟弟，所以也姓姬，叫旦，所以周公本名叫姬旦。

　　周穆王见西王母的故事，是怎么流传下来的呢？西晋时期，有个盗墓贼在河南挖出了一座战国大墓，发现了一大批战国时期的竹简，记录了周穆王西巡的故事。当时的人根据这些竹简整理出了周穆王谒见西王母的故事，这就是流传到今天的《穆天子传》。这个故事当时引起了巨大的轰动，因为之前人们也不太相信西王母真的存在。这批竹简可以说改写了西周的历史。

　　至少可以证实，华夏民族探索西域的时间提前了，比张骞出使西域的时间早了不少，少则几百年，多则上千年。

　　2007年，山西省发现的一个西周时代的高等级墓葬群，出土了大量青铜器。西周时期器具的形制也能代表身份，很多都是祭祀用的礼器，普通人有钱也不能用，是贵族专属品。这些青铜器上带有铭文，对于考古研究来说十分珍贵。一般古人都是为了纪念重大事件，才在青铜器上铸造铭文。考古学家发现，有几处铭文记载的内容，跟战国竹简记载的《穆天子传》中的内容是可以互相印证的，这足以证明，《穆天子传》至少有一部分记载了当时真实发生的事件。这个史料非常珍贵。

说了半天，周穆王到底啥时候来呀？！别急呀，要知道周穆王西巡见西王母，走了好几万里地。过去又没有飞机，他要去，不得先准备交通工具吗？所以，咱们就从周穆王的交通工具开始说。

周穆王的手下，有一位能臣，叫作造父，官封驾车大夫。那位说了，不就马车夫嘛，一个赶车的，还官封什么。这个可不一样，您听听驾车后面这俩字，大夫。大夫在古代就是贵族品级。西周的等级制度很严格，从上到下，天子一卿一诸侯一大夫一士一国人，国人就是老百姓。大夫的地位仅次于诸侯。所以这位造父绝对不是一个赶大车的普通老百姓。他是白帝少昊一脉的后代，血统尊贵，所以虽然承担了驾车的工作，但官衔是大夫，地位比较高。

这位造父，为周穆王训练了八匹骏马，是日行一千、夜走八百，周穆王就坐着这八匹骏马拉着的豪车，奔波万里，前去拜见西王母。他这一路上经历了些什么呢？咱们呀，下回接着说。

第二十五回 | # 周穆王（一）：
武装旅游爱好者

荒哉周穆王，

八骏穷万里。

朝发昆仑巅，

夕饮瑶池水。

今天的定场诗，是明朝诗人赵谦的一首诗，说的就是咱们今天的主角周穆王。

意思是说这位穆天子有点荒唐。在历史上，很多人认为周穆王有点不务正业，就是个自驾游爱好者，他在位的时候，不老老实实在宫殿里面处理政务，偏偏喜欢周游天下。

《列子·周穆王》记载他：**不恤国事，不乐臣妾，肆意远游**。——听着就不像是夸他。肆意远游，这口气有点批评的意思。

但事实上，周穆王并不是简单地旅游，是武装旅游。一路上，征服了许多小部落，还拉回来好几百车金银财宝。

　　为了远游，周穆王需要耐力好的骏马，这时候驾车大夫造父就出场了。造父是贵族，是白帝少昊的后代。他对马很有研究，善于发现和训练骏马。他训练出来了八匹骏马，在历史上就称为"八骏"，这不是一个普通的简称，而是世代传颂的经典。历朝历代的知名画家，都要画《八骏图》，只要是叫这个名字的，那就是取材自周穆王的这八匹马。八骏可以说已经成为一个文化符号。

　　这八匹马都有名字，而且是按照毛色命名的，分别叫作：赤骥，盗骊，白义，逾轮，山子，渠黄，骅骝，绿耳。这些名字大都跟颜色有关系。

　　造父选好了这八匹骏马，就跟周穆王说："大王，咱们可以出

发了！"

　　周穆王问造父："你的这些马，最远能跑多远？"

　　造父说："大王，我献给您的这八骏，乃是天马，神骏非凡。就这么说吧，是您想上哪就上哪，想跑多远就跑多远，想跑多快就跑多快！但是有个前提，它们拉车，就只能是我驾辕！这些都是我亲手训练的，别人赶车它们不服啊！"

　　周穆王一听："嘻，你说这么多废话，不就是想跟我一块出去玩儿嘛！"

　　您还别说，带着造父是真有用，后来还真发生了急事，多亏造父的手段才没耽误，这是后话了。

　　周穆王怎么突然就要去遥远的西方呢，就为了追求西王母吗？最早其实不是这个理由。这个事情的起因，是有一位外国人，来给周穆王变戏法。

　　有人就乐了，西周时候外国人怎么还来啦？您说这个史书上有记载吗？那肯定是有啊，《列子·周穆王》中很详细地记载了这件事：

　　周穆王时，西极之国有化人来，入水火，贯金石……千变万化，不可穷极。

　　什么叫化人，其实就是变戏法儿的，现在叫魔术师。这个西方魔术师会很多套节目，入水火，贯金石，这都是魔术手法。西周那时候，没见过这个呀，尤其是西方魔术，那套路跟传统的中国戏法差异很大。周穆王看着觉得很神奇，也看不出破绽，就认为这一定是神人！好嘛，水火刀枪全不怕，西方竟有这样的神人，我得去看看那地方到底啥样！

所以才有了西巡的计划。周穆王西巡，带着造父，率领六军，兵马整齐，浩浩荡荡地出发！六军是多少人呢？军是周朝的部队编制，《周礼》记载：**万有二千五百人为军**。就是说一个军的编制，是一万两千五百个战士。六个军，大概有六七万训练有素的战士。

话说军队排列整齐，八骏拉起了豪华的王车，造父驾辕，周穆王正式开始了西巡之路！

周穆王带领大队人马，渡过黄河，向西方前进。这一路上，见到高山就祭祀山神，见到大河就祭祀河神——西周讲究礼仪，很重视祭祀。除了欣赏风景之外，周穆王还喜欢打猎，他走到哪里，当地的野兽就倒了霉了。

《穆天子传》记载，周穆王一路上经过的所有部落，都给他献上了珍宝、牛羊、马匹和粮食等，所以他的部队一直不缺补给。

就这样，周穆王一路往西，过青海，登帕米尔高原，很快就出国了，经过了蒙古国、俄罗斯一直到伊朗。那位说这路线有点绕吧？是呀，中间因为有山有水，所以前进路线也是迂回的，有时往北，有时往东，绕一下，大方向还是一路向西。

一路上，周穆王听很多部落的首领都提起，说西边有一位西王母，那是绝色天仙，法力无边，掌握着生杀大权，是所有部落崇拜的偶像。周穆王听一次不觉得有什么，可后来人人都说，他就动心了。

他一想，我这一路向西就是为了寻找神仙，住得远怕什么，就算走到天边，我也要见到西王母，不见女神，绝不回头！

周穆王跟西王母到底能不能顺利约会，咱们下回接着说！

第二十六回 | **周穆王**（二）：
这个看脸的世界

周穆王一路西行，走了有上万里，有书则长，这一天终于抵达了昆仑山脉。

咱们神话体系的昆仑山脉，比实际的还长，还远。很多学者考据西王母到底住哪，有说伊朗的，甚至还有考据出埃及的，说西王母其实就是埃及艳后。说什么的都有！咱们讲故事就不求甚解了，因为本来也无解！

周穆王沿着昆仑山脉走，终于到达了西王母居住的玉山。可是碰巧西王母没在家，去了更西边的瑶池。《穆天子传》记载，从玉山到瑶池还有三千多里地。

瑶池是天界圣水所化，西王母正在这里进行果树培植的研究。

你看看，西王母的事业越做越大，她自己这劲头儿也上来了！觉得有这个不死药专利，还不过瘾，主要它口味太差了，就准备再研发一种又好吃又长生的东西——这个咱们就更熟悉了，那就是蟠桃。这个时候，蟠桃种植还在研究阶段。

周穆王来到玉山脚下，造父停住了车马，说这山可上不去。咱们前文说过，山下有弱水，没有浮力，无法渡过，上面还有火焰山，包围着西王母居住的宫殿。

周穆王一看，那先就近休息一下吧。

周穆王下了车马，在附近这么一溜达，眼睛可就亮了。这旁边有两座不太高的山峰，分别是壑山跟海山，这两座山跟玉山一脉相承，也盛产玉石。

周穆王一看，激动地赶紧喊造父。

造父说："您矜持一点，不要激动。咱们可以找周围部落的人

来干活，帮咱们开采玉石。"

西王母山周边物产丰富，所以有很多小部落在附近安家落户。其中最著名的有两个，一个是长肱之国，一个是沃民之国。

长肱这个肱字，就是肱骨、肱二头肌这个肱，泛指胳膊。顾名思义，这个国家的人，胳膊特别长。

《山海经》上有很多奇怪的小国家——也就是部落，那时都叫国——有一类国家都是用身体某个不同寻常的部位命名的。譬如无肠之国，全国的人都没肠子；穿胸之国，是胸口上有个大洞；交胫之国，全国人都是罗圈腿！以后讲大禹周游海外三十六国时，咱们再详细讲讲这些有趣的小国家。

话说沃民国这个国家很了不起了，是西王母的亲支近派。因为他们是最早在附近扎根的部落——你看人家的老祖先多有眼光。这个部落世世代代都崇拜西王母，所以西王母也很照顾沃民国，让这个地方风调雨顺，百姓都安居乐业。《山海经》是怎么描述沃民国百姓的生活呢？

沃之野，鸾鸟自歌，凤鸟自舞。凤鸟之卵是食，甘露是饮。凡其所欲，其味尽存。

您听听，人家吃的是凤凰蛋，喝的是甘甜的露水。有人可能会问，就一种食物一种饮料，天天吃不就吃腻了吗？后一句就解释了：凡其所欲，其味尽存。就是说，想要什么口味的饮食，就吃喝这两样，都能满足你！人家这是想要什么变什么。想喝可乐就是可乐！

正因为沃民国生活幸福，他们生活的这个沃野之地，在后世也成为一种富饶美好的象征。沃野成为一个常用词，形容这个地方物产丰富。这都是从《山海经》流传下来的。

周穆王在周围这么一溜达，就觉得很兴奋，跟造父说：

"让长肱国的人去开采玉石，胳膊长嘛，好干活！"

而沃民国的人因为衣食无忧，不太会干活。周穆王就在沃民国搜刮了很多精美的玉质装饰品。

沃民国的人，可有点不高兴了。于是乎，沃民国偷偷派出使者，去向西王母告状。周穆王还不知道呢，自己未到瑶池，已经得罪了女神，接下来他要怎么办呢？且听下回分解！

西王母正在瑶池那儿植树造林呢，忽然玄女前来通禀，说沃民国有人求见，西王母还挺纳闷的，他们吃喝不愁的，能有啥事呢？

只见这报信的飞奔而入，远远的就冲着西王母是连哭带喊，把周穆王怎么带兵来到沃野，怎么挖玉石，怎么抢粮食，添油加醋地向西王母说了一番。

西王母虽然没生气，但是玄女都替她生气。

玄女说："哎呀娘娘，沃民国的事情您可不能不管呀！俗话说好汉护三村，好狗还护三林呐！"

西王母说："也对！我得护三林……哎？你会不会说话，什么好狗！"

玄女说："我那意思是，打狗还得看主人呢，是不是？"

西王母说："好，我就在这等着，瞧瞧这周穆王是何等的英雄，胆子这么大，敢跟我叫板！"

再说周穆王。八骏飞驰，大军押后，一行人马很快就来到了瑶池。瑶池所在的这个山头，叫作弇（yǎn）山，是传说中日落之所在。太阳东升西沉，日落之所在就是最西边了，按照古人的世界观就算走到头了——因为古人不知道地球是圆的。

周穆王一行人来到弇山附近，《穆天子传》记载：

吉日甲子，天子宾于西王母。

他不是直接去拜见，而是挑选了一个黄道吉日，甲子日。甲子是中国天干地支历法中的第一天，是好日子！听过《三国演义》的朋友知道，诸葛亮借东风还唱呢："我料定甲子日东风必降。"可见这是吉日。

到了甲子日这一天，周穆王带着造父来到瑶池之畔，先让造父大声唱礼："穆天子求见西王母，献上——彩色锦缎百匹，素色丝帛三百匹。"

西王母一听，嘿，这个礼物我喜欢。金银财宝西王母不缺，但是这些精致丝绸，那是华夏民族的专利了，这个她还真没有。自打黄帝飞升后就断货了。

所以西王母一听礼物清单，面露喜色，就说："有请穆天子！"

你看，给了一个请字。可见串门选择正确的礼物是多么重要！

周穆王大步走上瑶池前面的台阶，只见他是龙行虎步，器宇轩昂，虽然满面风霜，但是虎背熊腰，精神足满，颇有英雄气概。

西王母这里打量周穆王，周穆王也看她。只见西王母——

樱桃小口丹朱点，

两道峨眉细又弯。

脉脉无语含情目，

胜过万语共千言。

周穆王正看着，造父在旁边提醒："大王，您把口水擦擦吧。"俩人在瑶池之畔这么一见面，还看对眼儿了，彼此的第一印象都很好。

西王母吩咐下去，摆下酒宴，宴请周穆王。玄女一看，得了，这是不打算给沃民国出气了。

瑶池之畔摆下了酒宴，西王母跟周穆王把酒言欢。

周穆王就把中原的事情给西王母说说，再把旅途见闻讲讲。西王母听得是津津有味。

周穆王说："俺们那里好吃的可多咧，有这个羊肉烩面，牛肉烩面，三鲜烩面……"

西王母说："你们怎么光吃烩面啊？"

周穆王说："你看看你说咧，哪能光吃烩面，也有刀削面！"

西王母一听，哎呀，大叔日子过得挺苦，于是抬手招呼玄女：

"来来来，把我珍藏的玉膏，端上来给穆大叔尝尝。"

玄女一听气得直跺脚，这待遇咋还升级了！玉膏大家还记得吧，黄帝成仙之前吃的。周穆王尝一口，心说不甜不咸的这是什么玩意啊？他不知道这是养生的圣品。就觉得口太轻："你们这有没有辣子？给我加点佐料。"

有朋友可能要问了，周朝还没有辣椒，这周穆王能爱吃辣吗？

辣椒确实是明朝才传入中国，但是"辣"这种口味的调味品早就存在了。

那么什么调料有辣味呢？很多，譬如茱萸。就是唐诗里"遍插茱萸少一人"的茱萸，这种植物捣碎后压出汁液，可以做调料。《本草纲目》也记载茱萸说它"味辛辣，入食物中用"。另外古代还有一种植物叫辣蓼，茎叶都是辣的，不但是调料，还是一味中药。再有就是花椒，《诗经》上有记载：

"视尔如荍，贻我握椒。"

就是说花一样的美女送了我一捧花椒——送这个干嘛用呢？告白。

花椒在古代象征多子，古代姑娘其实挺豪放的。我建议各位啊，以后像七夕这种中国式情人节，可以仿古，来二斤花椒多好，不但浪漫，还实用，回头炖肉用得上的。

话说回来，西王母这里还真没有那些民间的调料，于是周穆王又倒腾出来自己带的那些调料，把一路上打的野味都给炖了，各种烩面、烩饼弄上好几斤，请西王母吃饭。

这俩人是今天你请我，明天我请你，天天在瑶池之畔把酒言欢。

《史记》上记载，周穆王"见西王母，乐之忘归"。

他也挺享受，简直都不想回去了。

俩人是花前月下饮酒作乐，今天对歌，明天骑马，闲了还跑到山上种树。《穆天子传》记载：

天子乃纪其迹于弇山之石，而树之槐。

俩人在山上找块大石头，往上刻字。刻的是"西王母之山"。还在旁边种了一棵象征吉祥永久的大槐树，作为爱情的见证。俩人的爱情后续发展怎么样呢？我们下回接着说。

第二十七回 | # 周穆王（三）：
后院着火啦

上回说到，西王母跟穆天子一见钟情，开始了浪漫的恋爱。

那么有的朋友要问了，就整天干这些事吗？就喝酒吃饭、唱歌骑马？

这个想法很有意思，其实古人也琢磨过这个事。晋代玄学家郭璞，就是最喜欢注解《山海经》的那位学者，曾经写过一篇《西山经图赞·西王母》，其中提到：**穆王执贽，赋诗交欢，韵外之事，难以具言。**

前两句就是描述穆天子带着礼物来见西王母的事情，贽就是礼物的意思。但后面两句就耐人寻味了，"**韵外之事**"，但是"**难以具言**"，意思就是不可描述，那咱们也不细说了，自己体会吧。

总之穆天子跟西王母玩得很开心，乐而忘返。正在这个时候，想不到后院着火，穆天子的家里出事了！

这一天，有飞马来报，说徐国部落的首领叛乱了，自称徐偃王，要造反夺取天下！

身为一国之君，自己老窝都快让人给端了，那哪行！

周穆王没有办法，只好向西王母辞行。

"大妹子你等我啊，我们那有人造反咧，我回去揍他个龟孙儿！等家里安排好了，我再来看你中不中啊？"

西王母虽然依依不舍，但是也不能挽留了。

《穆天子传》记载：

西王母为天子谣曰："白云在天，山陵自出。道里悠远，山川间之。将子无死，尚能复来。"

天子答之曰："予归东土，和治诸夏。万民平均，吾顾见汝。比及三年，将复而野。"

谣就是歌谣，这是俩人的对唱，这二位就喜欢唱着交流。歌词大意是——

西王母说："你要是没死啊，就再回来找我吧……"西王母这确实也不太会说话。

穆天子说："我得回去治理国家，等到平定华夏，百姓安乐，估计得三年吧，三年之后我再来看你！"

这就是约好三年为期。

于是西王母与周穆王洒泪而别！

周穆王赶紧往家跑。这时造父就派上用场了，他驾车最有本领啊！造父赶着八匹骏马，日行千里，跟飞一样快，这才能及时回到中原，平息叛乱。

话说西周时期造反的这个徐偃王，虽然跟西王母没什么关系，但是这个人也挺可乐的，咱们简单介绍两句。徐偃王是徐国的首领，徐国就在今天的江苏省徐州到山东这一带。

南朝古籍《述异记》记载：

昔徐君宫人生一大卵，弃于野。徐有犬，名鹄苍，衔归。温之卵开。内有一儿。后为徐君，号曰偃王。

就说当初徐国国君的夫人生了一个蛋，国君大怒，"**弃于野**"，往野外一扔。

这时候有条狗名字叫鹄苍，您看看，这狗因为有功，都青史留名了。这条叫鹄苍的狗跑出去把这个蛋又给叼回来了。夫人一看，哎呀，虽然是只蛋，也是亲生的呀，舍不得扔！怎么办呢，就偷着孵蛋，"**温之卵开**"，还真孵出来了！里面是个男孩，后来继承了王位，这就是徐偃王。

这个蛋孵的徐偃王呢，据说很善于治国——咱们提到过，这种小国家，其实指的是部落。但是徐国比其他部落要强盛，徐偃王又很贤能，所以当时周边就有 32 个小部落都向他进贡。周穆王作为中原真正的天子，老不在家，自驾游一去好几年。徐偃王就觉得这个天子不行，还不如让我当呢！于是举兵进攻周朝首都。形势相当危险，毕竟周穆王还带走了六万多精兵强将，首都很空虚呀！

周穆王这回可真着急了，不过幸好有造父，驾车飞快。另外呢，西王母还赠送了周穆王很多宝马良驹。这才及时赶回国都，最终打败了徐偃王。徐偃王失败之后，自我反省了一下，就去彭城隐居，不当首领了。因为战争国力受损，所以周穆王也没有赶尽杀绝，反而允许徐偃王的子孙继续在徐国做首领。

这一回造父立了大功。周穆王在平乱之后，给了造父一块封地，叫赵城，这个地方在今天的山西省洪洞县北部。古人经常以封地为氏，从此造父一族就改为赵氏，据说这就是赵姓的起源。

那么击败了叛乱之后，周穆王有没有遵守跟西王母的约定，再去瑶池跟她相会呢？——没有。这位穆天子啊，就是个浪子！他一琢磨，我这次西巡很有收获，拉回来好几百车玉石财宝。西边儿搜刮得差不多了，要不再往东边儿、南边儿溜达溜达呗。世界那么大，我不能只去西方呀！

好嘛，这就把西王母给扔到一边去了。

天真的西王母还等着呢。

唐朝的大诗人李商隐曾经写过一首诗：

瑶池阿母绮窗开，黄竹歌声动地哀。

八骏日行三万里，穆王何事不重来。

李商隐这相当于替西王母质问周穆王：你那个八骏跑几万里地也不叫事儿，为啥你就不回来呢？

这首诗很哀怨。但是您想想，西王母是能老老实实当怨妇的主儿吗？她不服气呀，心说你跑来撩我，一顿海誓山盟，还挖走我那么多玉石，我都没跟你算账。你还不回来了，不行，这事完不了。咱俩要是好，什么都可以给你，要是不好，哼哼，吃了我的给我吐出来，欠了我的给我补回来！

周穆王这边儿呢，兴致勃勃，收拾好车马，准备东巡，因为刚发生过叛乱的徐国就在东边。周穆王心想，那边很多小部落都支持徐国，还敢给他们进贡，这就是僭越呀！我去一趟吓唬吓唬他们。

于是他整顿兵马，开始了一路向东的武装旅游。

没想到这次旅游，多情的穆天子又遇到了一位美女，并且在史书上也留下了一段浪漫故事。不过这段故事被神秘地终结了。到底发生了什么，咱们下回接着说！

第二十八回 | **周穆王**（四）：
盛姬之死

上回书说到，周穆王平息了叛乱之后，不想再去西方，准备往东走走。

周穆王把造父喊来：

"怎么样兄弟？咱再往东边走走去？把八骏给我备起来。"

造父说："好哇，但是您就带着我，路上怕不够用，我再给您推荐一个人吧！"

周穆王问："谁啊？"

造父说："咱们朝中大臣宰利，为人不错，咱们把他也带着吧！"

书中交代，这位叫宰利的人，利是名字，宰是官职。这个字是宰相的宰，但是周朝时候的宰跟后世的宰相不一样。根据《周礼》描述，宰是一个管理丧葬祭祀的官职：大丧、小丧、三公六卿之丧——这都归宰来管理。

大丧是什么呢？王、后、世子，这些地位高的人死了，是大丧。夫人，也就是普通的妃子以下的，包括庶出的王族子女，这都算小丧。三公六卿就泛指文武官员。宰，是总管从上到下，从天子到大小官员的丧事。

周朝很讲究礼仪，丧葬有很多细节，包括什么级别用哪些礼仪器具，东西怎么摆放，人怎么祭奠，甚至怎么哭，谁先哭谁后哭，这都需要专人规划指导——这是个技术含量很高的工作，皇家殡葬服务一条龙！

周穆王纳闷："带他有啥用啊？"

造父说："宰利有用啊，这一路上风霜雨雪，鞍马劳顿的，回头您要是一病，一口气没上来……宰利就派上用场了……"

周穆王一个飞脚就过去了："惦记给我出殡呐！"

造父赶紧解释："不是，也不一定非要搞丧事。宰利他精通礼仪，路上可以跟其他部落打交道，派他搞外交工作多合适！"

周穆王一想，似乎也有道理，那就带着吧。后来这位宰利，也真派上了用场……

周穆王东巡，依然是带着几万兵马，一路之上是畅通无阻。宰利呢，确实很适合搞外交，掌管礼仪的官员嘛，各种礼仪都熟悉。

譬如说有的部落献的礼物不贵重，宰利就站出来了："这个不行，不合礼仪，几只羊羔几壶美酒，就把我们打发啦？我们穆天子这个身份，随份子也得有点玉器、丝绸什么的呀？"

造父吓一跳："别瞎说啊，随什么份子！这叫朝贡。"

宰利说："对呀，贡品呀，来瞻仰咱们穆天子那就得上供啊。"

造父说："瞻仰像话嘛！你三句话不离本行，上供，还跑这吊唁来了！"

有书则长，无书则短，一路无话，这一天周穆王一行来到了一个叫作盛国的部落。

这个部落大约在今天的山东省鄄城县和郓城县之间。盛国部落的首领跟周穆王是宗亲，都姓姬。

盛国首领来拜见的时候，也是由宰利先接见。

这位首领说："我这次拜见穆天子，没什么好的礼物献上。但是我有一个亲生女儿，长得如花似玉，想要献给天子，陪伴左右。"

宰利点点头："哦，您是想让女儿给天子陪葬。"

首领吓一跳："不是！不是陪葬，是陪伴！"

还别说，盛国这位姑娘长得确实好看，周穆王一见之下，大喜过望，早就把跟西王母的海誓山盟忘脖子后头去了。

爱屋及乌，周穆王就把盛国这位首领封为盛伯，伯是一个爵位。他还指定盛伯为姬姓族长，同宗的部落其实还有很多，盛伯作为天子的岳父，自然就成为所有姬姓部落之首。

忽然有一天，有个工匠名叫偃师的前来求见，说是要献宝。周穆王一听有宝贝，立刻召见。

只见偃师什么东西也没拿，就带着一个人，用手一指，他身边这个人就开始表演歌舞。

周穆王看了一会儿，说："这唱的跳的倒是不错，但是这算不得什么宝贝。"

偃师回禀："之所以珍贵，因为他不是人。"

周穆王一愣："不是人？不是人是啥？！"

偃师说："这叫 AI，是个智能机器人！"

有人要撇嘴了，什么？西周就有 AI 了？这也太能扯了！

这事还真不是扯的，这段故事记载在古籍《列子·汤问》里。

《列子·汤问》记载，偃师制作出一个会唱歌跳舞的人偶，带来给周穆王和盛姬欣赏。原文说：**倡者瞬其目而招王之左右侍妾**。侍妾就是盛姬。这段话的意思就是这个人偶还冲盛姬飞媚眼儿。

当然周穆王不知道什么是 AI，他一看这个人偶敢调戏盛姬，气得七窍生烟，于是偃师当场把这个人偶拆开。周穆王走到近前这么一看，嗬，皮肤、头发、筋骨、关节，甚至肚子里面心、肝、脾、肺、肾什么内脏都有，但确实并非血肉之躯，都是由一些皮革、木头、树脂等材料制作而成的，里面还有朱砂、树漆、白垩等各种颜料，制作精巧，颜色逼真，从内到外都栩栩如生。

这些东西组装起来怎么会动的咱就不知道了，《列子》原文记载的就是这些材料。

古人具有如此丰富的想象力，其实也不是凭空而来的。《列子》成书的年代，是战国时代，当时有墨家兴起。墨家不仅仅是一个哲学的学派，更在当时的科技领域具有极高的声望。代表人物墨子，就精通器械制造，据说还制作过木鸢，是一种会飞的木头鸟——相当于飞机的雏形。他还擅长机关术，发明了很多攻城器械，是当时著名的军事机械专家。

所以《列子》记载的这个机器人的故事，也是具有当时的科技背景的，可以算是世界上最早的科幻小说。现代一般科幻界认可的第一部科幻小说是创作于 19 世纪初的《科学怪人》，其实咱们中国古代科幻作品比这个要早两千年呢。

《列子》描述的这位偃师，也算是古代科学怪人了。

这一天，周穆王带着盛姬一行人来到了沂山。沂山在山东省，现在是国家级的森林公园，风景优美。周穆王命令手下在沂山主峰玉皇顶搭建了一座观景台，称为重璧台，周穆王带着盛姬登高一望，但只见：

奇峰怪石云雾绕，

青山绿水映碧桃。

流泉飞瀑闻虎啸，

百花争妍更妖娆。

二人正在观景台上相依相偎，忽然眼前一亮，只见一对凤凰比翼双飞，在白云之上翩翩起舞，发出清亮的鸣叫之声。有学者考据，《诗经》中著名的"凤凰于飞"一段就是描述周穆王带着盛姬游览沂山的经历。

凤凰的出现，让所有人都赞叹不已，认为是吉兆。

可是接下来发生的事，就不太吉利了。从山上下来，盛姬莫名其妙就得了疫症，一病不起，医药罔效，很快就死了。

周穆王非常悲痛，就跟造父聊这件事。

"盛姬怎么无缘无故死了呢？我们在山上还看见凤凰了呢，

比翼双飞，大吉大利呀！"

造父说："我记得昆仑山附近可有好多凤凰，沃民国不就吃凤凰蛋为生嘛。"

周穆王一听昆仑山三个字，心里也一哆嗦，赶紧问："你这什么意思？"

造父说："盛姬得的什么病啊？"

周穆王说："疫病啊！"

造父说："那位女神，是掌管什么的？"

周穆王这一联想，头发根儿都立起来了，这事儿不敢深琢磨，一琢磨就浑身冒凉气。

算了，这人都死了，赶紧办丧事吧！

周穆王说："来吧，把宰利给我叫来，我要大办丧事！"

宰利倒也不是浪得虚名，确实把这场丧事办得非常隆重，《穆天子传》记载：**天子乃命盛姬之丧视皇后之葬法。**

就说盛姬的封号虽然是淑人，但是按照皇后葬礼的规模操办的丧事。这个在讲究礼仪的周朝，是非常出格的行为了。因为周穆王还有皇后哇，姓姜，但是在历史上除了知道姓姜之外就没有什么记载了，估计不太受宠。反而是盛姬的葬礼，在《穆天子传》中占有很大篇幅，整个第六卷全是描述葬礼的。葬礼流程非常复杂，就不详细说了，总之是隆重庄严，极尽哀荣。皇亲国戚文武百官排着队来哭，而且各个部落也都得派人来哭。这段记载是很珍贵的史料，是对周朝丧葬礼仪的详细记录。这也算是盛姬为历史作出的贡献吧！

　　周穆王的故事咱们就说到这了，那么西王母如何了呢？且听下回分解。

第二十九回　**东方朔**（一）：
偷桃的不一定是猴子

　　话说西王母第二次失恋后，专心种桃，桃树茁壮成长，桃子渐渐成熟。突然有一天玄女来报，说蟠桃少了一颗。

　　西王母的蟠桃就相当于不死药，这么珍贵的东西，必须要数清楚，一个也不能少哇。

　　您看故宫宝贝多不多？官方数据，北京故宫文物超过180万件，再多也必须登记造册——要是没有数儿，不都丢光了么。

　　所以西王母的蟠桃也有数，玄女都给编上号儿了，一天数好几遍！这天数着数着，一声惨叫："哎哟娘娘，第88号桃儿丢了！"

　　西王母也一愣："啊？有人敢偷我东西？给我找！"

　　玄女就对在瑶池伺候的下人一顿盘查，可是什么也没有发现。又过一天，玄女早起再数，又少一颗！第三天，又少一颗！

　　西王母这回不干了：88号、77号、66号，丢了仨桃儿了！你们都是干什么的！事不过三啊，三三见九啊，这就相当于丢了九个桃！

玄女都快哭了，说："娘娘您这是哪国数学啊，没有九个，就三个！"

西王母："你必须把这个贼给我逮着！明天要是再丢，你就拿脑袋顶罪！"

玄女也着急，心想：我们这些随从肯定不能偷，都忠心耿耿，肯定是外人干的。于是率领手下众仙女仙兽，全天候埋伏在桃林内，不眠不休，就堵这个偷桃贼！

还别说，这招管用！一片寂静之中，就见一个人影儿蹑手蹑脚来到桃林，一边往树上观瞧，一边嘴里还念叨："哎呀，这桃也

不熟哇，吃了三个都是酸的，我今天得找个甜的！"

正在自言自语间，玄女一声令下，呼啦把他围上了！九尾狐亮宝剑抵住这人的咽喉，三青鸟拿着绳子就给他来了个五花大绑，金蟾一看自己没啥事可做，就蹦到了这个贼的脚面上。

贼还问呢："你这是干什么？"

金蟾说："我这叫癞蛤蟆上脚面，不咬你我膈应你！"

大家抓住了贼人，送到了西王母面前。

玄女指着这个人对西王母说："娘娘，小贼抓住了，还是个熟人。您看看还认识吗？"

西王母定睛观瞧："哟，还别说，是有点儿似曾相识，算了我想不起来了，先打一顿再说吧！"

这个偷桃贼赶紧说："别打别打，娘娘您真是贵人多忘事啊！怎么把我给忘了？想当年您跟东王公约会，每次我都在场呀！"

一提这个，西王母就想起来了，此人正是东王公座下书童东方朔！

那时候西王母、东王公约会的时候各带着一个贴身随从。西王母带着玄女，东王公呢，就带着东方朔。

西王母说："好你个东方朔，我跟你们家东王公分手好几千年了，啥交情也没有！你竟敢跑来偷我的蟠桃？"

东方朔提东王公没用，倒把西王母的火气勾起来了，说："我本来抓到你打一顿出出气也就算了，既然你提到东王公，待遇就不一样了——来人呐，拖出去砍了吧！"

东方朔一听急了，赶紧喊："等一下等一下！娘娘，杀了我是小事一桩，但是对您的名声不好呀！"

西王母纳闷道："杀一个小书童，会让我名声不好？"

东方朔赶紧磕头："听说蟠桃是您新研制出来的不死药。我偷吃了娘娘的蟠桃，您要真把我杀死，就说明蟠桃不灵啊！等于新版不死药研制失败了呀！这传出去，不就影响您的信誉了吗？"

嘿！西王母一听，好有道理，竟无法反驳……不行！气死我了，有道理是有道理，那我东西白丢了？

玄女建议："娘娘，您可以把他打下凡尘，历尽劫难，这不也是一种惩罚吗？"

西王母一听觉得有理："行，就这么办吧！"

所以东方朔靠着一张嘴，保住一条命，被打下凡尘历劫。

人间这时候正是汉朝，所以才有了史书中记载的汉武帝驾前的名臣东方朔。

后人对东方朔的评价是很高的。他姓东方名朔，字曼倩。所以后世对相声艺人最高的赞许，就是说这个人有"曼倩遗风"。虽然相声和东方朔没啥关系，但是艺人敬仰他的幽默和才华，把他奉为精神上的祖师爷。

东方朔并不是单纯地能言善辩，他的诙谐之中蕴含哲理，这才是幽默的最高境界。

西王母放逐了东方朔。这位到了凡间，凭着自己的两行伶俐齿、三寸不烂舌，日子也过得不错。这才引出来仙桃传凡世，七月七西王母约会汉武帝的故事。

第三十回 | **东方朔**（二）：
史上最长的简历

话说东方朔偷了西王母的蟠桃，被贬下凡。

东方朔虽然托生在穷苦人家，但还是发奋学习，努力成才。汉武帝即位后，广招天下的贤能之人，东方朔就趁着这个机会上书，来了个自我推荐。

自荐，就等于写个简历，把自己的学历、特长等东西写清楚，打动用人单位。

东方朔的这份简历，那也算是千古奇葩了。西汉时候还没有纸，简历必须写在竹简上面。大家在博物馆和电视剧里见过，竹简是用绳子穿起来的，可以卷起来。东方朔的简历写了多少竹简呢？三千片！三千片少说也有六七十斤吧。根据《史记》记载，这份简历要两个人才能抬得动，而收到简历的汉武帝，花了两个月的时间才读完。

那么这份简历写了些什么呢？这是一份非常完整的自我介绍，说自己自幼读书，学习了文学、历史，也学了击剑练过武术，甚至还了解兵法布阵——真是文武双全，简直就没有他不懂的事儿。

古代简历不是没有照片吗？所以东方朔还用文字描述了自己的容貌。《汉书·东方朔传》记载，他是这样自我描述的：

臣朔年二十二，长九尺三寸，目若悬珠，齿若编贝，勇若孟贲，捷若庆忌，廉若鲍叔，信若尾生。

什么意思呢？就是他这时已经22岁了，身高九尺三寸。西汉的尺大约是今天的23厘米，九尺三寸相当于两米一，差一点

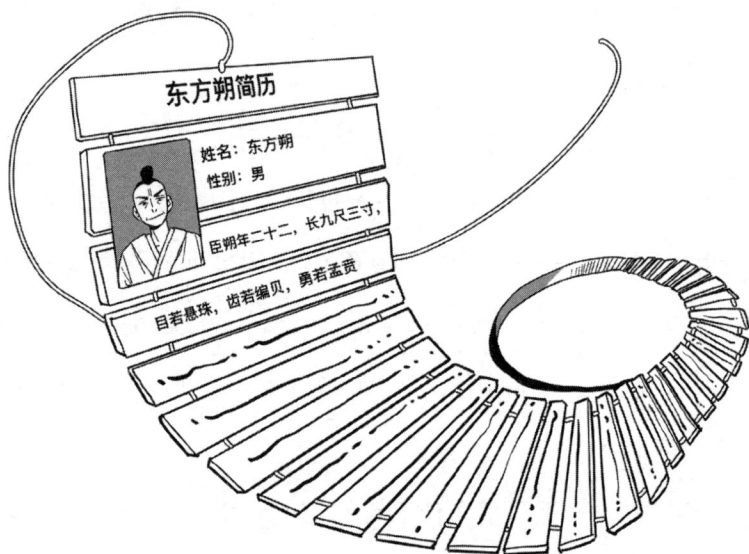

就赶上姚明了。这要是搁今天，打篮球也能出人头地。东方朔还挺自恋的，对自己的容貌狠狠称赞了一下——"目若悬珠，齿若编贝"，就是说自己的眼睛炯炯有神，像珍珠一样明亮，牙齿像编起来的贝壳整齐洁白。当然，光好看还不行，下面几句就是介绍自己的品德，列举了几位古人：

像孟贲一样勇猛——孟贲是战国时期秦国著名的武士，力气非常大，据说能力分双牛——就是两头牛打起来了，他上去掰着牛角，徒手就能给分开。

像庆忌一样敏捷——庆忌是春秋时期吴王僚的儿子，据说身手非常敏捷，史书记载他"折熊扼虎，斗豹搏貆"。了不得啦，对手都是狗熊、老虎、豪猪、豹子，不管什么猛兽，他都能打。历史上著名的刺客故事，"要离刺庆忌"，说的也是他。阖闾为了夺王位把吴王僚给杀了，阖闾害怕庆忌替父报仇，所以派要离去刺杀，这件事成就了要离的千古刺客之名。

像鲍叔一样廉洁——鲍叔全名是鲍叔牙，春秋时期齐国的大夫，他有个好友叫管仲，"管鲍之交"这一成语，就是用来形容忠诚的友情。鲍叔牙是管理型人才，在他的治理下，齐国才由弱变强，齐桓公也成为春秋五霸之一。这个人有很大的政治成就，出了名的廉洁奉公、刚正不阿。

另外还有一个知识点：鲍叔牙特别喜欢吃一种贝类，叫作盾鱼，这种贝类因为他而闻名天下，后来人们就干脆把盾鱼改叫鲍鱼了——现在咱们吃的鲍鱼，就是因为鲍叔牙而得名的。

再说最后一位古人，尾生。尾生是中国历史上第一个有记载的为情而死的男青年。据说春秋时期，这位叫尾生的小伙子跟一位姑娘约在一座桥下相会。结果这姑娘没来，爽约了！尾生这脾气也倔了点儿，非在这等，不能失约！结果涨潮了，水渐渐没过来，尾生抱着桥下的柱子就是不走，结果活活淹死了！

古人认为这是守信用的典范，一直都赞美他这种精神。我有点儿不同意——干嘛这么死心眼儿呢……再说涨水了，你上桥啊，上桥也可以继续等啊——现代人理解不了这个。这个故事里没交代那位姑娘到底为啥不来，其实人家不一定是爽约，说不定堵车了，就晚到这么几个小时，尾生就淹死了，这多可惜啊！

总之，东方朔自比的这几位古人，都是当时公认的贤德之人。也就是说东方朔对自己的定位是非常高的：我太优秀了！文武兼备、才貌双全，还忠孝节义、公正廉明，反正凡是那些名人先贤的优秀品质我一个人都占全啦！皇上您还能不用我吗？

汉武帝确实求贤若渴，要不他能花两个月看一份简历吗！不过东方朔有些话说得太大，让人看着有点疑惑。就跟现在一样，你写简历肯定是要突出自己的优点，那也不能太过了。有些把自己夸得跟超人似的，就没有不会的。那种全知全能型的简历，用人单位看了也会觉得不靠谱。所以汉武帝没有立刻召见东方朔，而是命他在公车署待诏。

公车署是个什么地方呢？不是公共汽车站，但是有点儿类似驿站。公车署专门招揽京城的才学之士，发一些很低的俸禄养着，这些人就相当于比较低级的顾问。平时没啥事，等皇上偶然想起来再召见他们，相当于一个人才中转站。

东方朔刚进公车署还挺兴奋，好歹是个国企啊，虽然没什么官职，那也是公务员，铁饭碗找着了。可是时间一长他就不满意了，觉得工资有点低，而且虽说是皇上的顾问，但从来没见过皇上长啥样！这等到啥时候才能出人头地？

于是东方朔就想出幺蛾子了。

平时宫里会招一些侏儒进去表演杂耍。有一天表演队经过公车署，东方朔就跟那些人说："你们这些人啊，啥才能也没有，整天白吃白喝！皇上可说了，养你们这些人对国家社稷毫无用处，准备今天就把你们杀了！"

这些人当然吓坏了，哀求他救命。

东方朔就说："等见到皇上时你们就跪下求饶，皇上心情好了说不定会放过你们。"

如此一来，杂耍的队伍战战兢兢进了宫，汉武帝正等着看他们表演，没想到这帮人走上前来齐刷刷跪倒，哭声震天，大喊着："皇上饶命啊！饶命啊！"汉武帝莫名其妙，这些人就说："是东方朔说的，说您要把我们都杀了！"

汉武帝很生气：好么，假传圣旨可是大罪！赶快把这个东方朔叫来!

　　这一回东方朔出了邪招，终于逮着机会面见皇上。他会怎么解释，汉武帝又会如何处置他？且听下回分解。

东方朔（三）：
长得好看还得会撒娇

上回说到，东方朔惹怒了汉武帝。

东方朔早就在外面等着呢，听到传召，不慌不忙走上殿来，规规矩矩跪拜行礼，口称万岁。

汉武帝还是第一次看见东方朔本人，别说，他那个简历起码在外貌方面的介绍还算真实：大高个儿，浓眉大眼、鼻直口正，是个精神小伙儿。

咱们现代有很多人都是外貌党，其实很多古代帝王也是。很多人因为容貌不好，虽然有才学却不受重视，最著名的例子就是钟馗了。钟馗现在是捉鬼天师的形象，您看那脸长得是不是寒碜点儿？大黑脸，豹头环眼，那胡子跟豪猪似的。传说钟馗是唐朝初年的一位进士，进京赶考榜上有名，就进入了殿试，结果皇上一眼看见他：这人怎么长这么难看？我大唐的官员就这么难看吗？学问好也不行，轰出去！结果轰出去了，功名前程也都没了。这位钟馗脾气也大点儿，一怒之下在皇宫前的台阶上撞死了。死后因为刚正不阿，被封为管理阴间小鬼的天师，专门铲除邪祟。

从这个故事就可以看得出来，古代帝王就是外貌党，有学问也没用，颜值才是正义。

话说汉武帝本来一肚子气，但是一看东方朔这人，高大威猛，器宇轩昂，哎，他好像又没那么生气了。本来假传圣旨是重罪，直接就可以砍了。汉武帝既然看他顺眼，就聊两句："大胆东方朔，为何欺骗这些侏儒，说朕要杀了他们啊？"

东方朔一副委屈的样子，叹气说："唉，您看看那些侏儒，您再看看我。他们身高三尺，我身高九尺，但是我们所领的俸禄却

一样多。他们领这些俸禄，能吃撑死，小臣我却要饿死了！您要是看我没啥用，不如放我回家吧！也甭在这儿浪费您的粮食了！"

汉武帝差点儿气乐了，这话说的，三分委屈，三分无赖，还有三分撒娇！这么大个儿的小伙子在自己面前撒娇，也算难为他了！

所以汉武帝的气儿就消了，说："我明白了，说了半天你不就是想涨工资嘛！"

跟老板谈加薪，是需要谈判技巧的。你要直眉楞眼说："要再不给我加薪我就跳槽了！"老板可能会说："跳啊，你倒是跳啊！"——这话你怎么接？

所以提加薪，你首先得真有价值，其次还得会说话，让老板有台阶下。

东方朔就走了一步险棋，他用一种比较戏剧化的方式，获得了汉武帝的好感。

不过汉武帝也不傻——哪个老板也不傻。

汉武帝就说了："我可以给你更高的俸禄，但是我要考考你，看你是不是真有本事，不然我花钱养着你干嘛？"

东方朔一听也有点紧张，虽说有真才实学，可是封建帝王这脾气捉摸不定，伴君如伴虎。万一他手心攥个大枣儿让你猜是啥呢？这又不像现代考试，好歹还能划个范围。

所以东方朔赶紧问："不知您要考我什么？"

汉武帝说："你明天早晨来吧，我跟你玩个游戏。"

东方朔一听玩游戏,心里倒有底了。为啥?因为他的前老板,东王公就爱玩游戏,所以身为书童的东方朔也不差。

第二天一早,汉武帝来到御花园,心想考个什么题呢?正在想着,墙角爬过来一只壁虎。汉武帝乐了:得,就你了!随手拿过一个空花盆,把这只壁虎扣在地上,接着宣东方朔到御花园,指着花盆说:"咱们就玩个射覆的游戏吧!"

射就是猜的意思,覆就是覆盖。这是古代流行的一个游戏,就是用盆儿啊碗之类的器具,覆盖住一件东西,让别人猜是什么。

大家一听就觉得很难,这怎么猜?其实这不是凭空猜测出来的,是用易经八卦演算出来的——名为游戏,其实是一种占卜术。

东方朔一看汉武帝要跟他玩射覆,高兴了!他前任老板东王公可是道家祖师兼游戏高手,这些对他来说是小菜一碟。

于是东方朔就煞有其事,起卦占卜。《汉书·东方朔传》记载:

(朔)乃别蓍(shī)布卦而对曰:"臣以为龙又无角,谓之为蛇又有足,跂(qí)跂脉脉善缘壁,是非守宫即蜥蜴。"上曰"善"。

蓍是一种草,"别蓍布卦"就是说他随手拔几根儿草就能算卦。这段翻译过来就是，东方朔说："我猜您这盆下面可能是龙……"

汉武帝刚要说不对！东方朔接着说："……说是龙它又没角，我觉得它是蛇……"

汉武帝又要说错了！东方朔又接上了："可是它又有腿儿……"

汉武帝急了："哎你能不能别大喘气儿，好好说话行不行？"

东方朔说："这个东西很善于爬墙，我猜不是壁虎就是蜥蜴！"

上曰"善"——皇上说：你猜得对！

那壁虎蜥蜴到底是不是一回事？虽然不是，但是确实差不多。在现代动物学里面，蜥蜴目之下有壁虎科，也就是说，壁虎本来就是蜥蜴的一种，当然壁虎比大多数蜥蜴要小。在古代，壁虎又称为守宫。

不管怎么说，东方朔拔两根儿草就能算出扣在花盆下面的是壁虎，这能耐确实不小。汉武帝很满意，于是就真的给他升职加薪，提高了待遇。

那么东方朔在汉武帝身边还发生了哪些趣事？什么时候才能再次见到西王母？且听下回分解。

第三十二回 ┃ **东方朔**（四）：
朝堂上的脱口秀

> 朝天数换飞龙马，
>
> 敕赐珊瑚白玉鞭。
>
> 世人不识东方朔，
>
> 大隐金门是谪仙。

今天的定场诗是大诗人李白《玉壶吟》中的片段。谪仙人，是贺知章对李白的赞誉。其实李白也觉得自己挺不错，有点儿自恋。这首《玉壶吟》是他抒发自己壮志未酬的苦闷之作。他把自己比作了东方朔，"大隐金门是谪仙"，俗话说：小隐隐于野，大隐隐于朝。归隐山林算小隐，像东方朔这样在朝堂之中还能独善其身的，才是更高的境界。李白也借此自嘲了一下，他觉得自己的遭遇很像东方朔，虽然走上了朝堂，却没有真的被重用。

在《史记·滑稽列传》中，司马迁专门用了一章来介绍东方朔的事迹；班固写《汉书》，也专门撰写了一篇《东方朔传》。可是历史学家主要记载的是东方朔的所谓趣事，讲他怎么巧言答辩，诙谐幽默，因为他并没有太高的政治成就。

射覆游戏后，东方朔升任待诏金马门，也加了俸禄。金马门，比原来的公车署要高一级，算是高级顾问了。可是依然是待诏，就是等待皇上叫他。可是待来待去，汉武帝又把他忘了，东方朔想这不行，还得想点办法。

很快机会就来了。

按照当时的习俗，农历初伏，也就是刚入夏的时候，会给大小官员分羊肉，称之为伏羊。

有的朋友可能要问了，大夏天吃羊肉不上火吗？其实古人恰恰认为这叫以热制热，可以排汗排毒，是传统食疗方式。伏天吃羊肉这个习俗，今天在很多地方也有，譬如徐州的伏羊节，是江苏省的非物质文化遗产。

汉武帝时代都城在今天的陕西西安，陕西人爱吃羊肉，什么水盆羊肉、羊肉泡馍，各种吃法。水盆羊肉有个别名叫"六月鲜"，一听这就是夏天吃吧？因为六月的羊肥瘦相间，不柴不腻，最好吃。水盆呢，顾名思义，是个汤菜。汤里的羊肉，正宗的还不是用刀切，是手撕出来的，入味，而且吃水盆羊肉就得搭配月牙馍，这是一套的……

扯远了，咱们继续说汉武帝。宫中分配的肉称作官肉。不是随便就能领的，必须由专门的官员负责分割，再分发给大家。

到了领肉的时候，东方朔跟大家一起排队等着，可是等来等去，都快中午了，分肉的官员还没来！所有人都傻站着，谁也不敢动。这时东方朔越众而出，对大家说道："天儿热，肉摆着容易坏，我就不等了！"

说罢拔出宝剑，直接动手割下一块肉来，揣在怀里就回家了。

这可是僭越了，是违反礼仪的大事，马上就有人去给汉武帝打小报告了：分官肉的时候，我们都规规矩矩排队呢，这东方朔太无礼了，自己割了一块肉就拿走了，太不像话了！

汉武帝一听，又是东方朔！这小子怎么净惹事，赶紧把他给我叫来！

东方朔上得殿来，自己先把帽子一摘，这叫"免冠谢罪"，摘下帽子他就跪下了。

汉武帝一看他就想乐——还别说，有的人就是自带喜剧效果，你一看他就想笑。

汉武帝挺喜欢东方朔，也没降罪，就想逗逗他，于是说："你起来吧！我也不罚你，这样吧，你自我批评一下。"

东方朔一听，正中下怀，于是就站起来，整了整官服，清了清嗓子。东方朔是山东人，操着一口山东话就开始说：

闲言碎语不要说，

微臣俺叫东方朔。

今个实在犯了错，

万岁让俺说一说。

我是手一起，剑一落，

这样的勇气了不得！

不贪心，不做作，

其实拿的也不多！

拿回家，给老婆，

不让媳妇来挨饿！

俺真是，

有勇有谋有仁有义爱国爱家的好小伙！

当里个当里个当里个当里个当里个当……

汉武帝说："行了行了！我让你自我批评，你这倒好，还把自己夸了一顿！"

这段话在史书上有吗？有！当然史书原文不是山东快书，但是真就这意思：

受赐不待诏，何无礼也！

拔剑割肉，一何壮也！

割之不多，又何廉也！

归遗细君，又何仁也！

意思是：我的确无礼，但是我自己拔剑割肉是壮举，割得又很少说明我很廉洁，肉拿回家是给我媳妇吃的，我真是太仁义了！哎呀我真是太优秀了！

好家伙，让他自我检讨，他呢，对自己一顿吹捧！说歪理还说得慷慨激昂的，也算是在朝堂之上来了一段脱口秀吧。汉武帝听得是哈哈大笑，不但没有降罪，反而又赏赐了酒一石、肉百斤——说都给你拿回家孝敬媳妇去吧！

这件事经常被后世的文人墨客提起。唐朝大诗人杜甫就在诗中说："尚想东方朔，诙谐割肉归。"这个割肉带回家给媳妇吃的故事成为赞赏顾家好男人的典故。

东方朔的官职渐渐高了，也能经常随侍汉武帝身边。但因为他说话太搞笑，就算说正经话，汉武帝也当笑话。

因为东方朔精于易经八卦，汉武帝本身也很沉迷于道法，所以倒是经常跟他讨论养生方面的事。

东方朔为了让汉武帝更重视自己，就把西王母的蟠桃吃了可以长生不老的消息，透露给了汉武帝。

汉朝时期，西王母崇拜在民间比较盛行，汉武帝也有所耳闻。所以他派张骞出使西域的时候，就特别嘱咐去好好打听一下，哪怕见不到西王母，也要打听到她的住所。

历代帝王都想长生不老。所以张骞出使西域，其实还带着寻找西王母的隐藏任务。

那么张骞有没有完成任务呢？咱们下回接着说。

第三十三回 | 用不完的美人计

上回说到，张骞出使西域的隐藏任务，是寻找西王母。

历史课本上把张骞称为丝绸之路的开拓者，但是他出使的目的并不是贸易，而是从事军事外交活动：汉武帝派他去联络一个叫作大月氏的西域国家，希望对方出兵，跟汉朝共同攻打匈奴。

汉朝跟匈奴之间一直战事频繁，像卫青、霍去病等青史留名的大将，都是打匈奴打出来的战功。汉武帝时期反击匈奴最有成效，他在位 54 年，有 44 年都在打仗，其中大部分时间都在打匈奴。

在他之前的汉文帝和汉景帝，虽然开创了"文景之治"，但是这二位都特别节俭，所以汉武帝即位时国力很雄厚，国库里全是钱，够他造一辈子的，所以能支撑他打仗打了那么多年。

那么大月氏是个什么国家呢？月氏，写出来是月亮的月，氏族的氏。我们上学的时候，标准读音是"肉之"，但是近年来的新考据认为应该念"越之"，现在这两种读法是并存的。

一个国家取名字，还真应该慎重一点。别的不说，一提起西域的国家，大伙最先想到的一般都是楼兰。实际上，当时在西域，楼兰只是很小一个国家，除了有各种神秘传说外，还有一个重要的原因就是名字好听，古代很多大诗人也爱写楼兰。王昌龄就写过"黄沙百战穿金甲，不破楼兰终不还"的诗句，李白也写过："愿将腰下剑，直为斩楼兰。"听着就好听，要是换成"直为斩月氏"，听着就差点意思。

别看大月氏名字不太诗意，但在当时名气还是很大的。

为什么汉朝要联合大月氏一起打匈奴呢？因为大月氏跟匈奴有仇。匈奴人对月氏发动战争，月氏由此分裂为大月氏和小月氏两部分，分头逃跑——小月氏人口不多，跑得也不远，基本上被

打残了，变成了一个小规模的部落；迁往西域方向人口比较多的这部分是国家的主力，就被称为大月氏。

据说匈奴这仗打得也不是光明正大，靠偷袭杀了月氏王，还把国王的头骨做成了酒器，很多年来匈奴的首领单于一直用这个头盖骨喝酒、祭祀，到处炫耀。这种深仇大恨那是解不开的，所以汉武帝认为，大月氏一定想报仇，是可以结盟的对象。

虽然被打得很惨，但月氏其实是一个强大的部族。早期月氏占据的河西走廊是军事和贸易的要塞，整个部族一度发展得非常强大。但是以畜牧业为主的游牧民族的经济都有个致命弱点，就是一旦受到打击，就很难恢复。

比如，以农业为基础的经济，假如赶上天灾收成不好，坚持到明年很可能就缓过来了。但是畜牧业不一样。可能一场雪灾，上千头牛羊就全都冻死了，这个损失一年两年缓不过来——动物要重新养起来需要更多时间。所以以前民间有句老话：家有万贯，带毛儿的不算。因为活物有很多不确定性。那么游牧民族不种地的话，就光吃肉吗？也不是，他们一般是用牛羊的肉、皮毛等去交换粮食，度过冬天——当然，不换也行，可以直接去抢。

根据史学家考据，虽然都是游牧民族，但是月氏更倾向于商业贸易，而匈奴倾向于掠夺，他们的发展方向是截然不同的。所以强盛的月氏还是败给了善于打仗的匈奴人。

张骞出使西域，想去游说大月氏跟汉朝一起出兵，前后夹击匈奴。想的是挺美，但是他忽略了这两国的地理位置。当时匈奴已经占据河西走廊，要往西域去，就必须经过匈奴的领地。结果张骞刚出国门就被俘虏了。匈奴的单于知道张骞要去出使大月氏，哈哈大笑说："月氏在吾北，汉何以得往？使吾欲使越，汉肯听我乎？"

意思就是说，你们要去月氏，必须经过我这，我怎么可能让你过去呢？这就好比我要是派人去南方的越国，必须经过汉朝的地盘，你们会让我过去吗？

人家说得好有道理。你联络别人想给我来个前后夹击，我还给你让路，我是不是傻？

但是匈奴的单于也挺有意思，按说抓住张骞，直接砍了不就完了？再用头盖骨做个酒碗什么的……可是他不但没有杀张骞，还好吃好喝供着，除了不让走之外，也没虐待他。一百多人的队伍，都软禁起来，好好养着，甚至还给张骞找了一个匈奴媳妇儿，让他们过日子。

《汉书·张骞传》记载，说匈奴人：

"留骞十余岁，予妻，有子，然骞持汉节不失。"

予就是给予、赐予，这显然不是自由恋爱，就是非要给他一个老婆。有子，还生了儿子！然骞持汉节不失。这个节不是说节操，而是使节。使节在现代可以直接指出使的这个人，而在古代使节指的是皇帝授予外交使者的信物、凭证。一般是一根竹棍，上面装饰着皮毛流苏，我们在戏剧影视中都能看到。苏武牧羊的时候，手里拿的也是这么个东西。

张骞持汉节不失，因为这个汉节就是他身份的象征，也代表皇帝的信任和国家的尊严，所以即使已经娶妻生子，甚至被软禁了十年，他走哪都拿着这个，表示自己是有身份的汉人，不会变成匈奴人。

可是话说回来，匈奴好像特别喜欢给汉朝的官员娶媳妇，也挺奇怪的。前面说的苏武牧羊，也是发生在汉武帝时期的故事。苏武出使匈奴，去了就不让走了。苏武被软禁的时间更长，19年，也是在匈奴娶妻生子了。汉武帝时期还有一个将军叫李陵，战败后投降了匈奴，单于把自己的亲生女儿嫁给他了。李陵也很争气，你给我一个姑娘，我就能创造一个民族！他的后裔形成了强大的黠戛斯族。后来到唐朝时，黠戛斯人还自称同为陇西李氏，想跟唐朝攀个本家呢。现如今，黠戛斯人已经演化成吉尔吉斯斯坦人。

看来匈奴人特别喜欢用美人计，一招鲜，吃通天，每次都给俘虏找老婆。

张骞在所有被匈奴俘虏的汉朝人之中算幸运的。虽然被软禁十年，最终还是得以成功逃跑。不但自己跑了，还带着老婆、儿子和当初跟他来的那些随从一起跑的——这也算是个奇迹了。

张骞逃出来之后，坚持自己的使命，打算继续去游说大月氏。可是过去十年了，西域的形势已经发生了变化。大月氏出了啥事呢？他们命特别不好，匈奴撺掇另一个叫乌孙的国家，又去攻打大月氏。月氏人打不过，被迫继续西迁，已经离开了第一次迁居的地方，越走越远。

张骞最后有没有找到大月氏，又能不能说服他们出兵呢？咱们下回接着说。

第三十四回 | # 张骞：
为什么受伤的总是我？

话说张骞出使西域，刚到河西走廊就被匈奴人俘虏了，软禁了整整十年。

河西走廊是古代往西去的咽喉要道。黄河以西称为河西。河西走廊就在今天的甘肃省西北部祁连山以北、合黎山以南、乌鞘岭以西、甘肃新疆边界以东。这段路长约 1000 公里，宽度 200 公里到几公里不等，是一个狭长的地带，所以叫走廊。现在的敦煌石窟、酒泉卫星发射基地等，都在河西走廊的范围内。

开始的时候月氏人就在这个位置繁衍生息，还很会做生意，国家很繁荣。也因为繁荣，才遭到匈奴的一再抢掠，最后被打跑了。大月氏往西跑，本来想再次安定下来，没想到又被一个叫乌孙的国家暴打了一顿，只好继续往西迁徙。

张骞从匈奴的软禁中逃出来一看，哎？月氏国上哪去了？搬家啦？不行，我得找！要完成圣上的旨意呀！于是他带领随从翻山越岭，穿越戈壁，继续去西边寻找大月氏。

这段路非常艰难。因为他是逃出来的，没有补给，就猎杀一些飞禽走兽充饥。这一路大部分随从都饥渴而死，葬身黄沙，很惨。

在几乎绝望的时候，张骞终于来到一个叫大宛的国家。

大宛国，大约在今天的乌兹别克斯坦的位置，是西域比较强盛的一个国家。张骞拜见国王，请求他派人护送自己，并且承诺返回汉朝之后奏明皇上，必有重谢。汉朝是天朝上国，在周边国家心目中地位很高，西域各国其实都很愿意跟汉朝通商，就因为匈奴的阻碍老是过不去，所以大宛国王痛快地答应了张骞，不但给了很多补给，还派了向导和翻译，护送他们往西到了康居国，

也就是今天的塔吉克斯坦。然后康居国又再派人，将他们护送到大月氏。

张骞终于来到月氏，感慨万千啊，多难！多亏了有这几个热情的国家支持，跟接力棒一样，一路给送到地方，不然估计也得冻死饿死在半路上了。

这时候月氏国已经有了新的国王，老国王的头盖骨那匈奴单于还拿着喝酒呢，新国王就是原来的太子。

国王隆重地接待了张骞。听闻他的坎坷经历，对他很是敬佩。

当天晚上国王大摆筵宴，款待这位上国使者。对张骞的英雄事迹是十分感动，然而还是拒绝了他关于出兵的建议。这就是传说中的"十动然拒"。

有人觉得奇怪，大月氏跟匈奴有这样的深仇大恨，国王为什么不想给老国王报仇呢？这不合情理呀？

其实也是有缘故的。月氏第一次西迁时，定居的位置离匈奴还不远，所以汉武帝才考虑跟他们前后夹击进攻匈奴。可是很不幸，他们被乌孙揍了一顿后又搬家了，这一次迁徙道儿可不近了。假如现在再回去打匈奴，战线就太长了，还得穿越好几个国家，跟汉朝兵马很难再形成夹击之势。万一把匈奴惹火了，反过来大举入侵大月氏，汉朝兵马即使想援助他们也很困难——这是军事上的困难。

另外一点就是心态问题了。大月氏现在的这块安身之地特别好，水草丰美、气候宜人，既适合放牧又适合生活，尤其是距离匈奴和乌孙都特别远。没有宿敌，那人家就不想再惹事了，月氏人本质上不好战，这个民族的性格相对来讲比较温和。

张骞真是欲哭无泪。多难啊，九死一生才找到月氏，结果人家不想合作！但这个事儿，也不能强求呀！不过张骞也很执着，就在大月氏住了下来，没事儿就去见一下国王，希望能说服他出兵。这一住，就是一年多。月氏国王也不烦，毕竟是天朝上使嘛，依然盛情款待，还给他派向导和翻译，让他没事儿去周边国家溜达散心。

于是张骞也没闲着，把周边都跑了一遍，西域三十六国，造访了一大半，还有些虽然没去，也都详细打听了一下情况。

所谓西域三十六国，是一个笼统的说法，据说最早有五十国，后来各国互相吞并，才演化为三十六国。

张骞根据实地考察和探听来的消息，详细记录了一些主要国家的情况，包括位置、人口、城市状况、特产，甚至兵力等军事资料，写成了一份翔实的报告。这说明张骞真是个外交人才，汉武帝派他出来还是很有眼光的。张骞这份报告，在司马迁的《史记·大宛列传》中保存了下来，是非常珍贵的古代历史、地理资料。

忙活了好久，张骞忽然想起一件事来：对了，皇上嘱咐了，要打听西王母的事！这一次出门儿太坎坷了，差点把这个隐藏任务给忘了！

张骞抓紧时间打探西王母住在哪里。西域这些国家都知道西王母的大名，但是谁也没见过！

最后张骞来到大月氏的西边，一个叫安息的国家。这名字听着不太吉利，其实是根据当地语言写出来的音译。安息的位置大概在今天的伊朗。大家可能还记得，周穆王西巡之时，也曾经路过伊朗这个位置，之后才找到西王母的。所以张骞在安息国，终于打听到了一点西王母的消息。

《史记·大宛列传》记载：

安息长老传闻条支有弱水、西王母，而未尝见。

说安息国有位长老提到，西王母住在一个叫条支国，有弱水的地方，但是只听说过，没见过。

条支国在哪里呢？

条支在安息西数千里，临西海。耕田，田稻。有大鸟，卵如瓮（wèng）。

条支国就不是游牧民族了，耕田，种稻子，是农耕文化。后面这句有意思了，"有大鸟，卵如甕"。鸟蛋很大，跟水缸似的，那这鸟肯定更大了。

我们综合这几个特征：有弱水，大鸟应该就是凤凰。那么这个条支国应该就是当初西王母的粉丝部落，沃民国。只不过经过几千年演变，已经有了新的名字。

所以张骞已经很接近真相了！

张骞一想，还有几千里地，还有弱水，所以想想也就算了吧，出来耽误的时间不少了，估计皇上都以为我挂了，先回国去汇报工作吧。

就这样，张骞在大月氏和周边小国逗留了一年多以后，启程回国。

对于回去的路线张骞也计划了一下：原路肯定不行，有匈奴人把守着，要迂回着走。于是他就从塔里木盆地往南绕了一下，打算通过羌人的地区回到中原。羌人的地盘就在现在的青海省那一片儿。但是他万万没想到，这十几年来各国形势不同了，这羌人也已经被匈奴打服了，成了匈奴的小弟！所以张骞刚走到这儿，眼看就要回到家乡的时候，再次被匈奴人抓住了！

这个倒霉啊，张骞气得：为什么受伤的总是我？！我怎么往哪走都能碰上匈奴呢！

这一次被俘，又被扣押了一年多。说张骞不幸吧，可是他不幸之中还有万幸。一年之后匈奴内乱，为了争夺王位，自己家里打起来了。这一乱，张骞又找到机会跑了！

最终，张骞历经艰辛回到了长安。

张骞出使的时候，使节团有一百多人。可是回来的时候，就剩张骞和向导俩人了，时间已经过去了十三年。——真是太难了！

汉武帝见到张骞，很惊奇："有点眼熟，你是谁呀？"

张骞都要哭了："陛下，我是出使西域的张骞啊！"

张骞对汉武帝进行了详细的汇报，把经历都说了一遍。

汉武帝听完张骞的经历，也是感慨万千：没想到啊，当年派你出个国，遇到这么多事儿，没少遭罪。

张骞首次出使西域，虽然大月氏没有同意出兵，但是他收集了大量资料，所以汉武帝对这次出使的成果还是非常满意的，封张骞为太中大夫，把那位跟到最后活下来的向导也封为"奉使君"，以表彰他们的功绩。

汇报完正式工作之后，汉武帝又询问西王母的消息，张骞就把安息长老的话复述了一遍。汉武帝一听，噢，从长安到安息那边，已经有上万里地了，还得再往西几千里，这快到天边儿啦！

于是汉武帝就把东方朔叫来，跟他商量。

东方朔出谋划策，说："您想见西王母，那肯定是千难万难。但是咱们可以换个思路——她要是想见您，是易如反掌！"

汉武帝说："你这不废话嘛，可是，西王母她凭什么想见我呢？"

东方朔微微一笑："就凭您一片诚心啊！"

汉武帝说："诚心我倒是有，可是怎么能让西王母知道我这份心意呢？"

东方朔说："微臣有三条建议，第一，多制作一些西王母的画像、石刻，经常举办祭祀，在我朝兴起西王母崇拜之风。"

汉武帝说："这个好办。"

东方朔说："这第二条，就是再次派张骞出使西域，一边跟西域各国缔结联盟，一边在西域传播我大汉崇敬西王母的消息。"

汉武帝点头："这个也不难，张骞很会搞外交，这个事情他能办好。"

东方朔说:"第三条,您可以在泰山修建一座瑶池,我大概知道样式,咱们修建一个山寨版的,再建起行宫,就在那进行祭祀祝祷,祈求西王母降临。"

汉武帝一听:"瑶池什么样你都知道?了不得了你!正好我要去泰山封禅,就把瑶池修建出来,我亲自去祝祷!"

什么叫封禅呢?通俗地说就是凡间皇帝认为自己是天命所归,所以去向上天汇报一下自己的成绩,在歌颂自己的同时,也对上天的保佑表示感谢。历史上首次进行泰山封禅的皇帝就是一统天下的秦始皇。他认为自己的功绩太大了,超过三皇五帝,所以自称皇帝——这个词儿就是由他开始的。秦始皇命人在泰山上刻石碑记录统一天下的功绩,歌颂自己。第二位就是汉武帝,他一个人就去泰山封禅了八次,自我感觉也是超级良好了。

历史上,泰山封禅的皇帝只有六位。为什么后来的皇帝不再去了呢?主要是因为举办封禅活动的最后一位皇帝拉低了标准。这位就是宋朝的第三位皇帝,宋真宗赵恒。这位皇帝能力有限,政绩不多,晚年昏庸。就是他跟辽国定下了历史上著名的"澶渊之盟",为了休战答应给辽国每年送"岁币",这就相当于进贡了,很耻辱。晚年他只顾给自己歌功颂德,大肆挥霍劳民伤财,备受后世非议。正因为这位皇帝名声不好,以至于后来的皇帝都不敢去泰山封禅了,怕跟他相提并论,太丢人了!

话说汉武帝听了东方朔的建议,开始在全国推行西王母的祭祀活动。

在一本记载西汉制度的《汉旧仪》里提到，当时的郡太守和县令等官员都要祭祀西王母。说明当时的祭祀活动不仅是民间的，还有浓厚的官方色彩。

汉武帝又命他二次出使西域。

张骞为难啊，直嘬牙花子："为什么受伤的总是我……怎么又让我去呀，这条路不好走哇。"

汉武帝说："没关系，这些年咱们朝中的将官也没闲着！告诉你一个好消息，往西去的咽喉要道已经被咱们的部队打下来了，

出去的路现在安全了。你回来时遇到的那些匈奴人是被咱们的士兵给赶过去的!"

好么,张骞说我怎么那么倒霉。

这个所谓的咽喉要道就是咱们后世说的河西走廊,当时还没有这个词儿。

汉武帝又说:"此外你这次出使可以跟乌孙结盟,路上就安全多了。"

乌孙咱们之前讲过,本来是匈奴的友邦,打过大月氏,很有战斗力。

汉武帝命张骞把这个国家收买过来,这样西去的路就畅通了,匈奴也失去一个盟友。

于是张骞带着新的使命,再次踏上西域之旅。这次出使会顺利吗?西王母是否能收到汉武帝传达的信息?且听下回分解!

第三十五回 | 和亲的"假公主"

上回说到，汉武帝开始推动了从官方到民间的西王母崇拜。

考古学家发现，汉代有西王母形象的石刻、画像、铜镜等各种装饰品特别多。全国各地的汉墓出土的石画像都有西王母。西王母崇拜虽然在东汉最为盛行，但其起源是从汉武帝时开始的。

汉武帝又派张骞二次出使西域，这个时候匈奴已经被打退了，河西走廊畅通无阻。当然张骞也更谨慎了，请求汉武帝派了三百人保护他，而且带上了大量的金银丝绸和上万头牛羊。一队人浩浩荡荡出发了。

为什么带那么多东西呢？因为张骞上次出使西域的时候，一出门儿就让匈奴俘虏了。等他逃出去再去访问西域各国的时候，简直就是一贫如洗！不但没有礼物送给人家，还得靠人家救济，一路上大宛、康居等好几个国家都没少帮忙，不然他最后也到不了大月氏。所以这次要多带礼物去感谢人家，一方面显示天朝大国的慷慨，同时也要挽回之前丢的面子。

另外，想跟乌孙结盟，首先要显示实力，显示大汉的富有和

单于一咢   单于二咢

强大，这样才能说服对方。

　　您还别说，人没有一辈子倒霉的，张骞这次出使没再出什么岔子。乌孙国一看汉朝使节团声势浩大，表现得也很恭敬，在张骞的外交手段震慑之下，还派出使节去朝见汉武帝，请求和亲。

　　和亲在历史上很常见，两国经常用联姻的方式结盟。一说和亲，咱们最熟悉的就是王昭君了，"昭君出塞"是很多戏曲和影视剧的题材。昭君和亲也发生在西汉，不过是在汉武帝之后，汉元帝时期的事情了。

　　王昭君是平民出身，选秀进宫就是个宫女。民间盛传的版本是：汉元帝看宫里的美人太多，看不过来，就让画师画美人图，照着画选妃。结果王昭君没有贿赂画师毛延寿，被画丑了，所以被汉元帝赐给匈奴单于为妻。既然要许配给单于，皇帝就要亲自送行了，这是重要的外交活动。结果这一见面，汉元帝差点气死，王昭君长得这个漂亮呀！——古代四大美人中，昭君就是"沉鱼落雁，羞花闭月"里面的"落雁"。传说在边塞路途之上，南飞的大雁看到这个美人都着迷，甚至忘了扇动翅膀，直愣愣掉到地上了——皇上真是又心疼又生气，等送亲队伍一走，就下令把毛延寿等宫中画师全杀了！

后来宋朝大诗人王安石曾经写诗纪念王昭君，其中有几句是：

归来却怪丹青手，

入眼平生几曾有；

意态由来画不成，

当时枉杀毛延寿。

这几句的意思就是说，画师未必是故意画丑的，可能就是没画好。"意态由来画不成"，美人是最难画的，尤其是气质神态不好掌握，一不小心就画成张飞了……所以王安石觉得，毛延寿死得也挺冤的。

昭君出塞确实换来了很长时间的边疆和平，不过这妹子命挺苦的。第一任丈夫过了三年就去世了，后来按照匈奴的风俗，她必须嫁给下一任单于，就是王昭君的继子——按匈奴的规矩，儿子不但可以继承首领的位置，还可以继承后妈。但是您想，王昭君毕竟是汉人，对她来说这是极大的侮辱，所以当时她曾经跟汉元帝请求归汉，结果被拒绝了。王昭君没办法，只能又跟前夫的儿子结了婚，后来还生儿育女——这辈分都不知道怎么论了。

相比之下，到了唐朝，去吐蕃和亲的文成公主就比较幸运。她嫁给松赞干布，两人年龄相当，丈夫又很崇拜大唐文化，很尊敬她，民众也很爱戴这位大唐公主。夫妻和睦，两国友好，松赞干布甚至专门为她修建了有一千个房间的布达拉宫。

但文成公主也不是真公主，只是从皇家宗亲里面选的一个宗室女子。因为公主是金枝玉叶，谁愿意去边塞和亲！所以历代皇帝都是糊弄外国人，一般就找个宫女，好一点就找个官宦人家姑娘，封为公主，然后再嫁过去。

汉武帝时期和亲乌孙，共有两次，送去的都不是真公主，而是王爷的女儿。不过效果也很好，乌孙后来就没有再帮助匈奴，而是跟汉朝比较亲近了。

话说汉武帝跟西域各国加强了往来，广泛进行贸易。同时又去泰山修建了一座山寨版的瑶池，焚香祭祀，诚心祷告，又大肆宣扬，说他多么渴望拜见西王母。

随着张骞的二次出使，这事在西域各国之间就传开了，人人都知道汉朝皇帝是西王母的铁杆粉丝，整天在泰山那边呼唤偶像下凡。

那西王母知道了吗？——早就知道了！

其实不用到处散播消息，西王母也能知道。她座下有三青鸟，大家还记得吧？三只外卖神鸟，不但会送吃的，还经常飞出去打探消息，回来汇报给玄女，玄女就跟西王母说了。

玄女说："娘娘，这个东方朔被打下凡尘，如今在汉武帝身边为臣。这小子估计没少跟汉武帝念叨您，现在大汉朝野上下对您都非常崇拜。"

西王母很得意："看来这个汉武帝也挺懂事儿，对我已经是心驰神往，一往情深，情深似海，海誓山盟……他是不是想来拜见我啊？"

玄女说："他倒是想，可是路途遥远，汉武帝又没有周穆王的八骏那样的良马，所以他现在整天在泰山那祈祷，想求您下凡。"

西王母一想："哎呀，我去看他，是不是有点跌份儿啊？"

玄女："您实在太宅了，这也有快一千年没下昆仑山了吧？依我说，您还是出趟门儿吧！就当旅游了。"

西王母一听也有道理，那就先派个使者，告诉汉武帝准备接驾！顺便准备点绫罗绸缎，再整点烩饼烩面，加上辣椒油！

西王母终于要接见汉武帝了，又发生了什么故事呢？且听下回分解！

第三十六回 | 女神驾到

翩翩三青鸟，毛色奇可怜。

朝为王母使，暮归三危山。

我欲因此鸟，具向王母言。

在世无所须，唯酒与长年。

今天的定场诗出自陶渊明的《读山海经》。陶大爷对《山海经》很有兴趣，《读山海经》是他隐居时写的系列诗，一共十三首，这是其中的第五首。诗的大意是：三青鸟是西王母的使者，我要是能让它传个话啊，就想跟西王母说，我这辈子也不求别的，"唯酒与长年"，只要长生，还有酒喝，就满足了。多么朴实无华的要求！

西王母决定派使者去见汉武帝，派的就是青鸟。

汉武帝这边呢，不仅在泰山祭祀，还在自己的宫殿内单独辟出一座承平殿，专门供奉西王母。这一天他正在殿内虔诚祷告，突然自西边飞来一只青色的大鸟，就落在承平殿前头的屋檐上。

汉武帝定睛一看，这只鸟神采奕奕，毛色鲜亮，浑身散发光彩，一看就不是凡鸟。

汉武帝急忙叫来东方朔，青鸟看见东方朔，冲他点了三下头，当即腾空而起，飞走了。

东方朔心领神会，这青鸟跟他也算熟人，用意念就能交流了。

于是东方朔对汉武帝说："恭喜圣上！贺喜圣上！"

汉武帝忙问："喜从何来呀？"

东方朔微微一笑："这是西王母座下青鸟，乃是仙家信使，来传递消息的。"

　　汉武帝一听："传递消息？可是它没说话呀，也没叫两声，就点点头走了，这是啥意思呢？"

　　东方朔说："我来给您翻译——西王母得知您诚心祷告，也有意跟您相会。待到七月初七，请您去泰山接西王母的仙驾。顺便再准备点绫罗绸缎，再做点烩饼烩面，洒点辣椒油什么的……"

　　汉武帝听得半信半疑："这就点点头，你能翻译出这么多话来？是不是真的？"

　　东方朔说："您相信我，到时候自然能见到女神。"

　　因为青鸟给汉武帝带来了好消息，所以后世青鸟就成为信使的代名词。咱们前面说过，本来三青鸟是给西王母取食的，也就是外卖小鸟。但是因为汉武帝这次经历，青鸟报信成为传递福音甚至传递爱情的象征。咱们在古诗词里经常见到这种用法，譬如李白就写过"愿因三青鸟，更报长相思"，说的就是西王母的青鸟。

　　汉武帝得到这个好消息，兴奋地好几宿睡不着，赶紧来到泰山。

　　在泰山南面的山坡，有一处水源，汉武帝就在这里修建了山寨版的瑶池，又在瑶池旁边盖了行宫。他在这沐浴焚香，吃素斋戒，非常虔诚地等着。到了七月初七傍晚，银烛高照，亮如白昼一般，行宫的大殿铺上了紫色地毯，点着百合熏香，一层层挂起云锦帷帐，还专门为西王母设置了上座。

《汉武帝内传》记载：

帝乃盛服立于陛下，以俟云驾。至二更之后，忽天西南如白云起，郁然直来，遥趋宫庭，须臾，闻云中有箫鼓之声、人马之响。复半食顷，王母至也。

西王母真的来了！

盛服，就是说汉武帝身穿盛装，把自己最好的行头都穿上了。

"陛下" 这个词，后来才演变为对帝王的尊称，这个词本意是什么呢？——知识点来啦！

古人动不动这下、那下的，不仅有陛下，还有殿下、阁下、麾下等，这些词都是从自谦产生的尊称，也就是说，以降低自己位置的方式向对方表达尊敬。

先说陛下。陛其实就是宫殿的台阶，当臣子跟皇帝说话的时候，就站在台阶之下，不敢直接对话，甚至要通过台阶下的侍者去传话。当然我们知道，其实臣子可以直接跟皇帝对话，只是不能仰面视君，只能低着头。后来用陛下称呼皇帝，只是表示一种敬畏。

殿下，最早跟陛下是一个意思，都是尊称天子的，在汉代以后，才衍变为对太子和亲王的尊称——比皇帝低了一个等级。

以此类推，阁下，就是地位低的人，跟地位高的说话，要在亭台楼阁之外站着，请侍从传话。后来成为同辈之间的敬语，尊称。

话说汉武帝站在台阶之下迎接西王母，这对于皇帝来说，是最高敬意了。您想啊，让皇帝放低姿态了，只有神仙有这个资格。

西王母是"二更之后"来的，就是大约晚上九点。西王母的阵仗不小，驾着云来的，云端上还有鼓乐之声，挺有排场的。

西王母降临大殿，汉武帝偷眼观瞧，女神长啥样啊：

年可三十许，修短得中，天姿掩蔼，容颜绝世，真灵人也。

像是三十来岁，实际上都不知道几千岁了。但是不但不显老，还"容颜绝世"，美得都没边儿了，没见过这么好看的。

汉武帝当时膝盖有点发软，直接就跪下了。他这辈子大概除了亲爹还没跪过别人。

西王母一看就乐了："何必如此多礼，快起来，你我坐下说话。"

汉武帝站起身来，毕恭毕敬站在一旁。

西王母问："你叫什么名字啊？"

汉武帝赶紧撩衣跪倒："启禀娘娘，我叫刘彻！"

西王母说："起来起来。"

汉武帝起来了，西王母又问："多大啦？"

汉武帝再次翻身跪倒："我四十二了。"

西王母哈哈大笑："不要多礼了，来来来，坐下讲话。"

于是二人总算是相对而坐。

汉武帝说："没想到您真的能来，我太感动了！"

西王母说："那还不是因为你嘛，派张骞去西边到处散播咱俩的绯闻，说你对我朝思暮想、朝花夕拾、朝三暮四……"

汉武帝吓出一脑门子汗："不是，不是绯闻啊，我是敬仰您、崇拜您。"

西王母说："你崇拜我什么？"

汉武帝："想求您传授长生不老之术！"

西王母乐了："长得不美想得挺美，你想，谁不想？"

这时西王母一眼看见随侍一旁的东方朔，就指着他跟汉武帝说："哎呀这个小贼在这呢，他本是东王公的书童，你知道他为什么到了这里吗？他想增进修行，但是自己不努力，想走捷径偷吃我的蟠桃，结果被贬下了凡尘。"

汉武帝一听赶快趁机说："那么说，您这个蟠桃确实是有增加修行的功效了？"

西王母招手示意，只见玄女端过来一只晶莹剔透的白玉盘子，根据《太平广记》记载，此桃**"大如鸭子，形圆色青"**。

大小就像鸭蛋，而且是青色的。这个就跟咱们看《西游记》

里面那种大桃子差别很大了，电视剧和动画片里面孙悟空偷的桃子，从外形看品种不是蟠桃，是水蜜桃。

汉武帝一看，这个桃子跟自己想象得不一样，很不起眼。该不会是蒙我吧？

他拿起蟠桃咬了一口，别看是青的，但是特别甜，更有一种清香。汉武帝大喜，从来没吃过这么好吃的桃子，一口气就吃了四个。

汉武帝说："是不是我吃了这个桃子就能长生不老了？"

西王母说："不是说一吃就长生，没有这种不劳而获的事。你还得配合修行。"

汉武帝："怎么修行呢？"

西王母："首先你要做到五戒，那就是要戒除恣、淫、杀、奢、欲。"

即戒除暴躁、淫乱、杀戮、奢靡、贪婪。

汉武帝问："做到这些就行了吗？"

西王母说要是进阶版的，还有八戒："不杀生，不偷盗，不淫欲，不妄语，不饮酒，不非时食，不眠坐高广华丽之床，不化妆歌舞……"

大致的意思就是，从此以后要早睡早起、锻炼身体，不吃肉不喝酒，不抽烟不烫头，不唱歌不跳舞，不打麻将，不碰女人……

汉武帝听得两眼发直啊，要这样我还长生不老干嘛呢？您现在就弄死我得了！

西王母也乐了："一下子做不到也没有关系，你可以慢慢修行啊。"

于是汉武帝跪地叩头，表示遵守——只是表示，实际上要一个皇帝做到这些真是太难了。

反正汉武帝态度很好，能不能做到再说，先答应着。

您看现在职场小白，动不动就说：我不会！做不到！这话就很不合适，你应该说：我愿意试试，我可以学。那老板听着就舒服多啦，不会不要紧，愿意努力上进就好。

汉武帝情商就很高，西王母也是看他态度虔诚，一高兴，就许诺保佑他江山永固。

这个承诺很厉害了。据说，汉武帝一生建功立业，打败了他爸爸他爷爷一辈子都没有打败的匈奴，这都是因为有西王母保佑。是不是真有这回事呢？咱们这是神话，历史考试你可别这么写：汉武帝怎么打败匈奴的？答：是西王母保佑的！那你这题丢分丢得太冤了！

西王母在泰山停留不久就要回去了，汉武帝舍不得啊，苦苦挽留。但没办法，女神不肯留下。汉武帝想到当年周穆王曾乘着八骏拜访过西王母，于是暗自琢磨，上哪弄好马去呢？

东方朔在旁边就劝："圣上您就别想了，其实不仅是距离问题。您想，为什么西域那些国家的人离得不算远，也都没见过西王母呢？"

汉武帝问："为什么？"

东方朔说："这人间和仙境本来就不通。她想让你找着你才能找着，不想让你找着，你就找不着。这个主动权在人家手里。"

其实东方朔说得很实在，但是汉武帝不信，总觉得只要有好马，就能去。

真是无巧不成书，过了没多久，跟汉朝联姻的乌孙国送来一匹好马。这匹马与众不同，头至尾长丈二，蹄至背高八尺，跑起来飞快如风，有赞为证：

远看红云一片，

近看平地火焰。

追风赶月似雷电，

奔腾咆哮犹如蛟龙再现！

这就是像八骏那样的天马吗？汉武帝能不能借助宝马去找西王母呢？且听下回分解！

第三十七回 | # 汗血宝马是"神马"？

话说乌孙国向汉武帝进贡了一匹良马。

这匹马非常精神，跑得又快，姿态又美。还有一点很神奇，就是这匹马在跑出汗的时候，肩胛附近汗水鲜红似血，所以称为汗血宝马。

　　"汗血宝马"在文学作品里面常常被提到，武侠小说也没少写。但是，世界上是不是真有这么一种马？

　　汗血宝马是真实存在的，而且这个品种延续至今。

　　汗血宝马的学名叫作阿哈尔捷金马（Akhal-teke horses），产地是今天的土库曼斯坦。它的特点和姿态几乎完全符合关于汗血宝马的记载。身材好、力量大、速度快且耐力强，每天只喝一次水也能够轻松穿越沙漠。当然日行千里是夸张的说法，但是汗血马的速度已经接近极限了。根据记录，这种马平地跑一千米只需要 1 分 07 秒。所以现在很多专业的赛马，都有汗血马血统。

　　因为汗血马有个特点，就是皮肤特别薄，血管又非常细密。所以枣红色的马在出汗的时候，肩胛位置血管扩张贴近皮肤，颜色就特别鲜艳，产生了一种流血似的视觉效果。这就是汗血的来历。

　　汗血马是土库曼斯坦的国宝，土库曼斯坦把这种马的形象画在了国徽和货币上，可见多么重视。土库曼斯坦曾经先后三次将汗血宝马作为国礼赠予我国，见证两国人民的美好情谊。

　　目前据说全世界也就三千多匹，在中国境内纯种的汗血宝马只有十一匹。在专业的国际比赛中还能看见，大多数人是没有机会见到的。

　　汉武帝见到汗血宝马，很喜欢，当即便召见乌孙使者，说："你们还有多少这种马？我全要了。"

使者面露难色，说："我们不是舍不得给您，是真没有了。据说这马是龙种，所以特别神骏。而且这马不是我们国家产的，是来自大宛国，我们全国也只有这么一匹。所以您跟我们要没用，得去大宛要。"

这个大宛国，前面讲张骞出使的时候提到过。大宛正确的读音应该是大 yuān。不过我上学的时候，老师教的读音还就是大 wǎn。很多字在古代的读音跟现代有很大的差异。就是现在很多读音也还在修正，对很多发音又有了新的规范。譬如我说过一部三国的评书《千里走单骑》，以前都是念 jì 对吧，我也从小就这么念，但是现在新规范都统一念 qí 了。

汉武帝一听说这马是大宛所产，立刻派人，带着一匹用黄金打造的金马，还有几万两金银，出使大宛。

使者来到大宛，面见国王。国王刚见到金马还挺高兴，问："这次前来，是有什么要事啊？"

使者说："我们汉朝天子听说，你们国家有神马。"

国王没听懂："有什么？"

使者说："对呀，我们想要神马！"

国王说："你想要什么？"

使者说："是呀，就是要神马！"

国王一听，汉朝是想要汗血宝马，立马把头摇得跟拨浪鼓似的："不行，要别的可以，汗血宝马是我们的国宝，非常珍贵的，怎么能送给你们呢!"

使者很生气:我堂堂天朝上国,跟你们要几匹马还敢拒绝。何况我们也不是红口白牙跟你要,我带来了一堆礼物,价值连城,买你几匹马难道还不够吗?

国王不愿意给,使者非得要,俩人聊着聊着就聊掰了,三吵两吵,国王急了,一声令下,就把使者砍了,带来的财宝也都没收了。

要说这位使者,比起张骞那就差远了。大家还记得吧,张骞当年经过大宛的时候,国王招待了他,还给他安排向导和翻译随行。可见张骞是很善于沟通的,他那时候可是从匈奴跑出来的,啥也没有,就是会说话,国王对他就很尊重。

虽说使者情商确实比较低,但这事肯定是大宛国做得不对。俗话说两国交兵还不斩来使呢,更何况这是和平时期派来的使者,还带着礼物,这就是外交官啊,哪能一言不合就把外交官宰了。

消息传回汉朝,汉武帝气疯了:"这个大宛国真是胆大包天,竟敢斩我大汉使者!这就是打我脸啊,有损天朝颜面啊,如此的不知好歹,朕岂能善罢甘休!来人呐,点齐兵马,我要发兵大宛!"

汉武帝大怒,决定攻打大宛,欲知后事如何,且听下回分解!

斩楼兰易，破大宛难

第三十八回

五月天山雪，无花只有寒。

笛中闻折柳，春色未曾看。

晓战随金鼓，宵眠抱玉鞍。

愿将腰下剑，直为斩楼兰。

这是大诗人李白《塞下曲六首》中的第一首。咱们说过，诗人特别喜欢说楼兰，因为名字好听。但是动不动就"破楼兰""斩楼兰"是为什么呢？因为汉武帝打楼兰是一场大捷，所以大家都爱歌颂这一战。

那个时期汉朝心腹大患始终是匈奴，而本来臣服于汉朝的楼兰一时却去跟匈奴联姻，甚至还曾经协助匈奴偷袭大汉出使的团队。这无论从政治上还是军事上来说，都是在挑衅汉朝。

于是汉武帝就派将军赵破奴深入西域，奇袭楼兰国，生擒了楼兰王。楼兰的战斗力比较渣，这位赵将军带了几百轻骑，就把楼兰拿下了。这就给汉武帝造成了一种错误的印象：除了匈奴比较剽悍，西域其他国家都是弱鸡。

这才引出了今天要说的这场战役。

那么大宛国王怎么就这么大胆子，敢得罪强盛的大汉呢？大宛国王也有自己的小算盘。楼兰在沙漠边缘，离汉朝相对来说比较近，大宛可不一样，跟汉朝相隔万里，汉军想过去几乎要穿越整个塔克拉玛干大沙漠，战线长，行军困难，补给运输也很难跟上。另外大宛可不是一个小国家，古籍记载大宛拥有 70 多座城池，6 万常备兵力。张骞的西域考察记被司马迁总结后，命名为《大宛列传》，就因为大宛国力最强、面积最大，其他什么安息、条支只是小国。大宛国王正因为国强，所以人横，因此也开启了战争的祸端。

汉武帝首次出兵，就轻敌了。之前几百人就破了楼兰，汉武帝一想，就算大宛是一方的霸主，我再加十倍兵力拿下它还不是易如反掌嘛！

派谁去呢？这就有讲究了。因为在汉武帝看来，这是一个美差，取得战功轻而易举，说不定还能青史留名。这样的机会，得留给自己家亲戚。

汉武帝时期，外戚专权的情况很严重。外戚就是他媳妇那边的亲戚。

汉武帝有很多媳妇，但有名的主要是三位。

第一位是他的表妹阿娇。在汉武帝小时候，还没当上皇帝的时候，就很喜欢阿娇，有一次指着表妹说："**若得阿娇作妇，当作金屋贮之也。**"

就是说我要是能娶表妹，就盖黄金屋给她住。成语"金屋藏娇"就是打这儿来的。这位阿娇后来真的嫁给汉武帝当了皇后，但是男人的感情总是来去如风，阿娇很快就失宠，甚至被废了——这金屋藏娇的后续故事，一点都不浪漫。

第二任皇后卫子夫，是大将卫青的姐姐。另一位大将霍去病是卫青的外甥。其实他们都属于外戚。但是人家可不是靠裙带关系上位的，是真正靠出生入死、浴血奋战打出来的军功。卫青和霍去病，就是汉朝战斗力的天花板，一点儿不掺水。

可是，这个卫皇后后来也失宠了，汉武帝开始宠爱李夫人。

这位李夫人是平民出身，家里是以乐舞为生的。艺人在古代社会地位很低。可汉武帝不顾世俗的眼光，独宠李夫人。

李夫人有两个哥哥，一个叫李延年，一个叫李广利。

这两位外戚都青史留名了，但是这名气的性质不同。

李延年是一位音乐家，在文化史上很有地位，对后世的音律和词曲创作都有深远的影响。

北方有佳人，绝世而独立，

一顾倾人城，再顾倾人国。

宁不知倾城与倾国，佳人难再得。

这首《佳人曲》，就是李延年的代表作，衍生出一个称赞美人的成语，就是"倾国倾城"。

李夫人的另一个哥哥李广利呢，不想再搞音乐舞蹈了，他想封侯，汉武帝也想提高李家在朝堂之上的地位。但是汉朝有规定，没有军功不能封侯，所以汉武帝就想把攻打大宛这个功劳，送给这位大舅哥——可是，让玩音乐的带兵打仗，这就离倒霉不远了。

所以汉朝对大宛发动的神马之战，首战大败。长线行军途中跟其他小国发生冲突，加上路途艰难，沙漠凶险，一路上死伤无数。到了大宛城下时，还没开打就只剩了几千人马，而且人困马乏，盔歪甲斜，攻城之战伤亡惨重，李广利下令退回敦煌，此时生还者已经不到十分之一。

李广利赶紧上书请求罢兵，这可把汉武帝气坏了，下了一道圣旨：退入玉门关者斩！意思就是你们死也得给我死在外头！

当然汉武帝也没就此罢休，他觉得区区大宛都不能降服，有损汉朝声威——那以后西域小国都不怕我啦！于是对第二次出兵非常重视，组织数十万大军，命令李广利再度进攻大宛。

战斗详情就不提了，总之这次声势浩大，大宛贵族害怕了，把国王砍了，拿着首级来求和。这次攻打大宛，终于带回了上千匹宝马良驹。

说了这么多，到底还有没有西王母什么事儿了？有哇。

汉朝打败了大宛，西域小国纷纷俯首称臣。汉武帝借此机会再度打探西王母的消息，可是音讯全无。

为什么呢？还是那句话，她想找你容易，你想找她得看她乐不乐意。

西王母听说汉武帝为求宝马，不惜两次远征大宛，伤亡惨重，便不太高兴。

西王母觉得汉武帝太偏执，为了几匹马劳民伤财，就不太喜欢他了。自此封闭宫殿，不愿意再跟人间来往。

汉武帝在西域折腾了好些年，既没打听到西王母消息，也不知道从何找起。他反复去泰山祈祷，想求西王母再次降临。汉武帝一生共去泰山封禅了八次，其实就是在等西王母。虽然没等来西王母，但是他在山寨瑶池之畔捡到了一根玉簪。

　　这根玉簪精致无比，隐隐放光，难道这是西王母遗留的神器吗？汉武帝还能不能再次得到西王母的青睐呢？咱们下回接着说！

| 第三十九回 | 美食达人张骞 |

上回书说到汉武帝在泰山捡到一根玉簪，是仙家的宝物。

其实这根玉簪是玄女掉的。但是汉武帝以为是西王母的，用精致的匣子装好，供奉在殿内，天天对着玉簪念叨自己的思念之情。

西王母是又好气又好笑，说："我本来答应他江山永固，而且也确实护佑他几次打败匈奴人，也不算食言。不过他后来有点得寸进尺，得意忘形，得了便宜卖乖呀！"

玄女说："对呀，当初娘娘说的戒暴躁、淫乱、杀戮、奢靡、贪婪，他是一样没落下，全破戒了。"

西王母想了想："总算这小子对我还有虔诚之心，那么本朝江山可保。将来有一天如果这玉簪不在了，江山必亡。"

这相当于给汉朝下了一个禁制，就是说汉武帝这一朝还能安稳，但以后就未必了。

果不其然，西汉末年，据说那位掌上舞的美人赵飞燕，无意中发现这只宝匣，刚一打开盖儿，玉簪就化为一只白色燕子振翅飞去，后来西汉就灭亡了。

对汉武帝的评价虽颇多争议，但是他的历史功绩也不能被轻易否认。他晚年之时，卫青和霍去病这些大将都不在了，太子政变失败自杀，太子亲妈卫皇后随后也自杀身亡，宠妃李夫人也失宠了，那位李家的大舅哥大将军李广利，阵前投降了匈奴。所以汉武帝在位最后两年，就不再征战了。

咱们那位掉落凡间的仙童东方朔先生，一生最高职务是太中大夫，俸禄也不低，有一千石，但是没什么实权，也没有什么名留青史的政绩。他临终前劝告汉武帝"愿陛下远巧佞，退谗言"，就是希望皇帝远离谄媚的人，不要听信谗言。汉武帝听了很感慨，说东方先生一辈子嬉皮笑脸，想不到临终突然说出这么正经的话来。

按照神话的说法，东方朔其实是回了仙界，继续当他的仙童去了。

汉武帝一辈子没把东方朔当成治国良臣，而是当作方士和倡优。东方朔自己也故意装疯卖傻。从神话史角度看，汉武帝虽然是皇上，但东方朔乃是东王公的书童，一个人间帝王东方朔也不太放在眼里，没当回事。

咱们说到这，西王母跟汉武帝的交往情况，差不多就讲完了，不过咱们还得多聊几句张骞的故事。

咱们提到过，张骞第一次被匈奴俘虏，娶妻生子，后来又带着老婆孩子逃走——那他的孩子还有下文吗？还真有。张骞的儿子叫张棉，棉花的棉。汉武帝有感于张骞的功劳，给他这个混血儿子也封了官，在边境掌管驿站，给中原和西域之间商贸往来的客商提供食宿。边境虽然有点危险，但这确是个美差。因为地处咽喉要道，周围都没有别的店，蝎子粑粑独一份儿。在这专门接待往来使节和客商，有点电影《龙门客栈》那意思。

这个驿站后来就被称为"张棉驿"，而且一直延续使用，直到清朝末年才撤除。

再说张骞，二次出使西域，奉旨散播八卦，最后也没找到西王母到底住在哪。可是他找到很多好吃的，带回了汉朝。听着是小事，其实历史意义也很重大，直接影响了中国人的餐桌。要没有张骞，《舌尖上的中国》都要少拍好几集。

张骞当时带回了很多农作物的种子，包括：核桃、蚕豆、芝麻、葡萄、石榴、胡萝卜、香菜、黄瓜和大蒜等，囊括了蔬菜、水果、坚果和调味品几大类。所以张骞不仅开辟了著名的丝绸之路，还为我们带回来这么多好吃的东西，这个贡献也很伟大。要没有张骞带回大蒜，小龙虾就少了一个蒜香口味，这多可怕？

西王母尽管看人有点失败，但还是四海八荒第一女神，没事儿开个蟠桃派对，所有神仙都趋之若鹜。

西王母没事坐在瑶池边赏花赏月赏秋香，喝酒吃桃撸烩面之时，也会偶尔追忆往昔。想当年黄帝升仙而去，留下万里江山，也曾经引起四海八荒一阵动荡。

黄帝在人间活了多大岁数呢，古代有一个笼统的说法，叫作"黄帝三百年"。到底怎么个三百年，也没有详细的解释。

《论语》记载，孔子有一位学生，就曾经对这个说法产生过质疑，这个学生叫宰我。这个名字，听着就挺欠的，好像说，你有本事宰了我呀，你打我呀……宰我确实是孔子最调皮的学生。别的学生都是人造革，他是真皮。宰我就是古代版本的十万个为什么，特别爱提问，问题还总是很刁钻古怪，经常把孔子噎得够呛。

有一次孔子正在讲课，宰我睡着了，孔子就对他说出了老师批评学生的千古金句：

朽木不可雕也！

这句话很经典，至今还很常用，它来自一个把孔子气晕了的调皮学生。

按说上课睡觉虽然不对，但是也没这么大罪过。孔子之所以这么生气，还是因为宰我平时就老气他。

宰我就曾经问孔子："我听别人说'黄帝三百年'，他是人还是神呢？他要是人，怎么就能活三百年呢？"

孔子听了也一愣，心说这是历史悬案啊，我哪知道！可我是老师，也不能说不知道啊，于是就强行解释：

"生而民得其利百年，死而民畏其神百年，亡而民用其教百年，故曰三百年。"

大意就是说，黄帝在位造福百姓有一百年，死后臣民敬畏他的精神一百年，之后又延续他的教化一百年，加一块才是三百年。

您看孔子数学也不错！而且这么说也很符合孔子的风格。子不语怪力乱神嘛，他不是不信，是不随便议论评说。这个答案很聪明，你问黄帝是人还是神，孔子也不作出结论，他就用这样一个迂回的方式，把黄帝三百年解释得合情合理。

话说轩辕黄帝乘龙升仙，留下万里江山，得有继承人啊。这个宝座要传给谁呢？且听下回分解。

图书在版编目（CIP）数据

爆笑山海经：一本正"经"的上古神话 / 梁爽，笠原 May 著 . —北京：东方出版社，
2022.11

ISBN 978-7-5207-2964-2

Ⅰ . ①爆… Ⅱ . ①梁… ②笠… Ⅲ . ①历史地理—中国—古代②《山海经》—研究
Ⅳ . ① K928.626

中国版本图书馆 CIP 数据核字（2022）第 160356 号

爆笑山海经：一本正"经"的上古神话

（BAOXIAO SHANHAIJING：YIBENZHENGJING DE SHANGGU SHENHUA）

作　　者	梁　爽　笠原 May
责任编辑	邢　远
出　　版	东方出版社
发　　行	人民东方出版传媒有限公司
地　　址	北京市东城区朝阳门内大街 166 号
邮　　编	100010
印　　刷	北京文昌阁彩色印刷有限责任公司
版　　次	2022 年 11 月第 1 版
印　　次	2022 年 11 月第 1 次印刷
开　　本	880 毫米 ×1230 毫米　1/32
印　　张	15.75
字　　数	240 千字
书　　号	ISBN 978-7-5207-2964-2
定　　价	98.00 元（上下册）

发行电话：（010）85924663　85924644　85924641

爆笑山海经

一本正"经"的上古神话

·下·

梁爽
笠原May

著

人民东方出版传媒
People's Oriental Publishing & Media
东方出版社
The Oriental Press

目录

目录

第四十回 ｜ **当皇帝也得看脸？**

接下来咱们跨越千年，回到上古时代，讲讲《山海经》里几场最著名的诸神之战。

第一场重大神战，就是围绕着轩辕黄帝留下的王位之争。

当时最有希望继承王位的人，是颛顼。《山海经》记载：

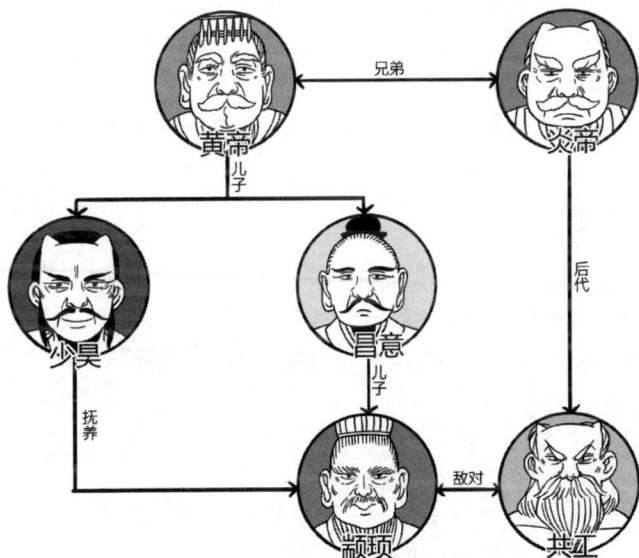

黄帝生昌意，昌意生韩流，韩流生颛顼。

这是重孙子。

颛顼是黄帝正妻嫘祖这一脉的孩子，他的爷爷、爸爸这两辈都不受宠，所以才轮到了这个重孙子。

颛顼的爷爷，也就是黄帝嫡子昌意，很早就被黄帝送去若水联姻了。这是个地名，就是今天四川的雅砻江。

当时在若水有个部落叫蜀山氏，骁勇善战，实力强大。黄帝为了广泛联络有战斗力的部落，就让昌意娶了蜀山氏的一位姑娘，还搬到若水去住了。这其实也是一种类似和亲的政治联姻。

《山海经》记载：**昌意降居若水。**

降居，就如同说女人"下嫁"一样，是说跟比自己地位低的人结合了。

昌意生了个儿子叫韩流。韩流生下来相貌奇特，《山海经》记载：

韩流擢（zhuó）首，谨耳，人面，豕喙，麟身，渠股，豚止……

这都啥意思呢？就是说他脑袋长长的、耳朵小小的，虽然脸大概能看出是人，却长着猪嘴还有猪蹄子，身上遍生鳞片，还罗圈腿——没法看了，真是相当非主流。

孩子刚落生，昌意就抱着他去见黄帝："您当爷爷啦，快来看看您这大孙子吧！"

黄帝也高兴啊，又见一辈人。乐呵呵地接过去一看！嘶～倒吸一口冷气："好么，长得够抽象的！这个，咱还要吗？不然就扔了吧……"

昌意舍不得呀："别扔啊，留着好歹是个玩意儿。"

后来这个韩流长大了，大概因为长得太寒碜，就娶不到贵族的女子。只好随便娶了一个小部落的女子为妻。《山海经》记载。

取淖（nào）子曰阿女。

淖子是个部落的名字，淖是三点水加个卓越的卓，其实就是烂泥的意思。就听这个名儿，也知道不是什么特别强大的部落。而且阿女也不是一个名字，就是一个姑娘的意思。也就是说韩流娶了一个沼泽部落里没名没姓的姑娘。这就是颛顼的母亲。

可是别说，颛顼生下来相貌还不错。从颛顼这个名字就能看出来，颛的本意是圆头胖脑的，顼的本意是头戴玉饰。颛顼小时候虎头虎脑很可爱，而且非常聪明，什么东西一学就会，一点就通。黄帝一看这孩子挺招人喜欢的，扔沼泽地里有点可惜了，就把他送到自己另一个儿子，白帝少昊那里去抚养。

黄帝有二十五个儿子，但只有两个是正妻嫘祖生的。一个是颛顼的爷爷昌意，另一个就是少昊。少昊教导颛顼琴棋书画，还有管理国家的知识。少昊也是一方霸主，驻守着西方。当然当时的四方跟今天的东西南北是有些差异的。少昊的地盘大约是在今天的山东省日照到江苏省连云港这一片，是几个势力很大的部落联盟的总首领。

少昊的宫殿在哪里呢？在长留山上。长留大家听着也耳熟吧？前几年特别红的连续剧《花千骨》，里面的男主角上仙白子画，就是长留派的掌门人，花千骨就拜在他的门下，引出了一场爱恨情仇。

这么一说大家就觉得很亲切啦，白帝少昊就住在这个长留山。

在长留的东边，就是少昊之国，国度外有一片荒野沟壑，称为东荒，隔着东荒还有一个中容国。

《山海经》记载：

东荒之中，有山名曰壑明俊疾，日月所出。有中容之国。

东荒，俊疾山，中容国，这几个名字耳熟不？

有一部仙侠剧叫《三生三世十里桃花》，杨幂饰演的上仙白浅，在变成凡人素素的时候，就是掉到了东荒俊疾山。她就住在俊疾山上跟太子夜华谈恋爱，还对着东荒大泽拜堂成亲。剧中还有反派妖兽赤炎金猊兽跑到俊疾山下的中容国为非作歹的情节。

可能看过电视剧比较熟悉这些情节。其实这些跟咱们的剧情没啥关系,很多仙侠剧这些设定,出处就是《山海经》。有了这些知识,再刷剧可能也会觉得更有乐趣。

顺便也提一下,赤炎金猊兽是龙跟狮子的后代。为什么说龙生九子,各不相同呢?因为龙很奇怪,喜欢跟不同的物种搞对象,要不然怎么可能生出九子都不像龙呢?龙跟狮子生的是狻猊,所以金猊兽长得像狮子;跟老虎生的是狴(bì)犴(àn),狴犴就像虎,跟乌龟生的是霸下,霸下就是乌龟长个龙头……

说远了,咱们继续说颛顼。颛顼在少昊的教导之下,成长为一个有为青年。所以在黄帝登仙之后,少昊拥护他即位,文武大臣们也觉得顺理成章。他登基之后依然遵循黄帝留下的仁政,把四方治理得也算井井有条。

可是也不是所有人都服气。此时炎帝的后裔共工要隆重登场了。

共工也想争夺王位,他有什么理由呢?您别忘了,炎帝和黄帝本来就是亲兄弟。所以共工就想,黄帝的后代有继承权,我是炎帝的后代,应该也有继承权。你们都没经过选举,直接内定了,这不公平!我也要出来争一争!

共工凭借什么力量去争夺王位,颛顼又是怎样应战的呢?且听下回分解。

第四十一回 | 套路之王——共工

上回说到，共工要跟颛顼争夺天下。说到这里，就先要介绍一下共工的族谱。

《山海经·海内经》记载：

炎帝之妻生炎居。炎居生节并，节并生戏器，戏器生祝融，祝融生共工。

也就是说，这共工论起来还得比颛顼再小两辈。这里说共工的爸爸是祝融，这就很奇怪了，因为《山海经·大荒西经》同时记载：**颛顼生老童，老童生祝融。**

祝融又变成了颛顼的孙子，成了黄帝的后裔。这就自相矛盾了。

咱们要讲故事，得先把两个祝融掰扯明白。

关于这段神话史，也有很多学者研究过，普遍的观点认为：祝融是一个官职的名称，是火正，也就是火神。无论谁当火神，都可以叫作祝融。所以炎帝和黄帝这两边的祝融，并不是同一个人。

因为祝融是火神，共工是水神，所以有些后世传说，认为共工与祝融因为"水火不相容"而发生了战争，这个在《山海经》是没有记载的。水火不容也有点想当然了，共工他爸爸就是火神，他对火神没什么仇恨，但也没什么兴趣。

共工小时候，祝融说："孩子，你将来继承我的位子，当个火神好不好哇？"

共工说："不好！我不喜欢玩火，玩火尿炕。我喜欢玩水，将来当个水神吧！"

但是共工长大以后，觉得仅仅做一个水神还不过瘾，他更感兴趣的是黄帝留下的宝座。

在后世的记载中，共工经常被丑化，因为他长着一脑袋火红色的头发，人们就想当然地认为他脾气火暴急躁，又因为他是造反失败者，就说他愚蠢凶残。

历史毕竟是由胜利者书写的，自然要丑化失败者，头发跟性格也没什么关系，有一脑袋红毛儿的人不一定就是爆脾气。

那么共工的性格到底是怎样的呢？《史记》上有一段记载：

共工善言，其用僻，似恭漫天。

意思是说共工这个人，虽然能言善辩，但是心术不正，看似恭敬，其实表里不一，欺上瞒下。当然这也是一段负面评价。可是我们从中至少可以看出，共工并不是一个暴躁的铁憨憨，他很会说话，还有些小聪明。

善言啊，在很多时代都是褒义词。封建社会历代君王都喜欢善言的人，现代社会也很重视语言表达能力。凡是那说话中听的人，在现代被称为情商高，在古代那更了不起了，常常被奉为圣人，是哲学家。

但是共工的善言为什么成了他的缺点呢？这有个关键点：因

为你要套路别人，别人要始终没醒悟过来，那你就是聪明；别人要是想明白了，那你就是狡猾。聪明和狡猾，就在一线之间。

共工这个人虽然很善言辞，但是说到做不到，所以留下个虚伪的坏名声。

咱们现实生活中其实也能遇到这类人。你说他坏吧，倒也不坏，就是嘴上说得天花乱坠，办事却不靠谱。

话说这一天，共工就在自己的大帐之中，召集起几个手下，想要商议与颛顼争夺帝位的大事。

凡是能参与这种事的，那肯定都是亲支近派。谁呢？是共工手下四员大将：玄冥、后土、浮游、相柳。

这四位，那都是跺跺脚整个四海八荒都要乱颤的角色，咱们一一介绍。

共工准备了一桌丰盛的酒宴，要跟这四位边吃边谈。

这也是中国人的传统，爱在酒桌上说正经事。

共工先是布菜，再来敬酒。四位大将受宠若惊，纷纷起身碰杯。酒过三巡菜过五味，共工端起了面前的青铜爵，满脸深情地说：

"各位将军今天齐聚一堂，把酒言欢，倒勾起我一桩心事。"

浮游紧接着就问了："什么心事啊？"

这领导说话啊，就得有个捧哏的，得有人恰到好处地搭下茬儿，引出领导要说的话，不然就冷场了。

共工看了浮游一眼，很满意，就接着说："想我祖上本是炎帝，跟黄帝是兄弟，平起平坐。我这位祖先，那真是英明神武，治理有方，使得万民称颂啊！"

众将齐声附和："对呀对呀，炎帝是贤明之主，了不起！"

共工说："我是不肖子孙，真是惭愧，对不起先祖。来，咱们先敬炎帝一杯吧！"

共工举起这青铜爵就一饮而尽。古代的酒器大，这一杯酒差不多就半斤。不过那时候提炼技术不强，没有高度酒，大概也就现在啤酒这个度数。而且古代的酒，是谷子酿的，过滤也一般，不是纯液体，还浆浆糊糊的，有点像酒酿。所以古代总说吃酒。

共工看着大家，再次仰天长叹："不知先祖的荣光何日才能重现呢？"

这时候浮游又赶紧接话："您今日愁眉不展，如此唏嘘感慨，是不是有心事啊？"

共工说："想当初黄帝强悍，他统治天下咱们也没有话说，可是现在颛顼继位，他做了中央天帝，恐怕难以威震四方，我心中怎么能不感慨呢？"

这时候玄冥就说话了："主上，颛顼确实配不上这个宝座。"

共工说："唉，他毕竟是黄帝后裔。"

后土就开口了："黄帝后裔又怎么样呢？您是炎帝后裔，炎黄本来就是一家，要从祖上算起来，您应该跟颛顼有同等继承权！"

——就等这句话了！

这句话后土也憋了好长时间了。因为后土是共工的亲生儿子。亲爹这点心事，他是了如指掌啊！就等着一个合适的时机，把话挑明了，才好谋划大事。

上古战争虽然多，但都讲究一个名正言顺。不管真实目的是什么，必须有个特别正义的理由，占据道德制高点。譬如说咱们说过的阪泉之战，黄帝打炎帝，史书记载就要说"黄帝行道而炎帝不听"，这就是说黄帝是仁义的一方，炎帝不听仁义的教导，所以才挨打。其实黄帝到底要实行哪条政策，炎帝怎么就不听了呢？没有什么实际的例子，就是一个说辞。

现在后土也为老爸共工找到了说辞：炎帝黄帝是兄弟，那么他们家后代能继承帝位，我们家也能，都是一家人嘛。

共工听了非常高兴，眼看几位大将纷纷点头，只有相柳没说话。共工就有些担心了：这相柳将军战斗力超强，我要抢夺天下他必为先锋！此刻相柳没有随声附和，莫非不同意吗？

共工的动员大会到底能不能成功？咱们下回接着说。

第四十二回 | 吃土的凶神——相柳

上回书说到，共工想造反，先要动员心腹大将。

这四位大将也是各有特色。

后土不用说了，那是亲生儿子。

玄冥跟共工也是老交情了，他是冬天之神，会制造冰雹、暴雪之类，擅长的也是水系法术，辅佐共工多年，一直是忠心耿耿。金庸先生在小说《倚天屠龙记》里塑造的反派人物玄冥二老，他们打了张无忌一掌，就叫玄冥神掌。张无忌每次发病都是冻得浑身颤抖，因为这掌留下的是寒毒！

浮游呢，是个好捧哏的。共工能言善辩，还得全靠有浮游在旁边察言观色接下茬，一捧一逗是相得益彰。浮游是类似军师这么个角色，是个文官，战斗力不太强。

四将中战斗力最强的，还是相柳。

相柳是《山海经》当中最有名的凶神之一，他的化身是一条巨大的蛇，长着九个脑袋。

九头蛇！这个太厉害了！美国大片《复仇者联盟》里面最大

的反派组织就叫"九头蛇"，不知道是不是也受了《山海经》的影响。

相柳平时也是个人样，打仗的时候呢大喊一声：九头蛇，变身！就变成了巨大无比的九头怪兽。那是"真·大蛇无双"。有多大呢？《山海经》中记载：

共工之臣曰相柳氏，九首，以食于九山。

他这九个脑袋可不是一般的大，可以同时在九座山吃东西。吃人，吃动物，还吃土。跟咱们现在说的穷得只能吃土了不一样。相柳是真能吃土，他倒也不是爱吃，就是有时候山上的野兽等动物都让他吃光了，还没吃饱，就连土也啃，一吃就是一座山。他不但能吃，他还能吐——《山海经》还描述说：

相柳所抵厥为泽溪，其所歍所尼，不辛乃苦，百兽莫能处。

这是说，相柳还有一项杀伤力巨大的技能，他浑身散发着恶臭的毒气，整个身体都具有腐蚀性，连他经过的土地都会变成沼泽。歍就是呕吐的意思，他能吐一种又苦又辣的物质，能污染环境，让任何动物都无法生存，更不用说人了。简直就是化学武器！

共工设下酒宴款待四将，借着后土的口，说要争一争王位，其他人都连声赞同，唯独相柳没说话。他为什么没说话呢？因为在忙着吃红烧肉，酱肘子，还有大鸡腿儿……

共工一看差点气乐了。相柳这个吃货，见啥吃啥。但是这位战斗力强啊，必须要笼络，所以共工就和颜悦色地说："我其实也不是想争天下，就是希望百姓都能穿得暖，吃得饱。"

相柳一下就听见了："吃？还吃啥？"

浮游说："吃货！你也不想想，共工他老人家如果得了天下，那你还不是想吃啥就吃啥吗？"

相柳一听高兴了，想吃啥吃啥？好呀，我同意！

要知道这个时候，颛顼已经登基了，想争天下，就是造反。

但是相柳是个粗胚，只要有肉吃，他就敢造反。

于是共工再次举杯，敬这四员大将："日后事成，我保证你们都能掌管山海，成为一方霸主！"

四位齐声答应："愿效犬马之劳！"

这顿饭吃得是宾主尽欢。

酒宴之后，共工单独把后土留了下来，商议大事。

后土的技能可了不得。共工是水神，他这个儿子是土神，这父子俩的能力，还颇有关联。

上古时代，经常洪水泛滥。每当发洪水，百姓受灾，共工就到处治理——从这一点看，共工还是做过很多好事的。他治理洪水的主要方法，就是用土来填。咱们现在知道，堵不如疏，疏通水路是治理水患更好的办法。可是古人还不知道呀，共工这个方法在当时来讲是比较合理的。俗话说"兵来将挡水来土掩"，说明自古就是用土来治水的。

后土就是专门掌管土地的神。人们常说"皇天后土"，这后土就是指共工的儿子。

有人可能听说过，后土娘娘那不是个女神仙吗？其实到了周朝以后，人们才渐渐把后土称为娘娘。因为阴阳学说逐渐开始兴起，人们认为天为阳地为阴，既然大地是阴性的，所以就把后土给变性了，成了大地母亲。其实在《山海经》里面后土是男的。

当年黄帝在凡间的时候，后土还曾经辅佐过他，是黄帝的附属神。因为黄帝的属性是土性的，黄土地嘛。但是黄帝登仙之后，颛顼继位，后土就看他不太顺眼了，于是干脆就辞职回到了亲爹共工的身边，帮他治理水患。

后土不仅掌管土地，还掌管阴间。

有人又要忍不住反驳，阴间是阎王爷的地盘呀，怎么成后土的了？

您有所不知，上古时代还没有阎王的概念，这个阴司体系是随着佛教的传播，从印度传到中国来的，属于舶来品，进口的。阎王的全称是"阎罗王"，连这三个字，也是梵文的音译，不是中文。

中国本土的阴间，就是后土的地盘。他不仅掌管土地，连地下的事儿也管。

共工跟后土商量，说："咱们这场战役啊，固然要靠将士的战斗力去厮杀，你掌管阴间，咱们这边死了一批战士，你把他们从地府放出来，来个满血复活！"

后土说："哎呀，满血有点困难，这阴阳相隔是天地法则，这么随意会遭天谴的。"

共工说："就算不能满血，半血也行啊！那也划算，咱们要是能持续输送战力，打着打着人数就占压倒性优势了，那颛顼还不得把天下拱手相让！"

后土一听，有道理，但我不能一上来就用法术，那样消耗太大了，只能等到关键时刻再用。

父子二人商议得兴高采烈，一场大战即将在华夏之地，拉开序幕。

第四十三回 ┃ 四大凶兽隆重登场

共工准备造反，已经开始暗地谋划了。

颛顼也听到了一些风声。

颛顼手下，有一位消息特别灵通的小神，叫作骄虫。他的职务很有趣，掌管天下螫虫。螫就是像蜜蜂那样螫人的虫，也就是说全天下会螫人的虫子都归他管：什么蜜蜂马蜂大黄蜂，各种有毒针的虫子，就连蝎子都算。别看蝎子在现代动物学里属于节肢动物，在古代没分这么细致，尾巴有毒针的都归到毒虫一类里。他掌管的毒虫也不只会螫人，那些会飞的还很方便传递信息，所以他消息比较灵通。

这位骄虫长什么模样呢？这脸倒也是个人样，奇特之处是他有俩脑袋，所以他老爱自己跟自己说话，意见还经常不统一，有点人格分裂那意思。

骄虫听说共工图谋不轨，赶快来向颛顼汇报：

左脑袋说："您听说了没有，共工要造反啦！"

右脑袋说："废话，他肯定不知道呀，知道了还用你汇报！"

俩脑袋又吵上了。

颛顼也没大惊小怪，就问："我确实不知道，到底怎么回事啊？"

左脑袋说："圣上啊，共工到处散播流言，说您德不配位，不配做天下共主！"

右脑袋说："那算什么，流言蜚语不足为患，主要是他策反了一些对您不满的小神，已经开始招兵买马了！"

颛顼一听就明白了，不由得微微冷笑啊："共工是炎帝的后人，他们这一族早就被我祖爷爷轩辕黄帝打残了！都过去这么多年了，共工还想与我争夺天下，真是痴心妄想！"

骄虫左脑袋就说了："您可千万不能轻敌，共工手下有几员大将，就说相柳，一变身跟座山似的，九个脑袋，逮什么吃什么，可不好对付！"

右脑袋说："相柳不足为患，那就是个吃货，煮两锅红烧肉就骗走了！应该小心的是浮游，这个家伙很阴险，专门给共工出谋划策。"

左脑袋说："浮游就会耍嘴皮子，他没有战斗力呀，可怕的是玄冥，那家伙会下大冰雹，砸脑袋上就是一个窟窿！"

右脑袋说："下冰雹有什么可怕的，最可怕的是后土，他以前是咱们这边的，就是共工当初派来的卧底，熟悉咱们内部情况！"

说着说着俩脑袋又吵起来了，把颛顼气得大喊一声："知道了知道了！外边儿吵去！让我静静！"就给轰出去了。

颛顼静下心来，想想己方兵力还是很强大的，应该不怕共工。至于像相柳这样强悍的单人战士，应该由专人去对付。于是颛顼就想到了自己家族里的三个狂野战士。

这三位都是凶兽化身，完全可以跟相柳媲美，名字大家都很熟悉，就是饕餮、穷奇和梼杌。

饕餮的出身，记载很含糊，在战国古籍《春秋》上记载：

饕餮者，缙（进）云氏之不才子也。

缙云氏其实就是黄帝的别号。黄帝的正妻嫘祖只生了两个儿子，但其实他一共有二十四个儿子。饕餮就是其中之一。为什么叫不才子呢？意思就是这个儿子不学好、不长进，给他爸爸丢人了。

饕餮大家都知道，是个吃货。饕餮在古代绝对是个贬义词。不过到了现代，人们开始在一些正面的情况下使用饕餮这个名字。

譬如说善于寻找美食的美食家，可以称为老餮。这个词就不带任何贬义了，是用来形容对食物有品位的人，不但会吃，还了解其中的饮食文化。

再譬如盛大的集会，经常称为"饕餮盛宴"，很多广告大标题就爱用这个。跟食物无关也可以用这个词来形容，只要是数量多、种类丰富，都能这么形容。

所以一提到相柳，颛顼马上就想到饕餮了，因为这俩都是吃货，旗鼓相当啊。饕餮除了特能吃也没啥本事，在黄帝后代中非常不受重视，这回终于可以派上用场了。

还有一个穷奇，是少昊的不才子。颛顼是由少昊抚养长大的，穷奇论起辈分来还是颛顼的叔叔。这家伙体型巨大，长得像老虎，背生双翅。穷奇为什么也是不才子呢？因为他脾气非常古怪。看见别人吵架，就过去给人评理，评完了之后把有道理的一方吃掉；如果他听说某人忠厚老实，就去找这个人，把他的鼻子咬下来；听说某人作恶多端，就捕杀一些猎物赠送给他作为奖励……您说这叫什么脾气？他这叫惩善扬恶啊！所以被称为凶兽，颛顼看在白帝少昊的面子上才没有收拾他，但是也不可能重用啦。

哎，这回想起穷奇来了，不如就让他上阵杀敌，哪怕当个炮灰也是好的！

再说第三位，梼杌，这是颛顼的不才子——你看看，每一辈都得出这么一个与众不同的后代，颛顼自己也有。

梼杌长着人脸，虎身，嘴里伸出像野猪一样的獠牙，尾巴有一丈八尺长。

古籍《左传》评价说：

颛顼有不才子，不可教训，不知话言，告之则顽，舍之则嚚（yín），傲狠明德，以乱天常，天下之民谓之梼杌。

大意就是说这家伙不懂好歹，油盐不进，啥也不懂还不听劝，所以老百姓给他取名叫梼杌。

您看，"**民谓之梼杌**"，这名字是民众给取的。梼是捣的意思，杌是实心的木棒。所以梼杌其实就是棒槌的意思。这个跟现代表达很像，尤其北方口语里面，也把特别顽劣还啥都不懂的人叫棒槌。

这回，颛顼就准备起用家族中名声最坏的这三大凶兽。

《山海经》四大凶兽，这就介绍了仨。

这些凶兽，有黄帝的不才子，少昊的不才子，颛顼的不才子，怎么都是这个家族的呢？难道说炎帝家族，共工那个阵营里，就没有谁生出什么不肖子孙吗？

那么下回，咱们再介绍一只来自共工部落的凶兽。您不妨猜一猜，这四大凶兽的最后一只，到底是哪个呢？

第四十四回 | **混沌：**
倒霉的"生死之交"

《山海经》四大凶兽，其实跟三皇五帝一样，从古至今衍生出很多不同的版本，什么十大神兽，四大凶兽，也包括咱们提过的龙生九子，每个版本都多少有点不一样。

咱们要说的来自共工集团的这只，是四大凶兽之末，名字叫作混沌。

混沌这个词的本意，是古代的物质和时空观念中一种迷离状态，这种观念是很先进的。现代科学家们认为，宇宙是在大约137亿年前一次大爆炸形成的。当时所有的物质和能量被炸开，那个状态就叫作一片混沌。之后才从混沌之中渐渐形成各种星系，恒星、行星，然后才有生命。古人想象的宇宙最初也是一片混沌，跟现代科学不谋而合。

这只上古凶兽叫作混沌，是因为他的状态也很迷离。汉代《神异经》描述：

　　有兽焉，其状如犬，长毛，四足而无爪，有目而不见，有耳而不闻，有人知性，有腹无五藏，有肠直而不旋。人有德行而往抵触之，有凶德则往依凭之。

　　简单翻译一下，就是混沌的外形像狗，一身长毛，有腿但没有爪子，有耳朵听不见，有眼睛看不见，肚子里也没有五脏，肠子是直的而不像别的动物都是弯曲盘绕的。

　　这是身体的描写，最后一句性格描述最关键：**人有德行而往抵触之，有凶德则往依凭之**。这就是说他对品行好的人非常抵触，讨厌好人，遇到指不定还揍一顿；要是遇到道德败坏的人呢，就乖得跟小狗儿似的可听话啦！——四大凶兽共同的特点是，不仅长得奇形怪状，重点是三观不正！

混沌虽然在炎帝的阵营，但不是谁的不才子。他是当初跟蚩尤一起造反的某个首领死后怨灵所化，因为觉得自己死得冤枉，所以含着一股怨气，封闭了七窍。那么混沌有没有参加这次战役呢？没有，因为他很早就死了，死得还很冤枉。

《庄子》中记载了这么一个故事：

> 倏与忽时相与遇于浑沌（混沌）之地，浑沌待之甚善。倏与忽谋报浑沌之德，曰："人皆有七窍以视听食息，此独无有，尝试凿之。"日凿一窍，七日而浑沌死。

就是说混沌有两个好朋友，一个叫倏，一个叫忽，这俩字合起来就是倏忽，倏忽之间，形容很快。这倏和忽，经常跑到混沌的地盘作客，混沌对他们俩非常好，特别友善——注意啦，混沌的喜好很特别，所以倏忽肯定都不是什么好东西。

时间长了，这倏和忽就商量，倏说："认识这么长时间，这混沌真是对咱们太好了，可以说是生死之交了。"

忽说："对呀，他对咱这么好，还经常抓那些好人来煎炒烹炸、焖熘熬炖，真是无以为报啊！"

倏就提议："你看，所有人都有七窍，就混沌没有，不如我们帮他把七窍打通作为报答吧？"

两位一拍即合，就找来什么凿子、锤子，开始给混沌凿七窍。

说了半天，七窍到底是什么呢？窍就是窟窿眼儿的意思。七窍其实就是指脸上的眼、耳、口、鼻。有人说这不才四窍嘛？您得这么算啊，眼睛是一对，耳朵是一对，那鼻子还有俩鼻子眼儿呢！再数数，是不是七个？

倏和忽给混沌制造七窍，每天凿出一窍，连凿七天！嘿，您猜怎么着？七天之后，混沌被活活凿死了！

倏和忽也挺郁闷的。

倏说："你看看，把他弄死了。"

忽说："对呀，生死之交嘛，就咱们生，他死了，这才是真正的生死之交！"

倏还挺欣慰：虽然是死了吧，但起码他有七窍了呀！好事儿好事儿！

——这都什么朋友啊！

庄子这位大哲学家，为什么要讲这么无厘头的一个故事呢？按照庄子的风格，这显然是一个寓言故事。庄子想要表达的是自己清净无为的理想，认为顺其自然才是尊重事物的客观规律，不要从主观意愿出发去强求不符合自然的事情。

总之，混沌就这么不明不白地死了。提到他只是作为四大凶兽的补充说明，四只凑齐了就是：饕餮、穷奇、梼杌、混沌。

话说颛顼大帝制定了反击共工的计划：

饕餮、穷奇和梼杌，都去对付相柳，群殴！因为相柳厉害啊，他有九个脑袋呢！三只凶兽，每只得对付仨脑袋，不容易！

掌管毒虫的双头人骄虫，可以去对付浮游，浮游武力值不高，就拿马蜂蜇他！

玄冥是冬天之神，会下霜雪冰雹，颛顼决定派老祖宗的忠臣应龙去对付。大家没有忘记应龙吧？最早给女娲娘娘拉车，后来帮助黄帝打仗，参加过阪泉、涿鹿两大战役，是忠心耿耿的老臣了。在打败蚩尤之后，他法力受损，隐居南方。这也是南方多雨的原因。

这回颛顼又派人去请他来帮忙，应龙的技能也是水系，对付玄冥，那也叫棋逢对手，将遇良才。

至于共工的儿子后土，颛顼也想到了办法对付——你有儿子，我有孙子！

颛顼的后代很多，其中有个孙子最争气，就是咱们前两集刚提到过，跟共工爸爸一样职位的祝融。

他的本名叫作重黎，是因为当上了火正，掌管人间之火，才被称为祝融。为了避免混淆，这里咱们就用他的本名重黎来称呼。

重黎的爸爸叫作老童，这个老童不是打仗的材料，他的爱好是唱歌。你看看，同一个家族，什么性格的都有。有爱吃人的凶兽，也有爱唱歌的文艺青年。

老童不会打仗，但是儿子重黎很厉害，身高过丈，膀大腰圆，孔武有力，绿巨人那种类型的，又能打又扛揍！颛顼决定让他去对付后土。

共工那边已经点齐兵马，准备出发。颛顼这边也召集手下，精心布置，一场大战是一触即发！预知后事如何，且听下回分解！

第四十五回 | # 浮游：
脑子是个好东西

上回说到，共工和颛顼分别点将派兵，一场争夺轩辕黄帝身后宝座的上古神战，正式拉开了帷幕。

共工的人马兵分四路，围攻皇城。

颛顼也早就运筹帷幄，有条不紊地派出四路人马分别反击。

共工派出来这头一路，先锋官正是玄冥！玄冥施展法术，刮起了西北风，卷起狂风暴雪！在凛冽寒风之中掩映着清一色银盔银甲的大队人马，犹如一片银白色的潮水，直扑皇城！

颛顼安排谁迎战呢？正是应龙。应龙那也是老先锋官了，在黄帝跟炎帝阪泉之战时，就是打头阵的！当下摇头摆尾冲上前去，跟玄冥战在了一处。

另一边相柳化身九头巨蛇，一路喷吐毒气冲杀过来。迎面就冲过来三大凶兽：饕餮、穷奇和梼杌，嗷嗷怪叫着迎上前去，连踢带咬，就是一场肉搏！

军师浮游呢，爱动脑子，喜欢用计谋。兵将们很兴奋："军师军师！咱们，咱们赶紧上啊！冲啊！"

浮游不着急，慢悠悠地说："玄冥声势浩大，那是炫技，中看，未必中用；相柳更是一介武夫！肉搏战太没有技术含量了！就算打赢了，自己也得遍体鳞伤，搞不好九个脑袋还得丢几个。别看他脑袋多，可惜没脑子！我打仗，能跟他们一样吗？"

手下兵将就问："那您要怎么打呢？"

浮游说："此一战的成败，全看咱们了。全体穿上吉利服，听我号令，出发！"

上古有吉利服吗？那肯定有哇，甲胄外面披上点绿色的藤条、盖点树叶子，那不就是吉利服嘛！

浮游指挥着手下："大家安静，刀枪入鞘，战马摘下銮铃，马蹄都包上草。咱们要做一路奇兵，埋伏在重要关隘，等关键时刻突然冲出来，杀敌人个措手不及！"于是便带领兵马偃旗息鼓、曲折迂回，抄小路静悄悄来到颛顼城外要道，埋伏在道旁的丛林之中，等待时机。

浮游是万万没想到，颛顼派出来的双头小神骄虫，正是他的克星！

骄虫早就派出了各种毒虫到处巡察了！他手下的毒虫就相当于部队里的侦察兵，古代叫作斥候，唐宋以后叫作探马，专门负责侦察敌情。

这些毒虫的优势是体型小、行动迅速、数量巨大，还能全方位覆盖天空和地面——真是一等一的侦察兵，比人可灵活多了，不会被树林山峰阻挡视线。像蜜蜂这一类昆虫，都是复眼，视线覆盖面很广，同时嗅觉也非常敏锐。所以骄虫派出来的毒虫们，很快就识破了浮游军团的伪装，吉利服也瞒不住，这路兵马瞬间就暴露了！

骄虫一听汇报，哈哈大笑，一声令下："小的们来呀，给我蜇！"

可了不得了，就听丛林之中一片惨叫。部队最重要的就是行动统一，最怕发生混乱。可是这种进攻跟面对面打仗不一样，一群马蜂扑过去蜇，士兵措手不及，无法抵挡，连战马都被蜇得肿

得跟骆驼似的。

一时间丛林里是人喊马嘶，纷纷逃窜。

这场大战中第一个溃败的，就是军师浮游这支队伍。这几处战场，要说真正打得好看的，那还是后土和重黎这两队人马。

有人说打仗还有什么好看的，不就抢着兵器互砍嘛！其实不是，古代两军阵前，经常是主将先出列，阵前比武，捉对厮杀，分出一个高低上下。主帅分出胜负，士兵才上前冲杀。后土和重黎俩人就是走的这个路子。

这两边人马先要拉开阵仗，比一比气势，只见：

一队安排藤牌手，二队手持宝雕弓，

三队钢叉举过顶，四队铜锏好威风，

五队飞镰似鹰爪，六队长枪缀红缨，

七队挥舞青铜剑，八队金锤放光明，

九队钢刀托在手，十队连环绊马绳！

仔细看：

十面埋伏百员将，九子连环气势凶，

八方摆出八卦阵，七星宝剑舞半空，

六路封锁猛如虎，五色大旗把日蒙，

浮游　　骄虫

后土　　重黎

四马翻腾尘飞卷，三军呐喊一声声，

二龙戏珠冲霄汉，一场恶战鬼神惊！

　　这两边的士兵，都是队列整齐、盔明甲亮，出来的全是棒小伙子，太阳穴鼓着，腮帮子努着，脑袋上青筋蹦起得老高。马上的将官也个个顶盔掼甲、罩袍束带，一转身"忔楞楞"，一带缰绳"哗啦啦"，一拽宝刀"仓啷啷"。两边主将一抬手，几万人异口同声：吼！哈！

　　——好一派杀气腾腾！

　　重黎跟后土在两军阵前，各举兵刃就战到了一处。重黎使一杆通身冒火的长枪，后土呢，以土地神力化出两条长蛇神鞭，挥鞭迎战。两位也是棋逢对手、将遇良才，打得是难分难解。

大战几十个回合不分胜负，大队人马冲了上来，双方兵马杀在了一处！

这场混战，胜败如何，且听下回分解！

第四十六回 | **战争片变成恐怖片**

上回说到，双方的兵马展开了一场混战。

这么一打，后土可吃亏了。他的士兵数量没有重黎这边多。眼看着队伍步步后退，重黎那边却越杀越勇。这时候其他几路人马各自交兵的情况如何呢？

玄冥的冰雪之术，对应龙无效。人家是最高等级的龙种，还是水系的大神，玄冥的法术伤不了他。而玄冥这边禁不起应龙几次神龙摆尾，损兵折将。应龙施展法术，从天上降下大水，把敌方人马都冲散了。

相柳呢，跟三大凶兽一场肉搏，谁也没占着便宜，全都打得一身血，土地都被污染了——相柳的血都有毒啊！那块地方圆几十里是血腥无比，又脏又臭。

浮游更不用说了，他第一个败下阵来，全体兵将都发福了——都让毒虫蜇肿了。

后土撤步抽身逃出来，往四下一看，心说不好：四路大军竟然没有一路取胜的，这可怎么办！我呀，还是找爸爸共工去吧！

话说这些大将都在阵前交战，两边的头儿都干嘛呢？共工和颛顼难道就稳坐中军帐吗？

当然不是，共工和颛顼，这时候也已经在城下相见了！只不过他俩的战斗方式跟其他人都不一样！

这二位不动手，动嘴。当然了，可不能像相柳和饕餮他们那样，好歹一个现任帝王，一个当代水神，你咬我一口、我咬你一口地，那太难看了。

这二位怎么打呢？舌战！——就是嘴炮。

颛顼就说了："好你个共工！胆大包天！竟然起兵造反！"

共工一撇嘴："想当初咱们的祖上黄帝和炎帝本来说好平分天

下的，可黄帝太贪心，言而无信，连亲兄弟都容不下，把炎帝赶到了北边荒蛮之地，独占了天下。要从族谱上讲，我们炎帝一脉也有继承权；要从道义上讲，黄帝欺负亲兄弟——这于公于私，我都占着理呢！这怎么能叫造反呢？天下虽大，能者得之，谁规定都是你们家的！"

颛顼不善言辞，没有共工这么能说，让他这么一问，还就愣住了，一时不知道怎么反驳。

共工正得意呢，只见远远跑过来一队人，丢盔卸甲，狼狈不堪。仔细一看，为首的正是自己的大军师浮游！浮游这个形象可惨了，那满身满脸都是红彤彤的大包，就跟挂着一身气球似的，有几个肿得快赶上脑袋大了。

颛顼一看就乐了，这一看就是骄虫手下的毒虫给蜇的。颛顼脸上还故作惊讶，冲共工说："哟！这位是谁啊？您手下还有这样的大将军呢？这位大哥是什么情况，浑身都是脑袋，好几十个，厉害了厉害了……"

共工让他怼得脸都青了，翻着白眼，无言以对。浮游过来就说："头儿啊，不得了啦，我让别人给埋伏了！"

共工狠狠瞪了他一眼："还好意思说，赶紧一边呆着去吧，还嫌不够丢人呐！"

正说着呢，玄冥也来了，带着三五个人，个个都跟刚从河里捞起来似的。玄冥直嚷嚷："那个应龙太厉害了，他不怕冰雹，反而降下天水，把我的人马都给冲走了！"

共工一听着急啊，顾不上骂玄冥，赶快四下观望，想看看相柳那边打得怎么样了。

还别说，相柳没有败下阵来。相柳是个铁憨憨，一根筋，脾气直，被饕餮、梼杌、穷奇三只凶兽围着咬，已经被咬得跟血葫芦似的，就是不服输。相柳毕竟身形巨大，受点皮肉伤还能坚持。

共工刚松了口气，那边后土又来了，连滚带爬、连哭带喊跑到共工身边："爸爸哎，我的爸爸哎……兵力悬殊，咱们打不过啊！救命啊！"

把共工气得："你就给我丢人吧！我这正意气风发地嘴炮连击，把颛顼怼得哑口无言，你们一个个净掉链子！算了算了！既然兵力悬殊，那你还不赶快施展独门绝技复活术！"

一句话惊醒梦中人！

后土连忙施展神技，双手挥舞，带起阴风阵阵。

此时这场战斗已经持续一天了，天都快黑了。后土这边一施法，远远地从北荒幽都之山卷起一阵黑雾，雾中影影绰绰隐藏着鬼影幢幢，还隐约带着惨嚎之声，随着阴风就直奔战场而来！

阴魂还阳！——这就快成恐怖片啦！

突然间，只见战场之上，一片昏暗之中，倒在地上的尸体一个个忽忽悠悠地站起来了！

这些都是共工这方死去的战士，就看他们有的缺胳膊，有的

少条腿，要不胸口有个血窟窿，还有没脑袋的……一个个脸色惨白，眼神儿发直，嘴里呜呜怪叫，冲着颛顼的兵就扑过去了。

这谁受得了！

颛顼的人马四散奔逃！刚刚取得的大好局势，一瞬间就被逆转了！

颛顼大怒，指着共工骂："你们如此逆天而行，不怕报应吗？！"

共工高兴了："嘿嘿，先把你打败，报应不报应的以后再说呗！"

人到得意的时候，就容易飘，共工就飘了。

他是万万没想到，人家颛顼也有后招！

只见颛顼口中念念有词，望着天空大喊一声："神仙姐姐，快救命！"

共工一看，这位吓傻了？哪来的神仙姐姐？

颛顼往天上看，共工也往天上看。冷不防就听得云端之上传来一声断喝："哒！共工小儿，你给我住手！"

共工纳闷啊，也往上喊："你谁呀？凭什么你说住手就住手！"

云中人说："你难道不认识我？"

共工说："不认识！"

云中传来一阵大笑："哈哈哈哈！真是不知天高地厚，你坐井观天，天理不容，容光焕发，发家致富，富……互相伤害！你连我都不认识？！今儿，我就让你认识认识！"

第四十七回 | 女神又驾到

　　书接上回，大伙儿应该已经猜出来了，这位神仙姐姐，就是咱们熟悉的西王母。

　　共工举目观望，但见云端之上为首的是一位美貌女子，身着飘逸的五彩丝绸，头戴华丽的美玉饰品，端庄秀美，雍容华贵，她身边站着一位青衣侍女，也是仙姿飘逸；再往后看，还有三只青鸟昂首挺胸，九尾狐嘴持利剑，三条腿儿的蟾蜍口衔金钱，还有一只大白兔捧着个石杵在那捣药呢……

　　什么组合？共工寻思，这是卖药的吗？

　　大家看出来了，西王母这次出场，把宠物都带来了，也不用它们打仗，就讲究这么个排场。

　　颛顼一见西王母驾到，泪流满面，赶紧五体投地、大礼参拜，口中说道："女神救命！"

　　共工也有点儿心虚了，回头问左右的玄冥后土："这是哪家的女神啊？"

　　共工虽然不认识，可是后土认识！他掌管天下的土地，昆仑

山是西王母的地盘，他虽是不敢管，但是也有所耳闻，急忙跟共工咬耳朵："恐怕是昆仑女神西王母到了，这咱们可惹不起，赶紧行礼参拜吧！"

共工心里纳闷啊，西王母在众神之中最是超然，也不争名，也不夺利，几千年来不问世事，怎么会赶来帮助颛顼呢？

西王母为什么帮颛顼呢？

首先，后土召唤阴魂，违反天地法则。

但这个只是表面理由，深层的理由是什么呢？

那当然是看在轩辕黄帝的面子上。西王母早就收到颛顼的求助，说现在有人造反，抢我祖爷爷的江山，我要是打不过，还请女神出手相助。西王母一想，我跟小轩轩确实有点交情，他的后代子孙求到我这儿了，可以考虑帮个忙。

所以西王母出山最重要的原因是第二点——有交情。天下不平事多了，西王母也没时间整天到处行侠仗义。

现代其实也是这样，人情社会，有时候别人帮不帮你，主要还是看有没有交情。帮你是情分，不帮你，也是本分，没有人是天经地义要帮助你的。

现在共工和后土出了阴招，西王母还挺高兴，这回更名正言顺啦！我可不是为了儿女私情出手，是为了天下大义！

西王母最早掌管的是什么大家还记得吗？司天之厉及五残。

厉和五残都是上古灾星的名字。西王母管的就是灾祸、瘟疫和战争。你看看，战争就归人家管，还打什么呀！

共工知道来者是西王母，一刹那是心如死灰。

西王母轻描淡写地施展神力，不像后土又念咒又比画跟跳大神儿似的。人家就轻轻一挥手，阴魂一片哀嚎，身上飘出一道道黑影，直接魂飞魄散，所有复活的尸体又纷纷倒下——这回都彻底死透了。

只见西王母嫣然一笑："共工，这回认识我了吧？看在你跟小轩轩也沾亲带故，也算是他的重重重重重……侄孙子的分儿上，所以姑且饶你一命！"说罢驾起祥云，带着玄女和宠物们飘然而去了。

　　颛顼望空叩首，再次指挥兵马冲杀，这一次，共工的部队被杀得四散奔逃！共工也不废话了，带着手下扭头就跑。一看相柳还在那跟三大凶兽血战呢，也很感慨：这货虽然是个吃货，想不到还挺忠心，都到这份儿上了，还能死战到底不肯退缩。共工于心不忍，大喊一声："哥们儿！别咬啦！跑吧！"

　　相柳这才败阵逃走。

　　共工的人马全都大败而逃，颛顼本想追赶，正好骄虫赶到，颛顼就跟他商议。骄虫这右边脑袋就说了："斩草就要除根，这些造反的都得赶尽杀绝，一个不能留！"

　　左边脑袋急忙反对："你疯啦？你就没听见，西王母临走时说的那话吗？"

　　右："她说什么了？"

　　左："她说共工也是黄帝的重重重重重……侄孙子！这话啥意思你还不明白？"

　　右："两军交战，他们败了，弄死了天经地义！"

　　颛顼："停！别吵啦！你们都吵了一宿了，天已经亮了，败军早已跑远了！"

　　所以最后颛顼干脆做个顺水人情，没有追杀共工和他的手下。

　　那么共工和他的四员大将，结局如何呢？且听下回分解。

第四十八回 | 共工怒触不周山

蚩尤乱涿野，

共工谪幽邦。

郭隗致乐毅，

荆轲携舞阳。

今天这四句定场诗，出自爱国大诗人文天祥的一首长诗，叫作《保州道中》。保州，就是今天的河北保定。这首诗是文天祥在路过古战场的时候，感慨古今兴衰所写。

咱们选的这四句，每一句都是一个典故，都跟河北古战场有关。蚩尤乱涿野，这个就是涿鹿之战，发生在河北。共工谪幽邦，是说共工在造反失败之后，被贬谪到了幽州，古代的幽州，也是在河北一带。

后两句也顺便说一说。郭隗是战国时燕国的一位大臣，燕昭王为了振兴燕国，广纳天下贤人，为了让天下人都知道自己的爱才之心，特地为郭隗筑了一座黄金台，正式尊他为师，此举震动天下，所以乐毅这样有才能的人都主动来辅佐他，燕国因此强大了起来。虽说后来被秦国灭了，燕国也曾经强盛过一阵。我们后世说书经常提起：燕赵之地多慷慨悲歌之士，这说的就是燕国和赵国。

下一句说到的荆轲，是燕国太子丹派去刺杀秦王嬴政的。荆轲携舞阳，舞阳是个人，全名叫秦舞阳，是荆轲的助手。荆轲倒了霉了，带这么一位一起去执行任务。当时到了秦国大殿之上，舞阳吓得浑身颤抖，体似筛糠。本来捧着地图的人是舞阳，跟荆轲应该有个配合，结果他哆嗦得道儿都不会走了，荆轲只好自己献地图。图穷匕见这个故事大家应该都熟悉，最后荆轲刺杀失败。要是当时这个助手给点力，俩人配合好了，那中国的历史说不定就要改写了。

咱们再回头说这场发生在共工和颛顼之间的上古神战。

共工大败，乱军之中跟玄冥、后土、相柳、浮游四员大将都走散了，各自分开跑路。

颛顼也没追，就听双头人骄虫这俩脑袋吵了一宿，把时间都耽误了，当然更重要的是，颛顼也不想赶尽杀绝，要留一个贤德之名。

话说共工一路逃亡，跑着跑着，发现身边没人了！这才叫孤家寡人，惨呐！他心中郁闷，悲愤交加，心说老子没脸再活了，我死吧！

古籍《列子》记载：

共工氏与颛顼争为帝，怒而触不周之山，折天柱，绝地维，故天倾西北，日月星辰就焉；地不满东南，故百川水潦归焉。

这就是历史上著名的"共工怒触不周山"。撞山本来没有什么恶意，他就是不想活了，撞山自尽。可是万没想到这座山是连接天地的柱子，被他撞坏之后，天就往西北方向倾斜，所以日月星辰都是往西北方落下去；大地往东南方向下沉了，所以天下的江河湖海都往东南方向流淌。

《山海经·大荒西经》记载：

大荒之隅，有山而不合，名曰不周。

也就是说，这山是因为被共工撞坏了，撞成两截了，所以才取名叫不周山，意思就是不完整的山。

山是撞坏了，共工竟然一息尚存，被一位大人物给救了，保全了性命，这才隐匿不周山以外，寒暑之水河畔。这位大人物是谁呢？咱们要留一个悬念，先不说他，反正共工还会出场，再引起一番混乱。

共工的四员大将又去了哪里呢？

先说后土，他一路逃回自己掌管的幽都之山，也就是阴间的出入口。他知道自己触犯了天条，难得捡了条命，于是从此安分守己，在幽都把守，不再放鬼魂还阳。后来在附近兴起了自己的国度，当上了小首领，这个国家叫作大幽国。

《山海经·海内经》记载：

北海之内有山，名曰幽都之山。黑水出焉，其上有玄鸟、玄蛇、玄豹、玄虎，玄狐蓬尾。有大玄之山。有玄丘之民。有大幽之国。

这段描述很有趣，就是说幽都山周围的山丘是黑色的、水是黑色的，连居民和鸟兽全是黑色的。

这件事其实也有解释。

在 20 世纪 70 年代末到 80 年代初，考古工作者在辽宁省西部科尔沁左翼蒙古自治县附近，发现了很多上古遗迹。其中有石头垒的祭坛，有大型神庙，神庙附近还有 30 多座金字塔形状的石冢——就是石头堆砌的坟墓遗址，还有面积约 4 万平方米的城堡围墙地基。整个遗迹有 50 多平方公里，在上古算是很有规模的部落了。有考古学家推断，这里就是 5000 多年前的大幽国的遗址。其中出土的骨架带有尼格罗人——也就是黑人的特征。

《山海经》描述的大幽之国，鸟兽全是黑色，可能是一种夸张。主要还是因为这里的居民是黑人，可能鸟兽图腾也是黑色的，所以才有这种记载。也就是说后土建立了一个黑人国家。

至于中国为什么也会有黑人，有兴趣的话可以查阅一下人类迁徙史的相关资料。许多古人类学家认为人类起源于非洲的可能性较大。中国也早就有关于黑人的记载，像唐朝的昆仑奴，就是黑皮肤的非洲人种。

这就是后土的归宿。再过几代，就被老百姓给变性了，称为后土娘娘，专门掌管土地了。

那么后来阴间归谁管呢？在佛教阎罗王概念传入中国之前，传统的阴间管理员还有两位。第一位是泰山之神东岳大帝，这是比较早期的说法。后来道教理念中，掌管阴间的是鬼王之首酆都大帝。

佛教传入后，这个阴司的系统变得就越来越复杂了，形成了一整套的公务员体系：有五方鬼帝、十殿阎王、大小判官、黑白无常、钟馗、孟婆……这都是阴间的公务员。甚至很多历史名人死后都去阴间上班了，譬如咱们最熟悉的包公，在这个体系里就是第五殿的阎罗王，在阴司里还经常用铡刀铡鬼呢。

后土就说到这里。总之他虽然是罪魁祸首共工的儿子，但是没有被清算追杀，还被后代敬仰参拜，结局算是不错。

还有一位大将，就是冬神玄冥。他逃回北方之后，干脆就上书给颛顼，表示投降，颛顼接受了但是并不想见他，就下旨说，你别出来乱跑了，就在北海那边儿当个宅男吧。

玄冥没啥事老在北海里泡着，慢慢就产生了神奇的变化：身体变成了乌龟的样子，脖子细长，身上还缠着蛇——修炼成了神龟玄武。

有人要质疑了，他修炼成个啥不好，为啥要变成乌龟？

其实乌龟在古人的世界观里代表着一种天地法则，可不是今天所说的当王八的意思。

古人认为天圆、地方，而乌龟盖子这个形状，恰好很符合这种宇宙观。盖子上面是圆的，下面是平的呀，所以乌龟的形象在上古往往代表的是神的力量，很有面子！能做乌龟那是一件很光荣的事情。

不仅仅是在中国，在其他古代文明中也有关于乌龟的神话。譬如古印度，认为大地是一个圆形的平面，被四头大象驮着，那四头大象就站在乌龟的背上。

霍金的《时间简史》开头第一章就提到了这个神话。说是在一次天文学的演讲结束后，有个老太太来反驳："你说的那些什么宇宙、行星、地球围着太阳转……这都不对！这个世界其实是驮在乌龟背上的一块平板。"霍金也不好意思直接硬怼，就彬彬有礼地问老太太："那您说这只乌龟它又站在什么上面呢？"老太太说："你傻啊，当然站在另一只更大的乌龟背上！一只驮着一只，一只驮着一只，无穷无尽，这就是宇宙的本质。"

科学家竟无言以对。

这位老太太的说法，其实就是来自上古神话，而且很多不同的文明都有类似的描述。

您看，这也是知识点啊！其实很多古代神话虽然不是现实，但代表的是一种哲学世界观。霍金提到这个故事，其实就是告诉大家，真实的世界跟人们理念中的世界可能完全是两回事。

那么玄冥就变成了神龟玄武。咱们前面说过四大凶兽了，这回再说四大灵兽：青龙、白虎、朱雀、玄武。其中玄武的地位最高。为什么？因为到了汉代，道教盛行，乌龟不但象征世界的基础，还象征着长寿。道教对长寿这件事非常执着，所以很喜欢玄武，把他奉为真武大帝、荡魔天尊！到这个阶段，玄武的形象就更威风了，转化为一位高大的天神，脚下踩着乌龟，手上盘着腾蛇，这叫刚柔并济。

真武大帝是道教地位非常高的大神。这就是玄冥后来的归宿，可以说是修成正果了。

咱再回头说说那位大吃货，相柳。相柳当时伤得可不轻，带着一身伤，跑回共工之国，可是发现这里都没人了。老百姓都逃走了，大小官员也都归顺了颛顼。共工之国名存实亡，啥也没剩下。相柳脑子不太好使，也不知道应该咋办，身上又挺疼的——

让饕餮他们给咬的。于是他干脆就独自留下来养伤，有动物吃动物，没动物就吃土——这位生命力相当顽强，给点时间，回血不成问题。相柳的故事也没结束，咱就先让他养伤吧！回头再说。

要说共工手下最忠心的臣子，还是那位想埋伏敌人反而被敌人埋伏了的浮游军师。文人容易钻牛角尖，他虽然逃了出来，但是心里非常惭愧懊恼。作为军师，理应出谋划策，辅佐共工登基。结果呢，自己败得最快，也最惨。他觉得太对不起共工了，左思右想想不开，大喊一声："我不活了！"得，他也追随共工的脚步，去自杀了！

据《太平广记》记载：

晋平公梦见赤熊窥屏，恶之，而有疾。使问子产，子产曰："昔共工之御曰浮游，既败于颛顼，自沉于渊。其色赤，其状如熊。常为天王祟，见之堂上，则王天下者死；见堂下则邦人骇；见门，近臣忧；见庭，则无伤。窥君之屏，病而无伤，祭颛顼共工则瘳（chōu）。"公如其言而疾间。

这里记载的就是关于浮游下落的一个小故事。说的是春秋时期晋国的国君晋平公，有一次梦见一只红色熊在屏风那里窥探自己，醒来就病倒了。

他向很有学问的子产求教："我看到有只红熊在屏风那窥视，

这是怎么回事啊?"

子产就告诉他说:"当年共工有个手下叫浮游,跟颛顼打仗失败以后,跳河自杀了。他死后化为红色的怨灵,形状就像熊。要是在宫殿里看见他,国家就要亡;在门口看见他,臣子就要造反;您在屏风附近看到他……啧啧啧!"

晋平公吓坏了:"那就会如何呢?"

子产说:"那就啥事也没有!您只要祭祀一下颛顼和共工,病自然就好了。"

"……你别大喘气啊,吓死我了!"晋平公听了子产的建议,大举祭祀颛顼和共工,之后果然病痊愈了。

这就是浮游的结局:死后变成怨灵,到处晃悠。

这就是共工和手下四员大将的下落。其中的共工和吃货相柳,将来还要出场。

咱们回过头,再说说颛顼。

江山终于稳固之后,颛顼当然想的就是后继有人,于是娶了好几个媳妇,又生了不少后代。不过颛顼的后代,在神话史上绝对是一大批奇葩。下一回,咱们就说说家门不幸的颛顼大帝,都生出了些什么奇形怪状的后人。

第四十九回 ｜ **颛顼的那些奇葩鬼儿子**

上文说到共工集团被彻底打败，颛顼终于坐稳了江山，一坐就是七十八年。

《史记》记载颛顼统治的疆域："北至幽陵（今河北、辽宁一带），南至交趾（今广东、广西、越南一带），西至流沙（今甘肃一带），东至蟠 [fán] 木（今东海）。"

既然江山稳固了，就应该后继有人啊！于是颛顼娶了好几个媳妇，开始努力耕耘，创造后代。

但是很不幸，颛顼的后代里面，出了一大批奇葩。

有个咱们先前提过梼杌——就是那个棒槌——四大凶兽之一，这位在大战之后也到处瞎溜达，在民间名声一直很差。但您以为他就算奇葩了吗？太天真了！奇葩的还在后头呢！

在古代，医疗条件有限，经常有小孩子刚出生不久就夭折的。颛顼虽然身为帝王，也遭遇了这种不幸的事情。而更为不幸的是，这几个夭折的孩子，竟然都化为鬼怪，为害人间。

头一个鬼儿子，叫作疟鬼。疟疾发作是忽冷忽热，有发高烧的症状。其实发烧的原因多了去了，不都是因为得了疟疾。但是古人对疾病的了解有限，分类不太细致，因此几乎把高烧不退的病统称为疟症。而颛顼这个儿子，夭折之后化为疟鬼，就是民间传闻中散布疟疾病毒的鬼怪。而且这个传说持续了很久很久，久到什么程度呢？老舍先生的经典话剧《龙须沟》，开头那个赵老头生病发烧，四嫂子就建议他去药王庙烧香。烧香求的就是驱散"疟子鬼"。由此可见，一直到新中国成立前那个时代，很多老百姓依然相信，生病是被疟鬼纠缠造成的。您看看颛顼这个儿子，名声多差。

　　第二个鬼儿子，叫作小儿鬼。叫这个名字不是因为他幼年夭

折，自己是小儿，而是因为他喜欢吓唬小孩子。民间传闻，凡是婴幼儿无故哭闹的，都是因为被小儿鬼给吓着了。类似的民间传说，国外也有。早些年有个动画片叫《怪物公司》，怪物就藏在衣柜里，半夜出来吓唬小孩子。因为欧美也有类似传说，认为小孩子夜里哭闹是被妖怪吓的。咱们中国的小儿鬼，也是类似这样的鬼怪。他看着夜深人静，小朋友睡得很香甜，就悄悄来到床前，突然"啊——"一声叫把孩子吓醒！孩子一睁眼就看见有个鬼影冲自己龇牙咧嘴的，那能不哭嘛！

这个小儿鬼也真是够无聊的了，虽然危害不是特别大，但是非常让人讨厌。

这都还不算奇葩，最奇葩的，是我们至今人人讨厌的一个鬼怪，叫作穷鬼。不是开玩笑，真的是叫穷鬼！

宋朝有一部介绍民俗的文集，叫作《岁时广记》，其中提到：

颛顼时，宫中生一子，不着完衣，宫中号称穷子。其后正月晦死，宫中葬之，相谓曰：今日送穷子。

这段话记载了颛顼这个儿子短暂的一生。既然是帝王之子，那肯定吃的是珍馐美味，穿的是绫罗绸缎。可偏偏这个孩子从生下来就特别奇怪。"不着完衣"，就是不乐意穿完整的衣裳，爱穿破的！那宫里全是好衣服，没破的怎么办呢？他就拿蜡烛把衣服烧出窟窿来，把袖子撕烂再穿！人家给他拿来上等的美食，这孩子也不喜欢吃。就上厨房找点剩菜剩饭，甚至到泔水桶里去捞点吃的——搁现在就叫厨余垃圾！

因此宫里人就给这孩子取了个外号，叫"穷子"。放着好日子不过，非要过穷日子的熊孩子！

把颛顼给愁得呀，你说家里要是穷那是没办法，可是我坐拥天下，要啥吃的穿的没有哇，怎么就养了这么一个孩子呢？颛顼也没愁多久，因为这孩子很快就夭折了。正月晦死，晦日在古文中是指农历月的最后一天。也就是说穷子在某年正月最后一天死了——大概是因为吃不饱穿不暖吧，老吃厨余垃圾，那身体能好么！他死的时候，正好是正月过年的时候，宫里人埋葬他的时候，就说"今日送穷子"，其实是双关语，说今天把穷子送走了，那以后日子会好过。

他们日子倒是好过了！没想到这个穷子死后就变成了穷鬼，专门不让人过好日子。据说谁要是遇见他那就要破财了：小到丢个钱包，大到倾家荡产。所以这个穷鬼，是老百姓最恨的鬼之一。

在唐宋时期民间非常盛行"送穷""赶穷"的风俗。就是到了每年正月的月底，穷子死去的这一天，人们会在小胡同里面供上一碗白饭和几件破洞的衣服，祭祀一番，表示我们把"穷鬼"送走了！之后就迎接新一年富裕美好的生活了。

唐代大文学家韩愈还曾经写一篇《送穷文》，其中写道：

三揖穷鬼而告之曰："闻子行有日矣，我有资送之恩，子等有意于行乎？"

意思就是给穷鬼恭恭敬敬行礼作揖，跟他商量："听说您终于要走啦？我已经被您折腾得破了不少财了，钱都归你了，还不赶紧上路吗？"

穷鬼怎么回答的呢？原文很长，大意是说："我把你整这么穷啊，都是为你好。你虽然没钱了，但是因此有了清正廉洁的光环，两袖清风，正好可以名垂千古啊！"

也是，韩愈倒还真是青史留名了。接受过九年制义务教育的读者都知道，唐宋八大家之首嘛！韩愈的一生颠沛流离，动不动就被贬，还差点让皇帝给砍了。所以虽然也做过官，但人生大部分时间是穷困潦倒。他写的这篇《送穷文》，是一种自嘲，也是一种对权贵的讥讽，这篇文章非常有趣，可以去读一读。

再说颛顼，儿子没少养，可是没有一个成才的，都无法继承王位。那么这天下究竟要传给谁呢？咱们下回接着说。

第五十回 | **灶王爷是蟑螂变的?!**

上回书咱们介绍了颛顼的几个奇葩儿子，当然颛顼的子孙其实还有很多，也不是都夭折了！

有这么一个儿子，顺利长大了，事业发展也不错。他这工作还跟老百姓的生活息息相关，值得说一说。这个儿子名叫穷蝉，后来成了灶神，也就是老百姓常说的灶王爷。

乍一看他这个名字，树上的蝉，跟厨房炉灶好像没啥关系，为啥就成灶神了呢?

其实古代人在灶台附近经常看见的昆虫,并不是我们今天所说的蝉。古代还没有生物学,分类不是很细致,往往瞅着那些长得差不多的虫子,就都用一个统称。所以长得类似的昆虫,都叫蝉。

灶神穷蝉的原型是什么呢?就是炉灶周围常见的一种红褐色的有硬壳的虫子,它们特别喜欢在厨房生活,是一种杂食的、生命力超强的、蜚蠊目的昆虫,我们人人都熟悉的——蟑螂。

对喽,蟑螂很早就存在于地球上,历经沧桑,从未灭绝,小强嘛!生命力超级顽强。曾经有生物学家就说过,如果有一天,地球真的发生全球性的核战争,在人类以及各种生物都面临灭绝的情况下,只有蟑螂有可能活下来。科学家这么说当然也是有依据的。这核辐射有一个单位量,叫雷姆(rem),通常人类的身体能承受的辐射量,就只有五雷姆,总辐射如果超过八百就必死无疑!而蟑螂根据品种的不同可以忍受九千雷姆以上,最高达到九十六万雷姆。这生命力完全不是一个级别的!蟑螂不仅生命力顽强,种类也很多,目前地球上已知有六千多种蟑螂。就单说咱们中国,南方北方的蟑螂差异就很大了。那上海、深圳等地方的大蟑螂,跟北方小蟑螂,简直都看不出来是一个门类的虫子。

所以说古人把蟑螂也当作蝉,就不稀奇了。

蟑螂在四川俗称偷油婆,因为它们特别喜欢吃油腻的食物。

过去是土灶，厨房里也没有排油烟机，到处都油腻腻的，所以灶台周围很适合蟑螂生存，几乎家家户户都有。

考古学家发现，商周时期很多用于烹饪的鼎，在腹部都以类似蝉的花纹为装饰，官方就命名为蝉纹，是这个时期青铜鼎的明显特色之一。这个蝉纹，就跟灶上的蝉有关。

咱们再说回来，颛顼的这个儿子穷蝉，他的化身，就是小强同学。这位小强同学是个什么性格呢？他很聪明，但有个最大的缺点是特别八卦，就爱打听别人的隐私。知道了八卦还喜欢到处传，碎嘴子！甚至还要煽风点火。要是能挑唆得谁跟谁翻脸打起来了，嘿，那他可开心了！

这种人哪个时代都有，搁现在就叫串闲话，咱们一点都不陌生。用古龙小说里一个人物就可以说明，那就是十大恶人里最无聊的一位，叫作"损人不利己——白开心"。这种人挑事儿对自己不见得有啥好处，就是爱看热闹。

这个灶神小强就是这么个性格，尤其在兄弟之间他也串闲话挑拨离间，搞得一家人都鸡飞狗跳的。颛顼也发愁啊，这什么孩子，碎嘴子、话痨，这也不随我啊，我不怎么爱说话，共工才话多呢，这孩子有点随他！哎这怎么回事……后来因为小强兴风作浪，搞得颛顼这些孩子之间也非常不和睦。今天老大跟老二吵起来，明天五哥把六弟打了，简直是鸡犬不宁。颛顼没办法，瞅着这些孩子里头也没什么英明神武的材料，就把他们都打发到边远的地方去自己发展部落，各自建立小国家。关于这些小国家，咱们以后说大禹治水的时候再讲。

穷蝉呢，也被打发到民间当了灶神。小强到了民间是死性不改，还是很喜欢窥探人家的隐私，据说他每年腊月二十三就上天去打小报告。您别看灶王龛上的对联写得好："上天言好事，回宫降吉祥。"问题是他上天能言好事吗？！您看民间祭祀灶神用的都是麦芽糖、猪血糕、汤圆、黏豆包……这些特别黏的东西，就为把他那破嘴粘住，别乱说话。在所有的神里面，没有哪个是这待遇的，老百姓连话都不想让他说。

随着时代变迁，人们开始赋予灶王爷各种生动的形象，把别的民间传说融入其中，塑造了很多不同的灶王爷形象。甚至觉得灶王爷太孤单，还给他安排了一位老伴儿：灶王奶奶！经过上千年的演变，才变成今天我们看到的农村灶王贴画的形象。其实追溯其源头，灶王爷只不过是在灶台上吃剩饭的一只小强。

灶王爷的故事就讲到这里，颛顼的王位继承人依然没有出现！咱们下回再接着说。

第五十一回 | 颛顼变成了美人鱼

　　咱们上回说到，颛顼有个儿子穷蝉做了灶神，其实也算是修成正果了，直到今天还能享受人间香火——很多地方还保留着祭灶的习俗，尤其是农村。腊月二十三送走了，年初四还得接回来呢！灶王爷在厨房享有至高无上的地位，起码做什么好吃的他都能先闻闻味儿。

　　那说来说去，颛顼到底有没有儿子能继承王位呢？这事儿不光读者着急，人家颛顼也着急！

　　既然自己的儿子都不争气，那亲戚家的儿子也行。所以颛顼就在黄帝的其他后裔中选拔人才，相中了这么一个少年，叫作告。这个字不太常用哈，咱们为了讲故事方便，就管他叫帝喾，虽然他现在还没当上帝王。

　　帝喾是白帝少昊的孙子，都是黄帝一脉的后裔。

　　帝喾的爸爸名字叫蟜极。发音是桥梁的桥，因为他就是桥梁的发明者。

　　上古时代人们要怎么过河呢？水浅的就蹚过去，水深的就得

游过去，可是这两种方式都弄得湿漉漉的。蟜极很聪明，有一次他要过一条小河的时候，正好看到河边有一段倒下来的树干，一比量，树干的长短正合适，于是他就把树干抱起来，横搭在两岸之间，踩着树干过去了。后来他把这个方法告诉了小伙伴们，大家就把树干剥皮、磨平，经过加工之后，成为更为平稳的木板，专门用来渡河——这就是最原始的桥梁，虽然没有什么复杂结构，但是足以启发后人，这才逐渐制造出更复杂更结实的各种桥梁。正因为这个方法是蟜极发明的，所以这种跨越河流的东西，才叫作桥。

帝喾就是蟜极的儿子。

《史记》记载，帝喾是"生而神灵，自言其名"。

他一生下来就有灵气，别的孩子生下来，张嘴就哭。帝喾不一样，他一生下来，张嘴就说话："各位好啊，吃了吗？你们都是谁啊？"

他妈妈"嗷"一声，就吓晕了。蟜极赶紧过来看，一看这孩子，怎么刚生下来就张嘴说话，他也很紧张啊。还问我是谁，我是你爸爸啊！

孩子瞅瞅他："就你啊……好吧，既然你是我爸爸，赶紧给我取个名字啊？"

蟜极让他给问愣了！本来是想了几个名字，还没想好用哪个呢？

孩子说："得了，我自己取个名字吧，就叫帝喾！"蟜极说："地窖？"

孩子说："有没有文化？还冬储大白菜呢是吧？我这个帝是帝王的帝！"

好嘛，把蟜极吓坏了，赶紧捂着孩子的嘴："可别瞎说，这个帝字能乱用吗？这叫僭越啊！"

孩子挣扎开说："这我当然懂！我告诉你，我不是一般人，将来必然要君临天下。这个字，早晚用得上！"

这就是帝喾给自己取名字的故事。

这个孩子生下来就跟别人不一样，简直就是神童。一学就会，没学过的他也会！帝喾少年时就已经学识过人，才十五岁就被颛顼看中，把他召选进宫，允许他参与政务。

这很了不起了，十五岁就走上朝堂，参政议政，而且事事都能处理妥当，颛顼非常喜欢他。颛顼知道自己那些儿子都不足以担当大任，于是就正式把喾立为继承人。

颛顼活到多大呢，98 岁，相当高寿了。他死后，喾继承王位，正式被称为帝喾了。可是颛顼死了，他的故事还没完，因为他还没死透……

《山海经》记载：

汉水出鲋鱼之山。帝颛顼葬于阳，九嫔葬于阴，四蛇卫之。

这是说颛顼娶了九个媳妇，死后都跟他一起葬在鲋鱼山，有四条巨蛇守卫着陵寝。可是接下来又说了：

有鱼偏枯，名曰鱼妇，颛顼死即复苏。风道北来，天乃大水泉，蛇乃化为鱼，是为鱼妇。

就是说颛顼刚死，就复活了！可是并没有复活为人类，而是变成了一种半边身子干枯的怪鱼！传说在北风起时，天降泉水，有蛇就会变化为鱼。颛顼的魂魄就趁着蛇鱼变化不定的时候，附身其上，重新复苏！而颛顼变成的怪鱼，就被称为鱼妇。

值得思考的是，这个妇是妇女的妇，好像颛顼复活的时候不但物种改变了，连性别也不一样了。

《山海经》还描述，在鱼妇生活的水域周围，有一个氐人国，这个国家的人，长着人面鱼身。两晋学者郭璞在此处还特地注解了一下："尽胸以上，人；胸以下，鱼也。"

大家觉得熟悉吧，跟西方传说中的美人鱼形象相似，上半身是人，下半身是鱼。

颛顼化为的怪鱼鱼妇，就生活在这个国家的附近。这个复活，看起来好像没有任何价值，实际上体现了上古时代就已经存在的"灵魂不灭"的思想。所谓万物皆有灵，人们总希望人死了不是真的死了，而是化为了其他物种。

至于颛顼帝的历史评价，按理来说应该很高的，疆土那么广阔，人民也算安居乐业，管理天下也没出什么错。可是他生了太多不争气的孩子，什么散播瘟疫的，吓唬小孩的，让人破财的，还有凶兽梼杌……因为这些后代太丢人了，以至于连颛顼都被后世讽刺为"疫神帝"，就是瘟疫的疫。所以在上古帝王中，颛顼也算相当倒霉的一个存在了。辛辛苦苦一辈子，没落下一个好名声。

不过颛顼的后代中，有个大家都喜欢的人物，就是彭祖。

说相声的唱太平歌词就有这么一句：彭祖爷寿高颜回命短。

上半句说的就是有史以来寿命最长的人，彭祖。下半句的颜回，说的是孔子的弟子。颜回是个少年天才，十三岁就拜孔子为师，列为孔门七十二贤之首。孔子最喜欢这个弟子，可惜他四十岁就死了。当时孔子还在，最得意的弟子却死了，这正是黄梅未落青梅落，白发人反送黑发人啊！所以人们感叹颜回命短，其实是惋惜这么优秀的人，太早去世。

彭祖据说是寿活八百！这个就厉害了，不但比颛顼长寿，比老祖宗黄帝还长寿呢！黄帝才三百岁呢。

那么彭祖为什么能活八百年呢？下一回咱们再接着讲彭祖的故事。

第五十二回 | ## 跟老婆说实话付出的代价

传说彭祖从尧舜时代就出生了，一直活过夏商两个时代，寿活整整八百年。

那他凭什么能如此长寿呢？几千年以来对于这桩公案是众说纷纭。咱们先往早期看，战国大诗人屈原所写的《天问》里面，就提到了彭祖，说：

彭铿斟雉，

帝何飨？

受寿永多，夫何久长？

别看就短短几句诗，信息量很大。

彭铿是彭祖的本名。他是因为长寿，才被后人尊称为彭祖。"彭铿斟雉"，雉就是野鸡。

当时的传说是这个版本：因为彭祖炖了个野鸡汤献给天帝，天帝喝了很开心，就让他多活几年。《天问》问的**帝何飨？飨**就是享用饮食。屈原也想不通啊，这堂堂天帝为啥喝一碗野鸡汤就让他长寿了？——那天帝眼皮子有点浅啊，没吃过好东西？

后一句"受寿永多，夫何久长？"也隐含着一段故事。

传说彭祖去世之前，儿孙都围绕在床前，等着老祖说遗言。只听彭祖长叹一声说道："哎，我这个睡觉的枕头有点高了，没调整到最佳的位置，我觉得是这个事损害了我的健康，以至于我这才八百岁就要'夭折'了，真是遗憾啊……"

你说这老头儿可气不？活了八百岁，还觉得寿命太短了。

所以屈原这句就是反问他：**夫何久长**？

意思是八百岁你还嫌不够多？大致这么个意思吧！屈原也是

颛顼的后裔，很给颛顼这一脉增光添彩了。他的诗歌里面保留了很多上古神话的原貌，我们后面再讲其他故事，还得提到这首《天问》。

等到出现了佛教的阴司系统以后，彭祖的传说就变得更曲折离奇了。虽然这个故事跟《山海经》的神话体系不同，但是挺有意思的，咱们也讲一讲。

话说彭铿年轻时有一个好朋友，名叫白小七。彭铿喜欢谈论养生之道，白小七经常加以指点；而白小七喜欢美食，彭铿又擅长烹饪。所以他们就经常见面，吃着美味佳肴，交流养生秘诀。

有这么一天，白小七带了一坛酒来，可是彭铿比较注重养生，滴酒不沾。没办法，白小七就自己把酒喝光了。这一坛子喝完，他可就喝大了，酒后吐真言，对彭铿说：“你知道我是什么人吗？”

彭铿说：“你不是白小七吗？”

白小七哈哈大笑：“实话对你说了吧，我乃是阎王爷手下勾魂的白无常，人称七爷，所以我自称白小七。”

彭铿听了，不但没害怕，反而很好奇，就忍不住问：

“你要真是白无常，应该见过生死簿吧？听说所有人的寿数都在上面写着呢。不知道我能活多少年？你帮我看看？”

白小七醉醺醺地，真就从怀里摸出生死簿，随手翻了翻，对彭铿说：“瞧瞧，这写着呢，你今生有六十年的阳寿！这也算得是高寿，你今年多大？"

彭铿说："我今年五十有九……啊？！"

彭铿大惊失色，原来我就剩下一年阳寿了，不由得泪流满面，苦苦哀求："不行啊，我还想活啊，咱俩是老铁，你能不能帮我改长一点，或者干脆把我名字给划掉得了！"

白小七说："咱俩交情这么好，我当然愿意帮你。但是生死簿又不是凡间书册，拿支笔就能随便改。我也没有修改权限啊！"

彭铿跪地哀求，白小七伸手搀扶，俩人这么一折腾，生死簿就失手掉在了地上。巧了，这时候用来穿钉书册的纸捻儿断了。古代的书册，是用棉纸搓的绳子装订的，这绳子一断，册子就散了。

白小七灵机一动，刚巧彭铿的名字就在底边儿上，他就轻轻把有名字的纸边撕了下来，搓成纸捻儿，把生死簿又穿好了。这样一来，彭铿的名字可没离开生死簿，没修没改，就在里面呢，可是谁也看不见，这样阴司就不会派鬼差来勾魂了。

打从这一天起，彭铿就自由了，可劲儿地活吧，再也不担心阴间来勾魂索命了！

彭铿一生娶了好多媳妇，倒不是花心，主要是哪一任老婆也活不过他！彭铿活了八百年，死了一个媳妇，就得续弦，所以这辈子他总共结了五十回婚。

彭祖最爱的，是第五十号媳妇。这位又漂亮又能说会道，把老爷子哄得五迷三道的。可是时光飞逝，这五十号心里也琢磨："我日渐衰老，怎么我这老公还倍儿精神？这里头有问题，我得打听打听。"

于是她找个机会，趁着彭铿心情好，就撒娇说："你到底是不是真心爱我呢？"

彭铿说："当然是真心！跟你说，我这辈子娶的五十个老婆里面，我最爱的就是你！"

他媳妇听着纳闷："你都娶过那么多了？"

彭铿有点得意忘形，随口就说："因为我都活到八百岁了嘛！"

五十号媳妇就问："哟，那将来我死之后，您是不是还得再娶啊？"

彭铿说："那当然啊，男子汉大丈夫岂能无妻，当然还得续弦！"

您看这情商就很低了！

五十号听了这番话，嘴上没说，可心里生气，不久之后就郁郁而终，上阎王爷那报到去了。

阎王爷按照惯例查问时，这媳妇双膝跪倒向上回禀，说："启禀阎王老爷，民女乃是彭铿的第五十任妻子。"

这话可是故意的，阎王爷一听就愣住了：啥？第五十个？

有人说五十个也不奇怪，不是一夫多妻制吗？其实从周朝开始，就已经实行一夫一妻制度了。你就算娶回家一百个，那正妻也只能有一个，其他妾、姨娘，还是通房大丫头，都不可以称为妻。妻子要是娶到了第五十个，那这个丈夫他得活了多少年啊？

阎王爷闻听此话疑心顿起，于是仔细盘问，这才知道彭铿已经寿活八百！阎王爷震怒："什么人能逃脱阴司勾魂？太不把我这个阎王放在眼里了！马上派人，去阳间捉拿彭铿！"

您瞧瞧，要不是这位五十号"贤妻"，彭铿还有可能再往下活。事情戳破，那就没有办法了，彭铿就被阎王捉拿到案，在阴间跟这位"贤妻"团聚了！这才叫生死相随、永结同心嘛！

因为彭铿的长寿闻名天下，他的家乡徐州，就被称为彭城。正史中对彭祖的故事，有个比较合理的解释：彭祖其实是大彭国的首领，所谓彭祖八百年，不是指这个人活了八百年，而是大彭国持续了八百年。不管怎么说，彭祖长寿的故事，已经脍炙人口，流传天下了。

彭祖既然娶了这么多媳妇，那后代肯定不少了。在众多孩子里面，最有名的是两个儿子，一个叫彭武，一个叫彭夷。这俩儿子隐居仙山，修身养性，当地居民把他们当作神仙来供奉。后来这座山，就被命名为武夷山。

这就是彭祖的传说。下一回咱们就说说颛顼传位给帝喾之后，又发生了什么样的故事。

第五十三回 | # 这孩子是充话费送的

咱们再回到上古，说说继承了颛顼王位的帝喾。

这位帝王的历史评价特别高，司马迁在《史记》中评价：

> 聪以知远，明以察微。顺天之义，知民之急。仁而威，惠而信，修身而天下服。取地之财而节用之，抚教万民而利诲之，历日月而迎送之，明鬼神而敬事之。其色郁郁，其德嶷嶷。其动也时，其服也士。帝喾溉执中而遍天下，日月所照，风雨所至，莫不从服。

司马迁是大文学家，夸人也夸得很有文采。简单总结一下，就是说帝喾的德行高了去了，所有夸人的词儿都能用得上：又威严，又仁义，又博爱，又诚信……简直没法再好了。总之是万民敬仰，连鬼神也辅佐他，天下没有不服的。

帝喾有四位妃子，这四位妃子生下的后代，都是历史上了不起的人物。

　　第一位正妃叫姜嫄。有一次姜嫄去野外游玩，踩了一个大脚印，回去就怀孕了——您看这个流程，是不是有点熟悉？大家应该还记得，华胥氏的妹子在野外踩了雷神的大脚印，回去就怀上了伏羲，可是姜嫄踩的就不知道是谁的脚印了。她生下孩子之后，怕帝喾怀疑，就把孩子抱出去给扔了——可能因为帝喾有四个妃子，一段时间没到姜嫄这来，那凭空生出个孩子，就说不清了。于是姜嫄就把孩子扔到隐蔽的街巷中，可是她躲在一旁观看，发现路过的车马都绕道而行，没轧着婴儿，可是也没人捡，大家就跟没看见一样。姜嫄觉得奇怪，又把孩子抱到野外扔掉，可是猛兽和老鹰居然都不咬他。于是姜嫄又把孩子抱到冰面上扔掉——这是充话费送的吧？变着花样儿地要弄死，这当娘的也太狠了！幸好，这孩子命大，也没冻死。姜嫄实在没办法，就把此事告知了帝喾，说："这孩子是天赐的，所以才能如此灵异，三次被弃而不死。"帝喾听了也觉得有道理，就把孩子留下了，取名叫弃，就是抛弃的弃。

弃长大之后，对农业很有研究，擅长耕种，还能"相地"。什么叫相地呢？相马咱们懂吧，地也能相，这个叫弃的孩子，他一看就知道，这块地适合种谷子，那块地适合种麦子，那边不行，是盐碱地，长不了庄稼……就因为有这个技能，等到了尧当政的时期，他就当了主管农业的官，相当于农业部长。后来的周朝还以他为始祖，认祖归宗到帝喾的谱系里面。

这时候他可就不叫弃了，不好听，人们尊称他为后稷。稷就是谷物的意思。

所谓"江山社稷"，就是这个稷。社代表土地，稷代表粮食，有地有粮食，百姓才能安居乐业。所以古人用社稷这个词，来作为国家的代名词。

再说第二位妃子，简狄。她这孩子生得也是非同一般。有一次她去野外洗澡，正在泉水里泡着，可能正搓泥儿呢，恰好一只燕子从上方飞过，飞着飞着，噗，下了一个蛋！掉水里了，没摔碎。这简狄看着饿了，也不知道怎么想的，捡起蛋来就直接吞下去了。回去之后就有了身孕，生下个孩子取名叫阏（è）伯。这孩子，就是商朝的始祖。

所以《诗经》有云：

天命玄鸟，降而生商，宅殷土茫茫。

意思就是商朝的始祖，是上天的燕子送来的。

简狄后来还给阏伯生了个弟弟，名叫实沈。可是这兄弟俩关系不好，就像是天生相克一样，小时候见面就扭打在一起，长大后动不动就吵架……帝喾很无奈，觉得让他们在一起早晚得出事，于是就把兄弟俩分封到相隔很远的地方去：阏伯去东方，负责祭祀大火星，这是我国古代二十八星宿中的心宿，又叫商星。封地在今天的河南。弟弟实沈就跟他方向正相反，去了西方，负责祭祀参星，封地在晋，也就是今天的山西。

参星酉时现于西方——即下午五点到七点，商星卯时出于东方——即早上五点到七点。所以这两颗星永不相见！这兄弟俩一辈子没和好，老死不相往来！

所以古人用"参商"这个词，来形容彼此不合或者天涯分离。杜甫有诗云："人生不相见，动如参与商"，就是感慨人生的聚散离合。

因为阏伯负责祭祀的是商星，他的封地也称为商，后来被商朝奉为祖先。阏伯虽然跟弟弟关系不好，但是对百姓很好，把当地治理得井井有条。他去世之后，百姓经常去他的坟地祭拜，添一把黄土表示怀念。你一把土，我一把土，久而久之，变成了小山丘，所以这个地方就叫商丘——古城商丘今天还叫商丘。当地有一座阏伯台遗址，据考古学家证实，是距今 4500 多年的一座观星台，是全国现存最早的观星台遗址。当地每年正月都会举办阏伯台庙会，因为他掌管的商星又叫大火星，所以阏伯台在当地也叫火神台。

帝喾的第三位妃子叫庆都，她生的儿子名字叫尧，这就是历史上著名的尧帝，他的故事得在后面慢慢说。

第四位妃子常仪，生下儿子叫挚，就是真挚的挚。这个儿子是先继位的，在他之后，才轮到尧。

既然帝喾这四位妃子都生了儿子，按理来说，应该嫡子继位呀！可嫡子是踩大脚印儿出生，扔了三次都没有死的那个弃。这个事确实有点可疑，很可能他真不是帝喾亲生的，所以根本没考虑让他继位。

正妃的儿子不行，次妃这俩儿子呢？那对不和睦的兄弟老内斗，后来都给撵走了，也失去了继承的资格。

最后轮到排位三号四号妃子的俩孩子挚和尧。让挚继位，历书上给出的原因是，儿子们当中挚的年纪最大。

那就说明，可能帝喾最宠爱的是最后这位妃子常仪，所以她最早生了儿子，孩子也最受宠爱，被指定为继承人。

那么挚，真能够顺利接管伟大的帝喾留下的宝座吗？咱们下回接着说。

第五十四回 | # 上帝的熊孩子们

上回书说到，帝喾很擅长治理国家，又有仁义君主的名声，后代史学家都纷纷给他刷好评。

这些好评应该还是有很大真实性的，因为他在位时间很长，经受住了岁月的考验。帝喾三十岁继位，在位七十年，那就是活到了一百岁，非常高寿。这个家族看来真有长寿基因。

他选定的继承人，就是常仪的儿子挚。但是这个帝挚在位时间很短，仅仅坐了九年的江山，就换成尧继位了。这是怎么回事呢？

司马迁《史记》记载：

帝喾崩，而挚代立。帝挚立，不善，而帝放勋立，是为帝尧。

放勋就是尧。这段话就是说帝喾死后挚继承了王位。可是他"不善"。人家司马迁这话，很有技术含量。善在古文里意思类似擅长，是好、行的意思。那不善，就是不行。可是他到底哪儿不行？是身体不行，是能力不足啊，还是人品不行？司马迁也没说。

而且新君想要继位，一般得上一位死了再说，难道帝挚当了九年天下之主，就死了？我们之前说过这个家族辈辈长寿，可是挚在位才九年，他怎么就不行了呢？

西晋学者皇甫谧的《帝王世纪》另有一个说法：

帝挚之母，于四人中，班最下。挚在位九年，政微弱。而唐侯德盛，诸侯归之。挚服其义，乃率群臣造唐而致禅。唐侯自知有天命，乃受禅。

您看这位学者也强调了，帝挚的母亲在四位妃子里地位最低，按理说轮不到她的孩子继位，多半就是帝喾喜欢，偏指定挚做继承人，那别的儿子未必服气。这段记载也对挚的退位给出了另一种解释。说挚在位的时候，执政弱爆了。那谁不弱呢？"唐侯德盛"。唐侯就是尧，他封地在唐，唐侯是他的封号。这里说的是，帝挚觉得自己不行，但唐侯行！于是他就亲自带着文武群臣去找这个弟弟，主动把王位让给了他。

这事有点儿自相矛盾。帝挚要真是荒淫无道、人品不好，就不可能主动让位，禅让本身是贤德之举啊！您说那后来还有禅让王位的，那都是自己老了才让位，没有年纪轻轻就让贤的。再说，后来那些是不是真的让贤，咱们到时候还得再说道说道。

所以帝挚让位给帝尧的故事，并没有表面看起来那么和平。含糊其辞的历史记载中，暗藏的可能是一场同父异母兄弟对王位的惨烈争夺战。

清朝学者马骕在编写《绎史·高辛纪》的时候，在王位更替这个记载的旁边，特地注释了一句："帝挚或崩，或禅，或废，诸说各不同也。"意思就是说，帝挚当时到底是死了，是主动让位，还是被废了，自古就有各种不同的说法——可见大家对这个禅让的故事一直就很怀疑。

总之，尧就在这种说不清道不明的情况下，获得了王位。而退休的挚，被封在了莘邑，这个地方在哪里呢，就是今天山东的

曲阜、聊城一带。帝尧时代，这里居住的是东夷部落——咱们先记住这个部落，跟后面的故事有关。

别看史书上说帝挚不行，甚至说他荒淫无道，可是帝挚当政的时候，国家可没出过什么大事。反而是到了尧当政的时候，天下大乱！

尧时代最著名的大灾难，就是十日并出——天上出现了十个太阳！这种灾难跟其他的洪水猛兽不一样，因为那些灾难规模再大，覆盖面还是有限的，总还能逃能躲。可是天上的太阳成灾，那没地儿跑啊。

咱们要说这场灾难，不能从尧开始说，要从《山海经》顶级大 BOSS，上帝帝夋开始说。

咱们开篇时候就提过，上帝的概念中国自古有之，意为天上的帝王。在《山海经》里，帝夋就是上帝，其地位凌驾于诸神之上。帝夋有写作帝俊的，这个俊字是通假字，正字要去掉单人旁，可以写作"夋"，但应该读作 qūn。

前文书提到过，帝夋之所以是最高上帝，是因为他的妻子生了太阳和月亮，这个就等同于创世神了。中国神话史上的创世之神确实也不止一位，为什么会这样呢？因为上古时代，生活在中国这片土地上的，有很多不同的部落，几乎每个大的部族都有自己的信仰，自己的主神。

帝夋这个神不好讲，因为他仅仅出现在《山海经》的记载里面，后期的神话里面，或者根本没有提到他，或者把他跟帝喾还有尧舜禹的那个"舜"合并为一个人。

根据专门研究神话学的现代学者袁珂先生推断，之所以出现这种情况，可能是因为将帝夋作为主神的文化主体，后来跟黄帝体系的族群融合了。比如一方可能被另一方征服了，两家变一家；或者是通过族群迁徙、通婚等融合的方式，强势一方的文化影响了另外一方。

所以占据了主导地位的黄帝这边的人，觉得这个至高无上的神帝夋，不应该凌驾于自己的始祖神之上。可是帝夋有记载的后代不少，无法直接抹杀，所以干脆就把他的故事，嫁接到自己民族的神话谱系里，这样即使他有再多后代，都变成了炎黄子孙。最常见的就是把帝喾跟帝俊合二为一，甚至有的记载还跟舜来了一个三合一。可是这都不是一辈儿的人了，往往显得前后矛盾。

咱们为了逻辑通顺，还是把帝俊还原到《山海经》里主神的位置，跟帝喾和舜没有关系。

帝俊有三个了不起的老婆，分别是日之女神、月之女神和人之女神。其中日神生下了十个儿子，是太阳，月神生下了十二个女儿，都是月亮。人之女神的后代，则在人间繁衍了很多国家，例如热播剧《三生三世十里桃花》里面的中容国，那就是帝俊的后裔。此外还有白民国、思幽国、三身国、黑齿国等，将来在大禹周游海外三十六国的时候，咱们再讲这些有趣的国家，这里暂且不提。

单说这十个太阳，十二个月亮，都是天庭的公务员，轮流上班。月亮的轮值，就是分为一年十二个月。因为可以换班，这工作就很轻松了，干一个月休息一年。而太阳就稍微忙一点，十天就得轮岗一次。

生活本来是很有规律的，大家都好好上班，怎么突然之间十个太阳一起跑出来了呢？

这些太阳的形象是三足乌鸦，只有上班的时候，才放射出光芒，照亮大地，所以又称为金乌。这个咱们以前讲过，很多古代文明都认为太阳里有只乌鸦，或者把乌鸦奉为太阳神。

十只金乌忽然一起亮相，这个事其实没有多复杂，他们就是出来玩的。

金乌兄弟还是神族的小朋友。这帮熊孩子轮流上班，总是不能在一起玩耍，大家都觉得有点遗憾。于是有一天，有只金乌就说："天空那么大，完全可以同时容纳咱们兄弟十个。"马上就有别的金乌响应了："对呀，咱们别老轮班了，一起出去开心一下吧！"还有的孩子说："每次咱们只出去一个，百姓就很开心了，对咱们顶礼膜拜。你说咱们要是一块出去，那他们得多高兴啊！"

这事就这么简单愉快地决定了，这帮熊孩子也没有什么恶意，还以为能为人间带来快乐呢！

结果第二天十日并出，天下大乱！十个熊孩子天真地踏上了自己的不归路。

古籍《淮南子》中记载：

尧之时十日并出，焦禾稼，杀草木，而民无所食。

尧刚刚坐上天下共主的宝座，就遇到了如此异象。这么多太阳照着，自然天下大旱，庄稼晒死了，老百姓就没饭吃，老百姓吃不上饭，尧怎么能坐稳江山呢？尧帝愁得头都快秃了。还没等他想出办法，又纷纷传来急报，说是突然有妖兽在各地出现，为害人间，百姓哀求尧帝为民除害。

因为很多妖兽平时隐藏在江河和山林之中，十日并出，水被晒得升温了，树林也干枯了，这些妖兽的老窝都住不了了，就纷纷跑到村庄之中，想躲避酷热，顺便吃点人。

当时最著名、破坏力最强的几只妖兽，分别是：窫窳、凿齿、九婴、大风、封豨、修蛇。

六大妖兽各有来历，且听我一一道来。

记性好的读者可能已经发现了，这里有咱们一只熟妖，那就是窫窳。

在黄帝时代，咱们讲过他的故事。这原本是一个小神，本来挺忠厚老实的，却被一个叫贰负的二货给杀了。黄帝惩罚了凶手之后，也觉得窫窳死得冤枉，就让一大群巫师去救他。结果那些巫师的复活术根本就不过关，窫窳虽然活过来了，但是变成了牛身龙首的怪物，更可怕的是还精神失常了。它平时隐藏在水中，偶尔有人路过，就蹦出来把人吃了。

窫窳藏身在昆仑山下的弱水之中。这个地方咱们更熟悉了，西王母就住在山上，弱水相当于她的护城河。那有人要说了，这么近，这么方便，娘娘怎么没早点儿为民除害，把窫窳杀了呢？杀了确实容易，可是西王母并不想伤害窫窳，主要有两个原因：一是窫窳死得很冤枉，另一个原因是，窫窳虽然吃人，但弱水人烟稀少，凡人也走不到这儿来。再说弱水本身是西王母宫殿的外围，有一只凶兽就当是保安了，闲杂人等不敢靠近，她还乐得清静呢！

所以窫窳一直都在，也没造成多大的危害。可是十个太阳一晒，这水都快开了，窫窳就憋不住，跑了出来直奔人间而去。

再说说其他几只怪物。

先说九婴。这个怪物也来自更早的时代。想当年男神伏羲最早画成八卦图案的地方，是在家乡成纪，据考证这个地方在今天的甘肃省秦安县。这八卦也不是一天发明的，伏羲经常拿着树枝，一边思考，一边在地上划拉。后来当地人为了纪念伏羲，就在他画过八卦的地方盖起一座祭台，名为伏羲八卦台。每逢下雪，高台之下就隐隐显现出八卦图，灵气不灭。

因为当地百姓经常在这祭祀，这个八卦图又自带灵气，天长日久，其中痕迹比较深的坎卦和离卦，就成精了！坎卦图形是四短一长，离卦是二短二长，一共是九个笔画，所以九婴有九个脑袋，身子像一条蛇。

在《山海经》里，九个脑袋、九条尾巴，这类形象特别多。但是九婴跟他们相比，还多了点神奇的地方。这九个脑袋，性别还不一样，因为它是八卦图成精，自带属性。八卦有乾坤之分，坎称为中男，属水而色玄，所以这五个脑袋是男孩，黑脸黑发，会水系法术；离为中女，属火而色赤，所以另外四个脑袋是女孩，红脸红发，会火系法术。一下就囊括了水火两系，非常厉害。这个雌雄同体的九婴，生活在北方一条大河之中。因为它藏在水中兴风作浪，这条河被称为凶水。它也跑了出来。

接下来说说凿齿。凿齿生活的地方，叫作寿华。这个地方人们没考据出来，按照《山海经》的记载，是南部的一个沼泽地带。凿齿的容貌形体其实跟人类差不多，只是特别高大粗壮。它的特点从名字就能看出来，有点像游戏里的兽人，下排牙齿跟凿子一样，又大又尖，往上长的，伸到嘴外边了，能当武器用。郭璞注解《山海经》的时候，特地描述了一下这对大牙：**齿如凿，长五六尺。**

这大牙了不得了！跟象牙似的，不仅如此，它手上还拿着盾牌，一般这种怪兽要么用法术攻击，要么用物理攻击，都是进攻派的。但凿齿居然还懂得防御。

其余的怪物：

大风是一只凶狠的大鸟，翅膀可以掀起狂风；

封豨是一头巨大的野猪，会带来大雨；

修蛇是一条五颜六色的巨大蟒蛇，据说能吞下大象。

窫窳、凿齿、九婴、大风、封豨、修蛇——六怪出世，为害人间，帝尧要怎么解决这一连串的问题呢？咱们下回接着说。

第五十五回 | # 有熊孩子就有熊家长

上回说到，天上十日并出，地下六妖横行。

要说武力值，窫窳、凿齿、九婴、大风、封豨、修蛇这六只妖兽能力也差不多，都对人间造成了巨大的危害。

尧作为帝王，要怎么解决问题呢？他左思右想，这事超出了他的能力范围，他是真解决不了，唯一的办法就是请求帝俊出面解决问题。毕竟熊孩子都是他们家的，帝俊这个当爹的肯定能解决。

于是帝尧焚香沐浴，摆上祭坛，双膝跪倒，虔心祷告：

"额说帝俊老大锅呀……"

有人说怎么这个味儿。对呀，尧最早的封地是唐，所以被称为唐尧。这上古唐国在山西省，估摸着尧说话，也是这口音。

帝尧说："额说帝俊老大锅呀……您家熊孩子也太过分了，一下子全跑到天上来了，把俺们庄稼都晒死了，还晒出来六只大老妖，这日子是木法过了！您老人家大慈悲，赶紧把熊孩子喊回家去揍一顿，再帮忙把妖怪这个事情给搞定一下，您看行不行？"

要说尧啊，不太会说话，情商不高。你瞅着是熊孩子，人家家长怎么看怎么可爱。

熊孩子其实都是家长惯出来的。帝夋虽然是神，但也有溺爱孩子的毛病，到头来他肯定也是悔不当初——这是后话了。

尧的一番祈祷请求，帝夋也不是没听到。可是他觉得小孩子只是顽皮，没啥大不了的。他比较重视的反而是人间的六大妖兽。他决定抓紧处理一下，也好减轻孩子们的罪孽。

于是帝夋就在人间寻找武力值比较高的人去除妖，这就到了大英雄羿出场的时候了。

人们常说后羿射日，其实后羿是另外一个人，射日的是大

羿。后羿是夏代的一位君主。历史记录里面，不小心把这两个名字弄混了，以至于误会到如今。后羿跟大羿没有任何关系。后羿的名声还不咋地，他篡位当上君主，后来又被家臣谋杀，既没有善始，也没有善终。那为什么他也叫羿呢？"羿"这个字是形容鸟张开翅膀飞翔的，引申为善于射箭的意思。后羿仰慕大羿神箭手的名气，自己也会点骑射功夫，觉得可以效仿古代英雄了，所以自称后羿。他的故事就不详细说了。

关于大羿，古籍《淮南子》记载：

羿左臂修而善射。

修就是长的意思。可见大羿善于射箭不仅因为勤学苦练，还天赋异禀，左胳膊天生就比右胳膊长出一截。射箭通常都是左手持弓，右手拉着弓弦瞄准，左臂长的话，弓弦就可以拉得更满，比别人射得更远。当然，大羿肯定也是要苦练的，不然射不中，弓弦再满也没用。当时，大羿已经是天下闻名的神箭手了。

《山海经》记载：

帝夋赐羿彤弓素矰（zēng），以扶下国，羿是始去恤下地之百艰。

　　帝夋赏赐神弓神箭给闻名天下的大羿。但帝夋可没让他去射日，"以扶下国"，下国就是人间，帝夋的本意就是让大羿去解决那些妖怪，以助人间。

　　神弓神箭什么样？彤弓，就是红色的弓。素矰，是白色的箭。这个矰是古代用来射鸟的短箭，上面拴着很细的丝绳，射出去是可以回收的！所以，不像有些画里那样，大羿背着一大袋子的箭——神箭很珍贵，只有一支。

　　帝夋不仅赏赐了弓箭，还把天上的一位宫娥赐给了大羿为妻，就是我们熟悉的嫦娥。大羿成为神之使者，还娶到了仙女老婆，当然是精神振奋，摩拳擦掌地要去建功立业。他接到任务后，立刻踏上征程，走遍万水千山，到处追杀妖兽。

古籍《淮南子》记载：

（大羿）北斩窫窳，断修蛇于洞庭，擒封豨于桑林，诛凿齿于畴华之野，杀九婴于凶水之上，缴大风于青丘之泽。

妖兽法力再高，也抵不过大羿的箭——这就叫天下武功，唯快不破。都死于大羿的神弓神箭之下。

按理说，这是天大的功绩，大羿就此威名远扬。

可就在此时，大羿手持弓箭，站在山峰之上，仰望天空是心潮澎湃。他看到了更具挑战性的目标，那就是天上的十个太阳。看来射妖兽已经不过瘾了，他还要射日！

大羿射日这件事也并非那么简单，咱们下一回解密，大羿射日的真正原因！

第五十六回 | # 他们还是孩子，千万不要放过他们！

其实关于射日的传说，在古代非常多，各个民族都流传着关于射日的故事。蒙古族有乌恩射日，布依族有王姜射日，壮族有侯野射日，瑶族有格怀射日，黎族有大力神射日……

太阳听了想骂街：我咋那么倒霉呢？干啥都来射我？！

大羿的神弓神箭就是帝夋赏赐的，连媳妇嫦娥都是帝夋给的。他明明知道十个太阳全是帝夋亲生，为什么要去捅马蜂窝？这个事情，几千年来，并没有一个合理的解释。现在就给大家分析一下，大羿射日背后的原因。

大羿是东夷部落的人。夷这个字的甲骨文形态，就是一个人手持弓箭。所以东夷部落最大的特长，就是射箭。被"废"的上一任帝王挚去的，正是东夷部落。挚被抢走了王位，不得不搬出王宫，成为一个部落首领。治理东夷的过程中，挚逐渐培植了一些亲信，其中就有这位神箭手，大羿。

帝尧刚坐上王位，就十日并出，天下大乱。所有人都不高兴，就一个人乐了，那就是挚。

你们都说我不行，他行？瞅瞅，我当政的时候天下太平，他当政就天下大乱了。

帝俊赐给大羿神弓神箭，挚的心里也打起了小算盘：太阳是帝俊之子，如果大羿伤害了帝俊的孩子，那么帝俊肯定要迁怒于人间当政的尧。我何不趁机从中挑唆，给尧找个大麻烦？

于是挚就找到了大羿，语重心长地跟他说："你杀了妖兽，可是真正的问题并没有解决。""你看这十个太阳，把庄稼都烤成辣条了，老百姓吃什么呀？即使没有妖兽了，百姓也依然身处困境之中。"

大羿说："那怎么办？这都是帝俊的孩子，我也没办法啊。"

挚就故意叹了口气，说："但凡我有你这样的一身本领，拼着性命不要，也要给老百姓出这口气！个人得失算什么，要是能造福百姓，我早就豁出去了！可惜我不行啊！"

大羿听了，很受感动，说："您说得对呀，我既然手中拿着神弓神箭，就肩负着除暴安良的使命，就应该去把太阳射下来，从根儿上解决问题，拯救百姓！"

挚眼含热泪，拍着大羿的肩膀："仗义啊大侠！我就知道你心怀百姓，不计较个人得失，你就是真正的英雄！去吧！去铲除太阳，他们还是孩子，千万不要放过他们！"

就样，大羿被说服了。他为人忠厚善良，一心想着百姓疾苦，陷入了挚的圈套。

于是，大羿来到了一座高山之巅，手持神箭，瞄准了天上的太阳。他深吸一口气，怒吼一声："看箭！"那是弓开如满月、箭走似流星！只见一道白光离弦而去，刺向了天空！

一颗太阳瞬间熄灭火焰，一只金色的乌鸦大头朝下栽了下来！

其他太阳一瞬间就吓傻了，忘了逃跑。大羿手快，把神箭的丝线拖回来，一箭又一箭，第一个掉下来的金乌还在半空没落地，其他几个就已经中招了！九个太阳是纷纷坠落！

神箭被太阳的高温反复烘烤，丝线也烧没了，白色的箭杆也

熏黑了，眼看快报废了。大羿抬头观看，天上还剩一个太阳，吓得浑身哆嗦。

大羿一想，不能都射下来，人间还是需要太阳的，得留一个，于是放下了手里的弓箭。

大羿射杀六只怪兽，解决了太阳的问题，这就是神话史上著名的大羿除七害的故事。

这人间是得救了，天上可乱套了。帝俊闻听奏报，十个儿子被大羿射死了九个，伤心欲绝，孩子他娘也不干，又哭又闹："这事儿可不能就这么算了，不但要制裁大羿，还要报复人间！不然难消我心头之恨！"

帝俊虽然心知儿子确实犯了错，那也是亲生的，没有不心疼的道理。可是他一时也不知道怎么处置大羿，就传令先收回弓箭，让他听候发落。

大羿射日，拯救了黎民百姓，却坑了自己。他也知道早晚要受到惩罚，地位也从巅峰跌落到低谷，非常郁闷。

他这一郁闷，就不爱回家了，整天在外边儿溜达。这一溜达，惹出了一段著名的四角恋。下一回大羿爱上洛神，射伤河伯，嫦娥这才要——独自奔月！

第五十七回　｜　混乱的四角恋

大羿背着自己的旧弓箭，到处瞎溜达。心情不好的时候，就在树林里射乌鸦出气。

鲁迅先生的小说集《故事新编》，其中有一篇文章叫作《奔月》，讲的就是羿在射日之后跟嫦娥的不幸生活。说羿把动物和鸟类都射光了，只剩下乌鸦，所以羿每天只能带乌鸦回家。嫦娥没办法，只好天天做乌鸦炸酱面——您看，其实这也暗示，大羿是从射下金乌之后开始倒霉的，他的生活就像乌鸦一样黯淡。鲁迅先生想象力真丰富，故事里嫦娥就是吃了一整年的乌鸦炸酱面，实在受不了了，所以偷吃仙药独自奔月。

这个大羿夫妻天天吃乌鸦的故事，当然是鲁迅先生编的。但是羿和嫦娥在射日之后的生活很落魄，还是比较合乎情理的。

大羿停职反省之后，嫦娥的心情尤其不好。

她虽然在天庭是个小宫娥，但那也是仙女啊！原本也是天庭公务员，下嫁给大羿，自然是指望丈夫能出人头地，自己能过更好的日子。

可是大羿杀了六大妖兽，嫦娥高兴了还没两天，这位就跑去射日了。嫦娥是万万没想到，领导的儿子让自己老公给灭了。

期待值越高，受到的打击越大，所以嫦娥是满腔怨恨。她可不敢恨领导，那位领导是上帝！只能是恨自己老公。

心情不好，那肯定就得唠叨唠叨。她是从早到晚地抱怨，大羿在家里待不住了，整天往外跑，找了一处清幽无人的所在躲着。这个地方，就是洛水河畔。大羿每天在这儿诉说心声，惊动了洛水中的一位女神，她的名字叫作宓妃。

这位女神本是伏羲之女，在洛水游玩的时候不幸淹死了，上帝怜悯她，就让她做了洛水的女神。

在历史上这位宓妃的名气，可不比大羿小。好多优美的诗词歌赋，都曾用她做题材：屈原的《离骚》、司马相如的《上林赋》、张衡的《思玄赋》等，都用极尽优美的语言去描写宓妃。

最著名还是三国时曹植写的《洛神赋》。曹植大家都熟悉，就是曹操的儿子，七步成诗的那位大才子。南北朝文学家谢灵运评价他说：

天下才有一石，曹子建独占八斗。

石（dàn），是古代的计量单位，一石等于十斗。意思是天底下所有的才华假如有一石这么多，那曹植一个人就占了百分之八

十！**才高八斗**这个成语就是打这儿来的，指的就是曹植。

曹植的《洛神赋》，就是专门描写宓妃，辞藻华丽，堪称千古绝唱。"**翩若惊鸿，婉若游龙。荣曜秋菊，华茂春松。**"——甭提多好看了！

大羿以为自己是对着水面发牢骚，万没想到有一位美丽的女神听到了他的倾诉。

宓妃从大羿的自言自语中，知道他就是杀尽为害人间的妖兽，又为了百姓宁可冒犯至高天神，射杀金乌，拯救了世界的英雄——这才叫侠之大者，为国为民，这是真正的英雄！

要说十日并出那几天，宓妃也特别痛苦，洛水当时也快烧开了。所以宓妃非常感激大羿，这个人不但拯救了天下百姓，也替我报仇了！日复一日，听了大羿多次孤独的倾诉之后，她是再也忍不住了。终于在一个傍晚，宓妃披着一身霞光，从河水中缓缓走了出来。

她自我感觉这个出场，那真是又惊艳又浪漫啊！没想到把大羿给吓了一跳！天快黑了，水里突然冒出来一个女的，闹水鬼呀还是怎么着！一伸手差点就要拉弓放箭！可是再定睛仔细观瞧，哟，是个大美女！

两个人四目相对，含情脉脉——一见钟情了！

说到这儿，可能有的朋友也想起来了，不对呀，大羿家里有老婆啊！这不是出轨了吗？

一点儿不错。这俩人还真心相爱了。

宓妃一开始还只是同情大羿的遭遇。可是大羿是英雄落魄——还不是个普通的英雄，是拯救了整个人间的英雄，宓妃爱上他也不奇怪。

那么大羿呢？英雄难过美人关，宓妃实在太好看了！司马相如在《上林赋》中描绘：

绝殊离俗，姣冶娴都，靓庄刻饰，便嬛绰约。

词儿已经用绝了，简直美到犯规。更重要的是，嫦娥对待大羿的态度已经一百八十度大转弯，她恨大羿毁了夫妻俩的前程，所以对大羿从来没有好脸色，张嘴就是冷嘲热讽。

宓妃不一样，她特别崇拜大羿，也心疼他眼前的处境，对他是无比温柔——所以大羿也爱上了宓妃。

按说正常情况下，大羿娶个二房，当时的社会制度也是许可的。但是，宓妃也不是单身啊！她是有老公的！

这事情就更复杂了——女神家还有个男神！

这位男神，又是谁呢？

宓妃的老公叫冯夷，也不是普通小神，他是黄河的河伯，也就是华夏母亲河的河神。

大羿长得啥样在古籍上没有记载，咱们不知道他好不好看。因为他有英雄光环嘛，不靠脸吃饭。但河伯冯夷可是美男子，长得非常帅气，不但潇洒，而且风流——是个花花公子。

咱们上学时候学过一篇课文叫《西门豹治邺》，讲的就是给河伯娶媳妇的故事。就是选好看的姑娘，打扮成新娘子扔到河里，这姑娘就归他了。这个河伯，就是冯夷。您瞧瞧，这事儿都能干出来，得多好色。

有这么一个老公，您说宓妃这婚姻生活还能幸福吗？老公整天在外头拈花惹草，宓妃却是独守深闺。

以上种种原因，最终导致了大羿和宓妃走到了一起。

有的读者不以为然，说还解释半天他们婚姻怎么不幸福，所以才出轨——怎么能把婚内劈腿说得那么清新脱俗？三观不正啊！

注意，咱说的是神话，是传说，是故事，不是现实中的道德问题。

话说大羿跟宓妃偷摸约会，但是别忘了，世上没有不透风的墙。过了没多久，宓妃的丈夫冯夷就开始怀疑了。

冯夷渐渐发现，宓妃对自己的态度不一样了。以前他拈花惹草，宓妃吃醋啊，可是最近她啥也不管了，经常一个人发呆，时不时还会露出一丝神秘的微笑，看起来心情特别好。

他立刻就觉察到不对，肯定有事儿。十有八九是自己在外面彩旗飘飘时，家里这红旗也被人推倒了！

俗话说得好，拿贼拿赃，捉奸捉双！于是有这么一天，冯夷假装要出远门，跟宓妃说："我有工作，要出去办点儿事，大概十天半月回不来。"

宓妃一听这话笑容满面，立刻说："走就走吧！赶紧走，工作重要！你千万别急着回来！"

冯夷心里这个恨呐，别急着回来，让你们好好约会是吧！果然，冯夷前脚刚出门，后脚宓妃就美美地出门了。冯夷躲在暗处咬牙切齿，偷偷摸摸跟着。

宓妃一路来到洛水河畔——洛水是黄河的支流。她来到一个清幽的角落，一树盛开的梨花之下，就坐在了大青石上。满面含

春，梳着长发，还哼着小曲儿。

　　冯夷越瞅就越来气，本来还想藏着，突然心态崩了，直接蹦出来了，质问宓妃："你在这干嘛呢！等谁呢？你说！是不是给我戴绿帽子了？"

　　宓妃说："对呀，你怎么猜到的？"

　　冯夷眼珠子差点瞪出来："哎呀还真承认了！这么直率吗？"

　　宓妃冷笑一声说："我凭什么不敢承认呀？你不乐意了？那你成天在外面拈花惹草的时候，我乐意吗？我给你戴绿帽子，这叫大姑娘上轿头一遭；你给我戴的绿帽子，都能开个帽子店了！我说什么了！"

正吵着呢，大羿来了，一看马上明白怎么回事了。紧走几步冲过来，就拦在了冯夷跟宓妃之间。

仇人见面分外眼红，冯夷一看大羿过来了，当即撸胳膊挽袖子就要揍他。不过冯夷并不是肉搏型的战士，他双手挥舞，掐诀念咒，要施展法术。

法师就是这样，施法还得读进度条！可是你也不看看，这位可是连太阳都能射的主儿，还在乎你一个河伯么！

大羿一看冯夷要动武，当即行动如飞，弯弓搭箭，嗖！直接给了他一箭。

咱们不是说了吗，天下武功，唯快不破！你法术再厉害，伤害值再高，来不及施展也是白搭！

冯夷还在那读进度条呢，只觉一阵劲风扑面，已经躲闪不及，电光火石之间只能稍微偏一下脸，这箭就狠狠地扎进了他的左眼！冯夷噔噔噔倒退几步，捂着眼睛是惨叫连连！

眼睛哗哗淌血，冯夷终于认识到一个残酷的现实：我打不过他！

冯夷醒过味儿来，捂着眼睛指着大羿说："有种别走！你等着啊……"话音未落，一个猛子扎进水里，逃走了。

保命第一，赶紧跑。但是这事儿肯定完不了。咱们回头再说。

单说大羿，一时冲动射伤河伯，转念一想，坏了！黄河河伯可是神族高级公务员！我这一箭，有点鲁莽了！

大羿本来就是戴罪之身，这下又闯祸了！这叫前罪未罚，又犯新罪，未来的命运，肉眼可见的要玩儿完！

到这一步，大羿才觉得害怕了，宓妃也着急，自己老公变独眼龙了她倒没往心里去！

正慌乱间，忽然宓妃福至心灵，开口说道："你现在去求一位女神帮忙，或许还有一线生机！"

这个人是谁呢？

很多朋友猜到了，那就是我们万众爱戴的女神西王母。

开始大羿还有点犹豫："咱要应付的可是帝夋呐，西王母她行吗？"

宓妃："她行，肯定行！天下众神，都在帝夋之下，唯独这位女神，地位超然。你不如去求求西王母，看她能不能救你一命。"

大羿有点儿犹豫，说："西王母跟咱也没交情，人家凭什么帮忙？"

宓妃说："听说西王母脾气古怪，并不是一个很讲规矩的女神，只要你能说服她，她就会帮你。"

大羿说："我怎么说服她呢？"

宓妃说："就把你为民除害这些事跟她说，让她感动，让她同情你！"

在《山海经》的世界里，西王母地位确实比较特殊，虽然是神仙，可是她不受天庭的管束。

大羿半信半疑，抱着试试看的心情，只身前往昆仑山，寻找西王母。

《山海经·海内西经》记载：

昆仑之虚方八百里，高万仞。……在八隅之岩，赤水之际，非仁羿莫能上冈之岩。

这话是说昆仑山一般人上不去，得亏是善良勇敢的大羿才能攀登上去。说白了就因为他是好人，做了好事，是西王母愿意见他，他才能上得去。

大羿千辛万苦来到了西王母宫殿。玄女进去通禀，说是射日的大羿求见娘娘。

西王母点点头："嗯，我知道他要来。他这也是穷途末路，穷困潦倒，黔驴技穷，穷凶极恶，恶贯满盈，盈……迎，迎进来吧！"

大羿走上前来，倒头便拜，也不说客套话了，直接说："娘娘在上，小人走投无路，求娘娘救命！"

西王母说："我知道，不就是把十只金乌射下来九只吗？倒也不算什么大事儿。"

大羿一听，好家伙，这事儿还不大吗？赶紧问："这事您能管？"

"哈哈哈……"西王母乐了，"我当然能管，肯定能管。但是我为啥要管这闲事？你大羿射日，虽然是正义之举，举世无双，双宿双飞，飞黄腾达，达，达……打死你个龟孙儿！"

哎？大羿心想这咋还冒出河南话来了呢？他主要是不了解西王母的说话习惯。娘娘今天这个成语不太连贯，容易卡壳。但是他也不敢回嘴，老老实实地听着。

西王母理了理思路，接着说："你怎么那么大胆子，竟敢冒犯天庭。你一介凡夫俗子，你肉眼凡胎，胎毛未退，退避三舍，舍、舍……"

西王母又卡住了，刚这么一犹豫，大羿听到这下意识地接了一句："射日无罪！"

嗯？西王母一听，还接上来了，啪一拍桌子："罪有应得！"

大羿："得过且过！"

西王母："过目不忘！"

大羿："妄自菲薄！"

西王母："薄情寡义！"

大羿："义不容辞！"

西王母："词不达意！"

大羿："义不容辞！"

西王母："词不达意！"

大羿："义不容辞！"

哎？西王母一看，坏了！绕不出去了，接着说："词、词……赐你无罪！"

大羿立刻磕头："谢谢娘娘！"

西王母一愣："谢我什么啊？"

大羿说："刚才娘娘您不是亲口承诺了要赐我无罪吗？谢娘娘大恩！"

西王母不由得哈哈大笑："好好好！没想到啊，你小子还挺机灵的，最重要的还是个成语高手！不错不错。"

大羿算是歪打正着了。西王母做事有时也是全凭心情，看你顺眼，这就好办了。

　　大羿也不傻，抓紧时机就立刻求助："您看，能不能帮我逃过此劫啊？"

　　西王母说："也罢，谁让咱俩投缘呢！我可以赐你不死仙丹一颗，服用后可以长生不老。你就不能在人间待着了，要飞升上天。当然，帝夋只要知道是我出手保你，必然会宽恕你的，这个面子，他肯定给我。"

　　大羿确实机灵，赶紧再次磕头说："娘娘，还有宓妃，无论去哪，我俩必须得在一块儿。您大慈大悲，一羊也是赶俩羊也是放，干脆给我两颗仙丹得了。"

西王母一瞧："得！成全你们，两颗就两颗！"

说罢一挥手，让玄女捧出一只盘子，上面是两颗朱红色的药丸，正是传说中的不死药。西王母随手拿出一只白玉小葫芦，装好药丸，递给大羿。

大羿千恩万谢，拜别了西王母，捧着宝葫芦兴高采烈地回去了。

咱们再说说河伯冯夷。

冯夷被大羿射瞎左眼，水遁而逃。跑到无人之处，才把箭拔下来，忍着疼痛，直奔天庭找帝俊告状去了。

帝俊这阵子真是愁眉不展呐！可是到底怎么处罚大羿呢，帝俊挺为难。要是从亲情角度讲，弄死都不解恨！

可是现在大羿在民间声望很高，老百姓都崇拜他，这就不好办了，众怒难犯啊！即使是天帝，也不好为报私仇去杀害百姓心目中的大英雄。

所以他是左右为难，心情特别不好。

正在这个节骨眼上，倒霉催的冯夷来告状了！

他是睁一眼闭一眼，龇牙咧嘴，披头散发，一脸血迹，连哭带嚎，不待通报就冲上了大殿。

帝俊一下子都没认出来，急忙大喝一声："咄！何方妖魔鬼怪，竟敢擅闯天宫？"

冯夷扑通就跪下了，说："天帝在上，您怎么不认识我了？我是冯夷啊！"

帝夋说："啊？冯夷？不能不能不能不能……"

冯夷真是欲哭无泪，他是美男子，平时都是风度翩翩，潇洒倜傥，哪有这么狼狈的时候！

冯夷只好擦了一把鼻涕眼泪和又流下来的血，把脸往上凑了凑，说："天帝在上，我是黄河河伯冯夷哇！"

帝夋仔细一看："哟，还真是冯夷！这些日子没见，爱卿你怎么变化这么大啊？"

冯夷说："我这是让大羿给揍的！恳请天帝为我作主啊！"

这一回，冯夷告状，雪上加霜。帝夋到底会如何裁决这个桃色纠纷呢？且听下回分解！

第五十八回 | 嫦娥的结局

帝夋看着冯夷一把鼻涕一把泪地哭诉，不由得皱了皱眉，心里腻歪，就说：

"行了行了，别哭了，你说你个大老爷们儿，咋这么窝囊。好歹也是黄河的正神，怎么还打不过大羿呢？"

冯夷就愣了，说："啊？我哪打得过他呀！"

帝夋冷笑一声："谁让你跟他肉搏的？你一个法师，被战士近身了是什么下场，自己心里没数儿吗？你拉开距离啊，远距离施展水系法术，用你的专长对付他！这还用我教吗？"

冯夷心说，您最近这是又玩儿什么新游戏了……不过自己一想明白，好像是这么个道理，我也不见得打不过大羿，这次可能只是战术失误。尤其是听帝夋这个口气，好像是鼓励我去报仇。

他以为自己了解帝夋的心思，再次磕头恳求："还有一事请天帝帮忙。我妻子洛神宓妃，被大羿给骗了。您还得帮我跟她说合说合，您老人家说话，她肯定要听啊！"

帝夋直嘬牙花子说："两口子吵架也找我说合！得得得，我召见她一下吧，成不成的我可不能保证。"

冯夷于是千恩万谢，拜别帝夋，捂着左眼回黄河养伤，一边休养生息，一边准备跟大羿决战。

帝夋派人宣召洛水之神宓妃，宓妃不敢怠慢，从洛河直奔天庭而去。

花开两朵，各表一枝。宓妃前脚刚走，后脚大羿就兴高采烈地带着宝葫芦，来到洛水河畔，呼唤情人宓妃："我回来啦！咱们有救啦！"

喊了半天，没人答应。人呢？——正好让帝夋给宣走了。

可是大羿不知道啊，他正兴奋，就坐在洛水河畔，又自言自

语说上了，把怎么上的昆仑山，怎么玩的成语接龙，西王母赐下这不死药的事，都说了一遍。

常言说得好：屋里说话，窗外有人听；路上说话，草棵儿里有人听。大羿这一念叨不要紧，还真有人听见了他这番话！正是躲在一旁的嫦娥。

嫦娥一听之下心中大惊：我才是仙女儿！我回不去天上了，还不是被你连累的吗？现在倒好，我不能上天了，你个凡人要跟什么宓妃双宿双飞？凭什么呀？！

嫦娥这个时候大脑飞速运转，心想：这不死药，肯定不能便宜了他们。但是跟他硬抢肯定没戏，只可智取，不能强求。

嫦娥心念电转，脑子里灵光乍现，一咬牙，轻轻绕到大羿身后，一伸手，把他眼睛蒙住了。

那小手，古代叫柔荑，就像嫩叶刚发的芽儿一样，皮肤又细腻又柔软，大羿也能感觉到这是双女子的手。

嫦娥故意特别嗲，特别温柔地说："亲爱的，你猜猜我是谁？"

大羿直接上钩了，傻乎乎地还以为是宓妃："我等你半天了！"

嫦娥轻轻一笑："我要给你一个惊喜，你要一直闭着眼睛呢，等我让你睁开再睁开。"

嫦娥趁大羿傻呵呵闭着眼睛的时候，从他手里接过了这个白玉葫芦，把封口一开，往外一倒，两颗朱红色的药丸落在手心。

嫦娥暗自咬牙：还真是两颗，这是要跟那个宓妃双宿双飞，今天落在我手里，我我我……我全吃了！

她把牙一咬，把心一横，两颗药直接往嘴里一扔，咕噜一声全咽下去了！

药丸刚一下肚，嫦娥就觉得燥热难当，脸红心跳，身体越来越轻，就好像一只风筝，飘飘忽忽晃晃悠悠，脚后跟不由自主就离地了！

大羿觉得有点奇怪，实在忍不住，就偷偷把眼睁开了一条缝："怎么是你！"

大羿嗷一嗓子，把嫦娥吓一激灵。她下意识一跳，蹿起来七八丈高，想落都落不下来了，越飞越高，真上天了！

嫦娥身在半空，心里别提多痛快了，手里还拿着那个葫芦，口朝下，调戏大羿说："哒！我叫你的名字，你敢答应吗？"

大羿心说，什么乱七八糟的，还串台到《西游记》了，你还打算收了我是怎么的。忍不住大喊："你！你给我下来！你好歹给我留一颗呀！"

嫦娥冷笑一声："给你？你个负心汉！两颗药我全吃了，渣儿都不给你留！你不是厉害吗，有本事你射我呀？"

这句话提醒了大羿，对呀，够不着，我把她射下来不就完了吗！一伸手从背后把弓就摘下来了，搭上箭就朝嫦娥瞄准。把嫦娥吓得大惊失色，在空中一个加速，就跟一个撒了气的气球一样，在空中呈不规则运动，画着 S 形，一眨眼的功夫就飞远了。

其实，大羿要是真想射，那嫦娥是跑不了的，可是一日夫妻百日恩，让他亲手射杀自己媳妇，还真下不去手。

就这么一犹豫的功夫，嫦娥是越飞越远，看不见了。

大羿一时间心如死灰，愣在了洛水河畔。

没想到正在此时，隐隐听得有波涛的轰鸣，他转动目光往远处观瞧，恍惚间只见远方水面升起一道滔天的白浪，水借风势，风助水威，浪头越来越大，带着轰鸣声扑向岸边——黄河发大水了！

黄河怎么就发水了呢？要说这事，咱们还要先转回头再说说上天庭面圣的宓妃。

话说宓妃来到天庭，心里也很忐忑。毕竟领导亲自过问，夫妻俩又都是这一个单位的，还是有点儿心虚。

宓妃来到帝俊的面前，飘然下拜。帝俊看着宓妃直咂摸嘴："啧啧啧，可真是红颜祸水啊！你看看你，当初冯夷为了你犯下大错，现在大羿又为了你触犯天条，还打瞎他一只眼，你说这事儿闹的……"

宓妃一愣："您先等会儿，先别急着往下说，您往前倒回去一句。"

帝俊不解："嗯？倒回去？我是说大羿为你触犯天条。"

宓妃："不是这句，再上一句！"

帝夋："当初冯夷就是为了你……"

宓妃噌一下站起来了："对！就这句！啥意思？您得说清楚了，他当初为我犯下什么大错？我怎么不知道呢？"

帝夋一激灵："坏了，说漏嘴了……"

帝夋直叹气："唉，事情都已经过去这些年了，你想想，当初，你为什么会嫁给冯夷呢？"

宓妃说："为什么？那是因为……我掌管的洛水是黄河的支流，我俩是邻居呀，可以说他也算我半个主管了。他追我，就答应了呗。"

帝夋微微冷笑："对呀，那你为什么会掌管洛水呢？你自己就没想想，当年好好地在洛水边游玩，怎么就淹死了呢？"

宓妃顺着这思路一琢磨，这是老龙正在沙滩卧，一句话点醒梦中人！咱们说过，宓妃是溺水而亡，死后封神。让帝夋这么一提醒，她是细思极恐啊！

宓妃花容失色，小脸儿都白了，帝夋唉声叹气地说："哎呀不要提了，事情做得虽然不太地道，那也是冯夷一片痴心，他是对你钟情已久，所以细节咱们就不要再追究了。"

这话多气人！那你要不提呢，人家也没追究哇！这不就是你提起来的嘛！

咱们书中暗表，帝夋并不是不小心说漏嘴了，他之所以说这些话，都是有目的的。这位天帝，可是个狠角色。

就这么着，在大殿之上，帝夋是百般地含糊其辞，宓妃就不依不饶苦苦追问……就这么一顿耽搁，大羿在洛水河畔就被嫦娥骗走了不死药！

帝夋最后摆出一副无奈的样子，吞吞吐吐、半遮半掩，算是默认了宓妃的猜测：其实当初是冯夷看上了宓妃的美貌，才故意把她淹死！您说这缺德不缺德！帝夋当年确实也有点儿于心不忍，这才封她为洛水之神，顺水推舟地撮合了这段姻缘。

这些话可不是帝夋直接说出来的，但是正是在他的暗示之下，这件往事才终于真相大白！

这事一说穿，河伯冯夷和洛神宓妃的这段婚姻，就算彻底破裂了！不管以后冯夷会不会改邪归正，宓妃跟大羿能不能在一起，反正这对夫妻必然要撕破脸了！

宓妃问明白之后满腔悲愤，连行礼告辞都忘了，跺脚就走，要跟冯夷去算账。

所有的事都赶到一块儿了！

冯夷正在酝酿水系魔法，要攻击大羿。宓妃怒气冲天，直接掀起滔天洛水冲进黄河。两下对撞，黄河决口，滔天的洪水泛滥成灾。

回到大羿正在河边儿发呆的这一刻。他远远看见白浪滔天、大水汪洋。在天上的嫦娥看了凡间最后一眼：哎呦？黄河发大水了!

咱们这段四角恋的四位主角儿,就在这一刻,共同见证了尧帝时期这场灾祸的开端。接下来,黎民百姓又要陷入水深火热之中,这条漫长的治水之路将无比坎坷。

这场大洪水,也许不是上古规模最大的一次,但一定是持续时间最久的一次。因为这次洪水,直接让治水成为整个人间的主题,时间跨越了几代帝王,熬死了好几个治水的官员,也衍生出了无数的精彩故事。——这反正一时半会是治不好的,所以咱们先不急着说治水,先把这四角恋的几位主人公给说完。

首先说嫦娥。可是我们都知道,她飞到了月亮里,而且再也没离开过。

东汉学者张衡的《灵宪》中记载:

羿请不死之药于西王母,姮娥窃之以奔月。姮娥遂托身于月,是为蟾蜍。

姮娥就是嫦娥的本名。到了西汉时期,因汉文帝名叫刘恒,为了避讳,所以全都改写为嫦娥,沿用至今。这段记载说,嫦娥奔月之后不仅没成仙,还变成了蟾蜍。——这是什么仙药?这是吃错药了吧?

还别说,真有可能就是吃错药了。关于嫦娥的悲剧咱们可以有两个推测，第一条就是服药过量。别忘了西王母给的药丸是两人份的，嫦娥一口全吃了，那肯定过量。

另一个推测，我觉得西王母也很有可能插手了。她知道了嫦娥窃药的事，就西王母这暴脾气：未经许可就拿我的东西？真是胆大包天！

所以，嫦娥变成了蟾蜍，也保不齐就是西王母的惩罚。

有人说了，月亮里面，住的不是嫦娥和玉兔吗？那个兔子，跟西王母的宠物一样也整天捣药。另外还有一位砍桂花树的吴刚呢！

其实最早的神话里，捣药的很可能不是玉兔，而是蟾蜍，也就是嫦娥本人。有很多学者分析过这个问题。

有一位著名的艺术考古学家常任侠先生，就曾经对嫦娥的传说进行了一些考据。他在学术论文《沙坪坝出土之石棺画像研究》中提到，在出土的石头棺材的背面，有这样一幅图：

两人一蟾，蟾两足人立，手方持杆而下捣。中立一人，手持枝状，疑为传说之桂树，右侧一人，两手捧物而立。

重庆沙坪坝出土的石棺是汉代的。那么汉代的石棺上这个蟾蜍什么样子呢？人立，就是两条后腿站起来，手里还拿着捣药杵，正往下捣。中间一个人拿着树枝子，象征着桂树。常任侠先生认为这是古人描绘的月亮里面的景象。也就是说汉朝神话中月亮里的蟾蜍就是嫦娥本人。

捣药的蟾蜍，后来怎么变成兔子的呢？咱们再提一位学者，闻一多先生，这位大家就比较熟悉了吧？革命诗人，进步学者，写了好多现代诗。不过大家可能不知道，他对传统文化和古典文学也非常有研究，发表过很多关于《诗经》《楚辞》《乐府》等古体诗词的学术论文。闻一多先生曾经写过一篇文章，叫作《天问释天》，解释的就是屈原的《天问》。《天问》涉及嫦娥奔月这个神话，原文是：

厥利维何，而顾菟在腹？

这个菟，是兔子的兔加一个草字头，通假字，就是兔子的意思。屈原问的是月亮里为啥藏着一只兔子呢？在闻一多的论文中，提到了一个新的观点，他认为，这个兔子其实就是蟾蜍。是因为蟾蜍——兔——在古代读音相近，在民间口头传播时就以讹传讹，发生了变音。

所以月亮里面的兔子，前身就是蟾蜍。随着人们对神话的再加工，又对月亮世界进行了升级，后期才有了吴刚的传说。

吴刚又是谁呢？吴刚的故事有三个版本，第一个版本跟嫦娥有点相似，说他离家修仙的时候，老婆出轨了，这对象是炎帝的孙子伯陵。吴刚怒杀奸夫，惹怒了炎帝，所以被发配到月亮上——要这么看，吴刚很可能比嫦娥先到。

另一个版本，年代就晚了一些，据说吴刚是汉朝人，在修仙的过程中犯错了，天帝就罚他在月亮里砍树。

第三个版本很晚才出现，说吴刚是南天门的看门儿大爷……大将吧。跟月宫的嫦娥产生了感情，经常不好好上班跑去约会，所以天帝一怒之下说，你既然那么喜欢去月亮里面，那就干脆滚去跟嫦娥过吧！

不管哪个传说，都有一个共同点，那就是吴刚必须砍树赎罪。而这棵桂花树，砍伤的地方立刻会愈合，瞬间长好了！所以吴刚永远砍不完这棵树。

关于吴刚砍树永远砍不倒一事，西方神话里也有类似的记载。譬如说希腊神话里面有个神叫希绪弗斯 (Sisyphus)，他就被判处了类似的刑罚。希绪弗斯要把一块巨石推上山顶。每次只要推上去了，石头就再次滚落到山脚下……反反复复，永无止境。中西方的神都认为，最狠的惩罚，就是让你永远重复一个无效、无聊的任务。所以英语里有个形容词就叫"希绪弗斯式的"(sisyphean)，专门用来形容徒劳无功又永无止境的任务。这跟吴刚的惩罚是一回事，吴刚伐树就是 sisyphean mission。

嫦娥的结局说完了。那大羿的结局呢？下回接着说。

第五十九回 ｜ 大羿的新工作

上回说了嫦娥的结局，变成个癞蛤蟆，在月亮上终身监禁，太惨了。

不过幸运的是，到了汉朝，人们向往仙人、仙女，就不愿意接受嫦娥变成癞蛤蟆这个设定了，太难看了。接受不了怎么办呢？就把嫦娥和蟾蜍一分为二，甚至还把蟾蜍替换成了小兔子，当嫦娥的宠物。这都是为了让仙女的形象更美好——毕竟仙女抱着癞蛤蟆这画面太辣眼了！

嫦娥能恢复仙女的美好形象，勉强也算因祸得福吧。可是大羿就比较惨。

是的，失去了西王母不死药的大羿，确实死了。究竟发生了什么呢？

大羿本来就是人间著名的神箭手，部落里有很多人崇拜他，所以当初有不少人慕名而来，想要拜师学艺。大羿也愿意传承自己的箭法，就开始收徒。大羿徒弟不少，其中有一个少年，特别有天分，他的名字叫逢蒙。

　　大羿天生左臂比较长，逢蒙呢，也有点特别，他天生右手有六根手指——咱不知道六指这个事，对射箭有什么好处，但是古籍记载，他也是个射箭的天才。

　　很多行业是这样，天分很重要，逢蒙天资聪颖，一学就会，一点就通。大羿自然就更重视这个徒弟，终于把逢蒙也培养成了神箭手！这就给自己埋下了死亡的伏笔。

　　《孟子·离娄》说：

　　"逢蒙学射于羿，尽羿之道，思天下唯羿愈己，杀羿。"

　　就是说逢蒙跟大羿学习射箭，把大羿的本领全都学会了，成为神箭手了。可惜逢蒙人品有问题，心胸狭窄。他把这些技巧都学会之后，就动了歪心眼了。逢蒙觉得普天之下就只有大羿一个人比自己强。要搁正常人，这多高兴啊，可是逢蒙不这么想。他想的是："只要师父活着，我就永远不能超越。"所以最后他就干脆把大羿杀害了。

　　传统行业特别讲究师徒关系。徒弟一般从小学艺，衣食住行师父都得管。师父老了以后，徒弟学了本事能赚钱了，就得反过来管师父，得尽孝。师徒是真如父子，徒弟那是要给师父养老送终的！当然，咱们这位逢蒙也给师父送终了，就是性子有点急，没等师父老了直接就给送走啦！

可能有朋友纳闷，既然逄蒙打不过大羿，那他怎么杀死大羿呢？

我们这里再插一段鲁迅先生《故事新编》里面的那篇《奔月》。

《奔月》中描述，逄蒙其实老早就起了杀心了，可是大羿箭法比他强啊，他就琢磨着暗算。有这么一天，逄蒙跟着大羿到森林里打猎，两个人走着走着就分开了，各自寻找猎物。逄蒙躲在树丛之中，从远处射出一箭，直奔大羿咽喉！眼看着箭到了面前，大羿应声倒地！逄蒙开心啊，唱着歌就跑过来了。

可是等他走到近前，弯腰察看的时候，大羿突然睁眼了！吓得逄蒙汗毛倒竖，噔噔噔倒退了好几步。只看大羿就笑呵呵站了起来，从嘴里把箭拿下来，说："你跟我学了这么多年，难道不知道我有一个绝招叫作'啮镞法'吗？"啮是用牙咬的意思，镞是箭头。箭射到面前的时候，大羿一口就把箭头咬住了！

有人说，鲁迅先生这故事都是编的吧？其实并不是凭空编出来的，是根据古籍记载改编的。宋代古籍《太平御览》中，记载了飞卫跟甘蝇学习射箭的故事。师父甘蝇故意留了一手用嘴接箭的技巧不教给徒弟飞卫，后来飞卫果然暗算于他，他就是用这一手救了自己一命。——看来这对师徒的关系也不咋地，跟逄蒙、大羿很相似。

那为什么大羿最后还是死了呢？说起来还真是挺窝囊的。

　　自打嫦娥偷走仙药，独自奔月之后，宓妃跟冯夷的一场大战，导致洪水暴发。这祸惹得太大了，天下大乱，她只好暂时放下个人恩怨，先忙活治水的事情。但是一直没啥成果，也就没有时间再谈情说爱了。

　　大羿崩溃了，老婆跑了，救命的药也没了，情人也不知道上哪去了……他就变得非常暴躁，经常拿仆人和徒弟们出气。

　　大家自然怨声载道，说你都落魄成这样了，没钱没地位，脾气还不好，那谁愿意伺候你？

　　逢蒙觉得是时候动手了！大羿众叛亲离，这是除掉他的最好时机啊！于是逢蒙就买通了他身边的奴仆，计划在出去打猎的时候，对大羿痛下杀手！

　　他准备了一根非常结实的桃木大棒，跟大羿一起出去打猎。

　　开始大羿很奇怪，咱们都是射手，你拿个大棒子干什么？

　　逢蒙就说："我的箭法不如您，有时候一箭射过去，鸟兽还没死透，我就用棒子再补一下。"

　　大羿听来也觉得很合理，没有起疑心。

　　开始逢蒙也装模作样，射下的鸟兽过去还补几棒子。如是几次，大羿已经习惯了。

　　终于有一天，大羿正低头查看猎物的时候，逢蒙拿着桃木棒走到了他身边。奴仆们已经被收买了，此刻各自散开。逢蒙目露凶光，高高举起桃木棒，对着大羿的后脑勺，狠狠挥舞。

一代英雄，当场就倒在了血泊之中。

大羿难道就这么冤死了吗？

古籍《淮南子》记载："**羿死于桃棓。**"

东汉学者许慎在这里加了一句注释：

棓，大杖，以桃木为之，以击杀羿，由是以来鬼畏桃也。

就说大羿是死于桃木做的大棒之下。

这就是逢蒙狡猾的地方：射箭我比不过你，可我拿大棒子敲死你也行啊！所以大羿就这么窝囊地被打死了。

但注释里还有一句话让人很费解：**由是以来鬼畏桃也。**

就是说从此以后，鬼都害怕桃木。

这是从何说起呢？

那还得从咱们爱戴的女神西王母说起。

单说这一天，西王母正在瑶池之畔闲坐，面前已经沏好了香茶，摆着各种小零食。

西王母翘着二郎腿，嗑着瓜子，抬手招呼玄女："来来，别忙活了，坐下陪我说说话！"

玄女名义上是丫头，实际上也算西王母的半个闺蜜了，既然在自己家，也没外人，她也就不客气，告个罪就在下首坐了。

两个女人在一起就得聊点儿八卦啦！

这时青鸟进来汇报，只听它高喊一声："报！启禀娘娘，大羿死啦！"

西王母心里很憋屈，心说这是我罩着的人啊！说死就死，我面子往哪放！急忙吩咐一声："来人呐！青鸟！你赶快去往人间，将大羿带回昆仑仙山，我要让他起死回生！"

所以说，大羿是真死了，可是又复活了！

有些事西王母懒得管，但是只要她愿意出手，基本上都能搞定。

西晋古籍《博物志》上说：

万民皆付西王母，唯王、圣人、真人、仙人、道人之命，上属九天君耳。

什么意思呢？就是说帝王、圣人和已经修道成仙的特殊群体，是属于天上帝君的管辖范围，除此之外，**"万民皆付西王母"**，凡间所有普通人的生死，西王母都说了算。

这不死药本来就是西王母的专利，救活一个凡人还是很轻松的。

大羿在西王母宫殿之中缓缓苏醒过来，只觉恍若一场大梦。他爬起来，揉了揉后脑勺，生疼。人是活了，后脑勺上的伤口一时半会好不了，抬手一摸全是血迹，还有个窟窿。

大羿一抬头，看见西王母在殿上端坐，急忙翻身跪倒，说："参见娘娘！不知娘娘为何把我脑袋打破？"

谁打你了？！西王母气得差点要再把他弄死："玄女，你跟他解释解释！"

玄女提醒说："大英雄，你再回想回想，你是在哪受的伤，让谁打的？"

大羿一想："哦对了，我是跟逢蒙上山打猎……谁打的我也不知道啊？我正蹲着看猎物，突然觉得后脑勺哐当一下，一阵剧痛、两眼发黑，再醒来就在这儿了。"

玄女说："对呀！就是你那宝贝徒弟逢蒙，用桃木杖把你打死了！我们娘娘用不死药将你救活，还不赶快谢恩！"

大羿这才恍然大悟：哎呀，原来我都死过一次了！

这才恭恭敬敬三叩首，感谢西王母的救命之恩。

大羿不由得回想自己这一生，真的是太坎坷了！作为神箭手，先是灭除六兽、箭射九日成为大英雄，同时也得罪了天帝；后来爱上宓妃、射瞎河伯；又上昆仑山求药，结果却被嫦娥截胡；最后众叛亲离、被爱徒杀害——这辈子真是轰轰烈烈，曲折离奇。

大羿不由地感叹说："女神啊，您还救我干啥，我这辈子也活够了……我，我了无生趣！"

西王母说："去你……不是，去……去去就来。"

大羿说："来者不善。"

西王母说："善者不来。"

大羿说："来……来之不易。"

西王母说："易守难攻。"

大羿说："功成名就。"

西王母："就，就在今天。"

大羿："天天快乐。"

西王母："乐而忘返。"

大羿："反反复复。"

西王母："复……那个……负责到底！"

大羿扑通往那一跪："多谢娘娘！"

西王母愣了："你怎么又谢我，我又说错什么了？"

大羿说："您刚说了，要对我负责到底。"

西王母说："我，我都把你救活了，还负责？还怎么负责？"

大羿说："活是活了，可我堂堂七尺男儿，得有点正事儿啊？"

西王母沉吟片刻，说："我这儿正好有个岗位空缺，这个官衔叫作宗布，专门负责斩杀恶鬼。你做了宗布，就正式封神，不再是凡人了！只要你在我手下工作，我保证，人神两族没人敢动你。"

据《淮南子》记载：

羿除天下之害，而死为宗布，此鬼神之所以立。

这个岗位不是阎王那种管理工作，而是下基层，专门铲除危害人间的恶鬼。

现在就可以回到我们上文提出的问题，**"由是以来鬼畏桃也"**。为什么鬼都害怕桃木呢？

因为西王母派青鸟去救大羿，青鸟看见他身边扔着一根沾满血迹的桃木杖，所以顺手带回了昆仑山，上交给西王母查看。

等到西王母封大羿做宗布的时候，正好看见这件凶器，就说："打你的这根大棒子也挺结实的，拿都拿回来了，别浪费了，你就拿着这个上岗吧！"

　　大羿说："我拿个棒子有什么用呢？"

　　西王母说："经过我的加持，这棒子就是仙家之宝！就叫……就叫仙女棒！"

　　大羿直皱眉："我一个大老爷们，拿个仙女棒像话吗？"

　　西王母说："不喜欢啊？算了算了，那就叫神棍！"

　　玄女赶紧打圆场："娘娘，神棍也不是啥好词儿，不如就朴素一点，直接叫桃木神杖吧？"

　　西王母说："好吧！桃木神杖！你以后遇到恶鬼，就用神杖打他！"

　　大羿说："那万一有的鬼我打不过怎么办？毕竟这也不是我趁

手的兵器。"

西王母说："我再送你一只老虎，它的嗅觉很灵敏，能闻出来哪个鬼是坏的，可以帮你把鬼吃了。"

大羿一听感动坏了。就这样，大羿被女神正式收归门下了。

有人可能奇怪了，西王母的职权范围是不是太广了，怎么还管捉鬼呢？阴间的事不是由后土掌管吗？前面讲过啊，后土在幽都山创建黑人部落，守着阴间出入口。没错，但谁说阴间就一个出入口的？

其实在西王母的地盘里，也有一扇鬼门。

《山海经》记载：

沧海之中，有度朔之山，上有大桃木，其屈蟠三千里，其枝间东北曰鬼门，万鬼所出入也。上有二神人，一曰神荼，一曰郁垒，主阅领万鬼。恶害之鬼，执以苇索而食虎。

这段是说，海上有一座度朔山，上面长着一棵大桃树，枝繁叶茂，树冠可以覆盖三千里——这么厉害的桃树，你说是谁种的呢？我觉得只能是西王母。在这棵巨大桃树的树枝间偏东北方向，有一个鬼门，有两个神人看守着。他们不但要防止有人偷桃，还监视着有没有恶鬼出现，一旦发现就绑起来喂老虎——这老虎后来送给宗布，也就是大羿了。这两位神人，就是我们后世的二位门神神荼、郁垒。

这两个名字古代的正音，应该是念 shēn shū、yù lǜ。但是太拗口，所以现代语言就逐渐接受了字面发音，连《新华字典》都标注了，可以念 shén tú、yù lěi。

门神就是咱们过年时贴在大门左右的那两位。因为他们给西王母当过看门大爷。

门神也有好几个版本，有神话人物，譬如王灵官、钟馗，也有真实历史人物，例如包公、魏征，还有我们最熟悉的秦琼和尉迟敬德。

但这些都是后期才出现的，先秦时代的门神，就是神荼、郁垒，他们是门神之祖。

既然已经有了两位大神，还要宗布干什么呢？要他巡逻。因为神荼、郁垒不能离开岗位，必须看守桃树，要是万一有恶鬼从别的地方溜走了，去祸害人间，这事谁管呢？所以西王母就派宗布带着老虎，拿着桃木神杖出去追捕。

所以为什么鬼都害怕桃木，为什么民间传说桃木能辟邪？第一就是因为西王母在鬼门种了一棵大桃树，阻挡万鬼出入，表示桃树是克鬼的；第二就是因为大羿做了宗布神，沾过他鲜血的桃木杖又经过加持化为神杖，可以用来打鬼。所以桃木从此也被赋予新的意义。

宗布的这个工作性质，听起来跟咱们提过的钟馗几乎一样。

那么钟馗跟大羿这个宗布，会不会也有点关系呢？

　　还别说，真有点关系。且听下回分解！

第六十回 | 尧帝耍帅被怼

据神话学家袁珂先生考据，钟馗在古代齐国的方言里，就是木棒的意思，还可以作为动词，那就是用木棒击打的意思。原来的正字是终葵，很多历史典籍都提到了这个词。而吃鬼的钟馗这个人物，就是后来的小说家根据这个词的谐音而创造出来的。有的钟馗画像上面，也带着一只老虎，这其实就是那只西王母赏赐给宗布的吃鬼神兽。钟馗的原型，就是那根桃木神杖。

这场轰轰烈烈的四角恋中的四位主角：嫦娥奔月，大羿成神，各有归宿了。宓妃和冯夷这对怨偶，也没心思处理感情纠纷了，不得不认真管理自己的领地，洛水跟黄河。可是洪水滔滔一发不可收拾，他们也没有什么有效的办法。

这都天下大乱了，那么人间君主尧帝在干啥呢？他的故事，咱们得回到洪水之前、尧帝刚继位的时候开始说。

尧帝刚继位的时候，志向就是效仿老祖宗黄帝飞升成仙。这个其实也不奇怪，历代帝王都惦记这事儿。但是后来发生的一件小事，改变了他的观念。

刚继位的时候，尧帝经常去巡视四方，就是下基层，了解民间疾苦。《庄子》中记载了他巡视华洲的一个故事。

古华洲大约在今天陕西华县的位置。尧帝巡察之时，遇到了这里的守将。

守将一看尧帝亲自视察来了，赶紧恭恭敬敬上前行礼，说："圣人，让我为您祝福吧！祝您万寿无疆！"

尧说："不要不要不要！"

守将说："那祝您招财进宝！"

尧说："不要不要不要！"

守将说："那祝您多生儿子！"

尧说："不要不要不要！"

连祝三番，都被拒绝了！这位守将也是个暴脾气，他急了，干脆问："长寿、富有和多子多孙，只要是个人就想要，您为啥不要？！"

尧帝期待的就是这个效果。所有祝福他都说不要，就是为了能作出一个巧妙的解释，好彰显自己的与众不同！现在这守将终于问他了，正中下怀，他摇头晃脑地说：

"多养一个娃娃，就多担一份心；钱太多了烦恼就更多；长寿的人活得长就多受人间的苦难——你说的这些事，都不利于修身养性，对于培养个人的德行没什么好处，所以我不要、不要、不要！"

尧帝说出这番话来，以为这位守将马上就翻身跪倒、顶礼膜拜，赞叹自己英明神武，成就一段流传千古的佳话。

没想到这位守将听了以后，冷笑一声：

"我还真以为您是个圣人呢，敢情不是啊！苍天让万民降生人间，必定授予他应该负担的责任！孩子多了，就让他们各司其职去做事，有啥可担心的？富贵了，你可以分给穷困的人，大家帮你一起花钱，有啥可烦恼的？——你晓得啥叫圣人不？圣人是随遇而安的！就像鸟儿在天空飞翔不留下翅膀的痕迹，与天下万物荣辱与共。圣人哪能像您这样啊，心里想的都是个人的事！天下都乱了，您却只想自我修行！等活腻了就飞升上天，也不管人间遭殃不遭殃！"

这位守将长篇大论，给尧帝一顿狠怼，说完转身就走，不聊了！

尧帝听了这番话犹如醍醐灌顶，大受震撼，赶紧在后边儿追："别走哇！您说得太有道理了，我还想听听！再聊两句？"

守将回头，只冷冷地回答了一个字："滚！"

这就是《庄子》上记载的"华封三祝"的故事。三祝，就是富贵、长寿和多子这三个祝福。后人往往都记得华洲守将对尧说出了三个祝福，而忽略了他后面怼人的精彩。

尧帝挨了一顿怼，觉得很尴尬，可是又不好意思发作，自己刚摆出一副仁义礼智信的模样，怎么能因为一言不合，就惩罚手下的官员呢？那不自己打脸吗！

所以尧帝只好悻悻地离开了。后来他想人家说的确实有道理。我不能只修养个人德行，大家好才是真的好！我必须多关心他人的疾苦，百姓才会觉得我是好领导。

另外他觉得，自己文化水平还不够，身边需要更多的贤人。

其实咱们说，大人物身边都需要一个好捧哏的，也就是亲信。这类人，不但能出谋划策，还能很好地接住领导的梗，避免领导耍帅失误。

您看西王母身边就有玄女，那是昆仑好闺蜜；黄帝身边有风后，那小老头儿一咳嗽就有主意；周穆王身边也有造父，赶车的那位，要没有他，周穆王还见不着西王母；颛顼身边还有双头人骄虫呢，只不过那位捧哏的话太多了，是个话痨。

尧帝被人怼过之后，顿悟了：我也得找个捧哏的来帮衬我。

于是尧帝开始在天下寻访贤能之士。为了找隐居的能人，踏遍了各种人迹罕至的深山老林。而且，为了表示诚意，特地不带随从，不以帝王的姿态大张旗鼓地出现。可是那些深山老林道路曲折，很容易迷路，单身前去实在有点儿莽撞。

单说这一天，尧帝经过一座高山，名叫姑射山，看此处的山景：

低谷潺潺清溪绕，高峰挺立入云霄。

怪石嶙峋留走兽，陡壁悬崖鸟为巢。

枯藤盘绕仙人洞，深潭碧水藏神蛟。

谁知风光险峻处，聚气藏风自逍遥！

不知道尧帝在这里能找到他心目中理想的捧哏吗？咱们下回接着说。

第六十一回 | 让位小能手

《山海经·东山经》记载：

姑射之山。无草木，多石。

后面又记载：

北姑射之山。无草木，多石。
南姑射之山。无草木，多水。

您看，这个姑射山很特别，不管南北峰，都有三个字的评语：
"无草木"。有各种各样的岩石，也有山泉池水，就是没有花草
树木。

一般这么特别、险峻的山，要是搁在《西游记》里面，那是
一定要闹妖精的！尧帝进的这座山呢，巧了，也有妖精。

尧帝在山里走着走着，心里也犯嘀咕：什么植物也没有？就

算隐士不种庄稼，至少也得吃个水果啥的，要不然怎么活呢？想到此处，他扭转身形，就要下山离去。

可就在他转身的工夫，猛然间平地起了一阵狂风，尧帝放眼望去，只见云雾深处有一条长长的黑影在嶙峋怪石之间向着自己游弋而来，越来越近！尧帝定睛观瞧：不好，竟然是一条巨大无比的黑色蟒蛇！

这蟒蛇长得太吓人了，身长十丈有余，恍如蛟龙，片片鳞甲漆黑发亮都有拳头大小，两只眼睛活像一对大灯笼，一对竖瞳死死盯着尧帝！

尧帝大惊失色：这哪是寻常蟒蛇，分明是妖怪，完犊子了，难道我堂堂一代帝王，今日竟要丧命于此！

有人说赶紧跑哇！这还不跑等啥呢！但是在内心极度恐惧的前提下，感到威胁的第一时间，人会保持静止状态。这种本能反应，在生物学上叫作"冻结反应"。突发状况下人的身体会本能地短暂冻结，也许几秒钟，也许更长。之后，才会有另外两个反应，就是逃离反应和战斗反应。这个就更好理解，判断力恢复了，你要么逃跑，要么战斗，要么原地尿裤子。

尧帝看见黑蟒的一瞬间，他就冻结了！虽然只有几秒，可是架不住那蟒蛇来得快呀！尧帝只觉得一阵腥风扑面，眨眼的功夫巨蟒的大脑袋已经快到眼前了，只见那腥臭的大嘴张开，密密的两排钢牙之中，探出分叉的蛇信！这蛇信子眼看就要舔到尧帝脸上，嘴里口水都滴答下来了。

尧帝这几秒冻结反应结束之后，啥也来不及了，只能大喊一声：额滴个娘哎！

话音未落，只听一个清脆的声音在身后响起：尧帝莫慌，本仙在此！

救星来了！救星一般都是到关键时刻才出场。

尧帝来不及回头，只觉一道寒光贴着他的脸飞了过去，定睛观瞧，一柄雪亮的飞剑直插黑蟒七寸。大家都知道，打蛇打七寸，因为这是蛇的心脏位置。所谓七寸，就是从蛇脑袋开始算，大约身体三分之一的位置。找这个地方也不难，难的是能打得着！就眼前黑蟒这一身的鳞片，甭说寻常刀剑，就是给你把电锯，也且得锯半天呢！

可是眼前这飞剑，跟筷子戳豆腐似的，噗嗤一声就扎进去了！别看就半尺多长的小宝剑，力道奇大，直接把黑蟒钉地上了！黑蟒在地上痛苦地扭来扭去，尾巴啪啪乱摆，把周围的岩石拍得粉碎！

尧帝这时候冻结反应结束了，立刻抱住脑袋、身子一蹲，只觉得周围飞沙走石，赶紧把眼睛闭上了。

巨蟒惊天动地地翻腾了半天，终于气绝身亡！

尧帝听着没有动静了，这才睁开双目，发现救了自己的竟然是一位美貌的姑娘，眉目如画，肌肤若雪，身上的白衫一尘不染，微微散发着光芒——敢情是一位仙女！

尧帝刚才害怕，净顾着抱着脑袋往后藏了，这个害臊哇！

赶紧道谢："多谢仙女姐姐救命之恩！"

这仙女，比他还害羞，一句话也没说，转身就飞走了！

尧帝傻站着直发愣："哎？就这么走啦？"喊半天，也没人搭理他，尧帝很无奈，四下看看，周围岩石都碎了，自己灰头土脸，地上死了一条大蟒。仙女也一句话都没说就走了！这叫什么事呢！

尧帝很沮丧，看看自己，倒也没受什么伤。得了，继续找人去！

这位仙女到底是谁呢？咱们留坑待填，以后再说。

话说尧帝确实很虔诚，走遍千山万水，为访贤士吃了不少苦，最后终于感动了不少能人志士投归于他。

历史记载，有说尧帝有九大能臣的，也有说十一人的。这其中尧帝最喜欢的是一位叫许由的贤人。许由隐居在山林之中，不愿意出来做官。

当初许由听说尧帝要拜访他，特地躲在箕山。尧帝踏遍名山大川，这通打听，好不容易找着他了。

来到许由的面前，尧帝很客气，一揖到地说："久仰先生大名，得见先生真是三生有幸！我太高兴了！"

许由眯着眼睛看他："你恐怕高兴得太早了。"

尧帝没想到他说话这么噎人，心说我这不就客气客气嘛。一般不都这么说：我说"久仰久仰"，你说"过奖过奖"，我说"厉害厉害"，你说"承让承让"……就是客套话，没想到这位不按常理出牌。

尧帝尴尬地一笑："啊哈，许先生真幽默，我听说，您这个学问很大呀！"

许由不冷不热地说："听说，你听谁说的？"

这是重点吗？尧帝一想，是不是这有才的人，脾气都很古怪，我呀，甭废话了，直接用诚意感动他！

于是尧帝赔笑说："您的贤德之名已经名满天下，人人都知道。我这次来呢，主要是觉得自己才疏学浅，您才是大贤大能。我这寻思着，要不我把帝王之位让给您吧？您来治理天下，这才是最合适的！"

有人说尧帝怎么，刚一见面就要让位，这也太草率了吧！其实尧帝是一个让位小能手，这在历史上是有记载的。他不是针对许由一个人，是见谁给谁让位，这话老挂在嘴边上：啊要不你来治理天下吧！你来当这个王吧——当王八像话嘛！反正他没事就拿这话表达诚意。

当然这些贤士也都不傻。大家都知道尧帝也就那么一说，还真没有谁傻乎乎地答应说：好啊，那你走吧，我来当天下之主。

许由也知道尧帝这是套路，特瞧不上地一声冷哼："哼！我去治理天下，那你呢？去游山玩水？你长得不美，想得可是挺美！"

尧帝让他噎得直翻白眼。虽然他每次说让位别人都拒绝，但是还没遇见这么说话的。但是尧帝想了想，又满脸堆笑说："您既然不愿意做帝王，我就把天下九州交给你，让你做九州之长，那是一人之下，万人之上……"

话还没说完，就被许由打断了："九州都交给我？你当我傻呀，天下一共就九州，我管了，你干啥？你这不就是想让别人打工，自己歇着吗，凭什么呀！"

许由说完转身就走，把尧帝给晾那了！

尧帝很尴尬，走也不是留也不是。心里委屈啊，这是怎么了，最近为啥都怼我呢？

尧帝究竟如何才能得到许由的辅佐呢？咱们下回接着说。

第六十二回 | 尧帝拜师许由

话说尧帝请许由出山，先说要让位，又说要封他高官，许由都拒绝了。

《庄子》记载，许由拒绝时说了一句很有哲理的话：

庖人虽不治庖，尸祝不越樽俎而代之矣。

庖人就是厨子；尸祝就是祭司，樽和俎都是祭祀时用的礼器。这句话的意思就是说，在举行祭祀的时候，即使厨子没有去做饭，大祭司也不能扔下祭祀仪式不管跑去替他下厨。这句话后来精炼为一个成语，就是越俎代庖，指超出自己的业务范围去管别人的事情。

许由拒绝尧帝的理由就这么简单：治理天下那是你的工作，我管得着吗我！

说完就走了，把尧帝给晾在那了。

许由跑到一道溪水的旁边，在那撩起溪水来，洗耳朵。这时

候有一个叫巢父的人，牵着一头小牛犊过来，要给牛饮水，正好看见许由。巢父也是一位隐居的名士，你看，这有能耐的人都躲在山里。巢父一看许由，认识，是邻居，就问："你在这干嘛呢，梳妆打扮呢？"

许由说："谁梳妆了！我就是洗洗耳朵。"

巢父纳闷啊："洗耳朵干嘛？"

许由说："尧帝来访了，居然说要把天下让给我，好讨厌啊！听他说这句话都污了我的耳朵，我得好好洗洗。"

巢父一撇嘴："呵呵，装，接着装。"

许由不乐意了，说："哎？我装啥了？你把话给我说明白。"

巢父冷笑，说："你要是真的淡泊名利，谁能知道你？你要是真想躲起来，谁能找到你？还不是你自己之前到处游荡，满世界炒作，要不然就你能出名？我不信你就没买粉丝？没买热搜？你一声不吭地隐居在山上就红了？蒙谁呐？！现在人家真的找你来了，请你出山，那不是正中下怀么！你还在这儿装啥，故作清高，太假了！啧啧啧……"

许由让巢父说得脸上一红，还没想出词儿来对答，巢父牵着牛转身就走。

许由说："哎，你那牛还没喝水呢，你急着走啥呀？"

巢父说："你嫌人家的话脏了你的耳朵，在这洗，那我还嫌你洗过耳朵的水不干净，脏了我这牛犊的嘴巴呢！"

说完是扬长而去。

您还别说，这么一来许由倒是打开新思路了。让巢父这么一顿数落，许由还真自我反省了一下：自己确实是名扬天下了，但是要这个名声，难道真是为了终生隐居山林吗？俗话说，学会文武艺，货与帝王家，既然尧帝态度这么诚恳，我也差不多就得了！

想明白之后，许由赶紧一路小跑回家——怕尧帝走了。尧帝真是诚心，还在屋里傻站着呢，许由在门外喘口气，定定神，咳嗽一声，背个手儿，踱着方步进来了，还是仰着脸不说话。

尧帝正是进退两难的时候，你说等吧，谁知道他还回来不，不等吧，我大老远干嘛来了。正发愁呢，一看许由回来，尧帝乐坏了，赶紧上前一把拉住：

"许先生啊，您可千万别生气。我也不说大话了，要不这样，我就拜您为老师，这总行了吧？我只求您把我当作一个小学生，能在我身边随时指导我，就心满意足了。"

许由其实已经乐意了，但是还端着架子："我给你当老师？师徒如父子，你堂堂帝王，会不会真的从心底尊敬我？"

尧帝一听这话头儿，有希望，赶紧点头如捣蒜："您放心，我就拿您当亲爹供着。别说把您当爸爸了，就是把您当娘娘我都乐意。"

许由说："呸，那我还不乐意呢！"

尧帝："我就说这么个意思，只要您愿意下山，咱们君臣一条心，认真为百姓做事，您看好不好？"

话都说到这个份上了，许由也有台阶下了，终于点头应允，随尧帝下山。

尧帝回到宫里之后，举办了大型的拜师仪式，请文武百官见证，拜许由为师。百官也很纳闷，因为这位许由先生虽然是堂堂七尺男儿，但是长得眉清目秀，说话也是细声细气儿，跟大姑娘似的，大伙开始还以为尧帝要选妃呢！所以大家给他取了个外号，就叫许娘娘。

尧帝拜师之后，回想起在姑射山遇到黑蟒妖，被仙女救了一命，却不知道仙女什么来历，就想问问许由。

许由说："大王糊涂啊，据我所知，姑射山有仙女居住，凡人轻易不得一见。您机缘巧合之下被这位仙女所救，这种缘分可是千载难逢的，您心里就没点儿啥想法？"

尧帝："许先生，您的意思是？"

许由："我是提醒您，您应该立即前往姑射山，以报恩之名，寻找这位仙女的下落！"

尧帝一拍大腿："说得对！走！"

于是尧帝就带着这位许先生再访姑射山。这一次他们又会遇到什么事情？姑射仙女还会出现吗？咱们下回接着说！

第六十三回 | # 姑射山尧帝再遇险

上回说到，尧帝求贤若渴，终于拜名士许由为师。

尧帝告诉许由，自己曾经在姑射山遇险，幸好被一位仙女所救。《庄子·逍遥游》中，曾经提到过这位仙女：

藐姑射之山，有神人居焉。肌肤若冰雪，绰约若处子。不食五谷，吸风饮露，乘云气，御飞龙，而游乎四海之外。

这段就描述了姑射仙女的特点：肌肤若雪，颜值高，而且还不用吃饭——仙女嘛，喝点西北风儿，吃点露水就行了。

经过许由的提醒，尧帝也醒悟过来，那位仙女不但是自己的救命恩人，还那么俊，这段缘分怎么可以错过呢！

于是君臣二人再次来到了姑射山。这回尧帝也长了个心眼，指望许由护驾那是不可能了，所以带了一队亲兵，一路随行保护。

姑射山地貌很奇特，咱们也讲过，花草树木一概没有，只有怪石嶙峋、龙潭虎穴。尧帝一行人一路搜索，来到一处深潭旁边，想休息一下。

许由说："相传姑射山有黑龙潭，潭中藏匿着凶恶的黑龙。要是黑龙一出现，那咱们就真可以在黑龙肚子里好好休息了。"

这话音还没落，平静的深潭就有动静了。水中央跟开了锅一样，咕嘟咕嘟冒泡，猛然间一道白浪直冲云霄。

众人大吃一惊，来不及反应，就听哗啦一声响，一条巨大的黑龙分水而出，腾空而起，随着烟云水雾在半空之中摇头晃脑、张牙舞爪！

就在千钧一发之时，只见半空中闪出来一道白影，仙女又出现了！

这位仙女一袭白衣，临风而立，飘然悬浮在半空，尧帝是喜出望外，在地上直蹦："哎！我在这儿呢！看这里看这里！"

仙女见到尧帝，忍不住噗嗤一笑，说："怎么又是你？"

正说着，黑龙已经飞到了仙女身边，很温顺地摇晃着大脑袋，就好像小狗见到主人一样，还摇摇尾巴，一副非常开心的样子。

啊！尧帝恍然大悟：原来这龙是仙女的宠物！

仙女抚摸了一下黑龙的脑袋，说："回去吧。"这黑龙恋恋不舍地盘旋几圈，扭头一个猛子扎回了深潭，潭水也渐渐恢复了平静。

仙女落在尧帝面前，近处观瞧，更觉得容颜绝世、美貌无双。尧帝擦擦口水，一揖到地："我乃天下之主尧帝，特来感谢您的救命之恩。"

仙女用袖子挡了一下脸——这位仙女很容易害羞，动不动就不好意思——她轻声说道："区区小事，何足挂齿。"

尧帝说："咱们是第二次见面了，仙女可否告知芳名？"

仙女说："我世代守护这座姑射山，所以就叫作姑射仙子。今天再次见面，说明你我有缘，就请各位跟我去洞府之中小憩片刻吧！"

尧帝一听正中下怀，赶忙应允。这回尧帝终于跟仙子说上了话，仔细一看更觉得漂亮。尧帝这是一见没来得及钟情，二见真的钟情了。

许由提醒尧帝，应该趁此机会向仙子求婚，把大事儿定下来。

这么急也是有道理的。要是个普通人家的姑娘，先认识认识，慢慢来也可以。但这位是小仙女，你喜欢，别人也喜欢呀！不赶紧娶过来，保不齐有什么变数。尧帝现在已经神魂颠倒了，瞅着姑射仙子就高兴，恨不得立刻娶回去。

尧帝跟着仙子拐了几个弯走进洞府深处，许由这回就不跟着了——不能太没眼力见儿，他也留在外面。

尧帝四下打量仙子的闺房，非常宽敞。顶上悬挂着不少钟乳石，下面是天然的石笋高高耸起，就像宫殿里的柱子一样。屋里摆的是石桌石凳、石台石镜……好么，这里是真不产木材，所有家具都是石头的。

姑射仙子拿出石壶石碗，倒上晶莹的水，双手捧着递给尧帝："这是钟乳石滴下的露珠，能凝神静气，延年益寿。"

尧帝尝了一口，没什么味道，喝在口中冰凉，但是喝进肚子里却暖乎乎的，一天奔波的疲劳好像都消除了。

两人相谈甚欢，尧帝趁机向仙子求婚，这姑射仙子也是个干脆的，当下就答应了。当晚，尧帝跟姑射仙子在洞中完婚，举行婚礼的时候，并没有世俗的聘礼和嫁妆，但是场面也很气派。只见姑射仙子轻轻挥舞衣袖，对面两座笔直的山峰就闪闪发出红光，就像两支顶天立地的红色蜡烛，照亮了整片山区。山洞周围一时间祥云缭绕、百鸟和鸣。许由带着亲兵行大礼恭贺尧帝成婚。尧帝跟姑射仙子喜气洋洋，携手双双走进了山洞。

知识点来啦：为什么人们要把新婚之夜称为洞房花烛夜呢？就是打从尧帝这开始的，因为他的婚房，就是个山洞。所以新婚就叫入洞房。

而尧帝和姑射仙子同时也开创了自由恋爱的先河。

古人没什么谈恋爱的概念。在原始社会，结婚就是为了繁殖。后来又衍变成盲婚哑嫁，双方的父母长辈之间可以谈条件，但新人之间啥也不用谈，直接入洞房了再说。婚后有没有感情那都是碰运气。

但尧帝跟姑射仙子，是中国第一对自由恋爱、自主结婚的夫妻。

2019 年，内蒙古自治区西部的阴山山脉，发现了上千幅青铜时代的磨刻岩画，其中就有些图画记录了尧帝跟仙女结婚的故事。古代没有锋利的刀具，岩石上的画是用比岩石硬的材料一点点磨出来的，不像用刀雕刻一样有那么清晰的轮廓线。但这些画刻在黑色的玄武岩上，保存得很好，不仅有考古价值，还有非常高的艺术价值，大家有机会去内蒙古旅游的话可以看看。阴山岩画很有名，迄今为止陆续发现五万多幅了，时间跨度从距今上万年到两三千年前，内容非常丰富，不但有神话，还有各种飞禽走兽、狩猎、舞蹈、放牧、征战、巫师作法等各种场景和题材。阴山岩画是中国岩画之首，在世界范围也很罕见。

结婚之后，仙子诞下麟儿，就是尧帝的长子丹朱。据说这孩子一生下来全身红彤彤的，所以取名叫朱——朱红色的朱。丹其实也是红的意思，所以尧帝的长子其实应该叫红孩儿……

生完孩子之后，姑射仙子又回到了山上生活，因为姑射山下有大片草原，很多牧民在附近生活、放牧。山上妖怪时不时骚扰牧民，经常吞噬牛羊牲畜。姑射仙子就是牧民们的守护神。

丹朱在尧帝身边长大，对这没娘的孩子，尧帝特别溺爱。大家知道，过于溺爱孩子就容易成长为熊孩子。丹朱从小就特别淘气，而且还是一个充满智慧和创意的熊孩子。尧帝要如何教导这个顽劣的长子呢？咱们下回接着说。

第六十四回 | 我共工又回来啦！

话说尧帝跟姑射仙子结婚，生下长子丹朱，立为太子。

丹朱不仅是长子，也将是尧帝唯一的嫡子。

正因如此，丹朱有点被惯坏了。长到五六岁时就已经非常顽劣了，每次出宫都带着一帮小伙伴在民间胡闹，每次出去玩都惹下一堆事。

这一天许由就来找尧帝了，说："陛下，有百姓敲响了谏鼓！"

尧帝在宫门前立这么一面鼓，相当于现在的领导信箱。老百姓有什么意见、建议甚至是冤情，都可以来敲鼓，尧帝会听取意见，或者查明真相。这个就是后来的登闻鼓，咱们看电视或者戏曲经常有。这个鼓就是从尧帝这传下来的，从秦朝、汉朝一直用到明清时期。

许由来汇报，说有百姓敲响谏鼓，尧帝赶紧问："什么人敲响谏鼓，是对我治理国家有什么意见吗？"

许由说："对您治理国倒是没什么意见，主要对您治理家，很有意见。"

尧帝没明白："家？我媳妇回山里了，就一个儿子。老百姓能有啥意见？"

许由哼了一声："人家老百姓放羊刚回家，把羊群都赶到圈里关好了，您儿子丹朱偷偷过去把栅栏门给打开，带着一群小伙伴，赶得那些羊是四散奔逃！那主人找一宿都没找全，丢了好几只！这不，击鼓鸣冤，找您讲理来了！"

尧帝一听就头大："哎呀，这个确实是孩子不对！赶快传旨，加倍赔偿，人我就不用见了，好好替我道个歉，让他回家去吧！"

这么一处理，牧羊人挺满意，这事就算完了。

转过天来，许由又来了："启禀陛下，又有人敲响了谏鼓！"

尧帝问："是什么事啊？"

许由说："您这儿子太有出息了，人家农民正在种地插秧，他带一帮孩子到田里赛跑，是连跑带跳，连踢带蹾，把大片的秧苗都给人家踩坏了。几个农民手拉手跟您告状来啦！"

尧帝一听也着急："哎呀，这可不行啊，民以食为天，踩坏粮食还得了！赶快传旨，加倍赔偿。我就不好意思见他们了，好好替我道个歉，让他们回家去吧！"

再过几天，还是这套，许由一来，尧帝连问都不问了，就一句话："赶快传旨，加倍赔偿！替我道个歉！"

一次两次还行：丹朱天天这么闹，所到之处鸡飞狗跳，老百姓怨声载道。

老是这样，许由就忍不住了，说："陛下啊，这安抚百姓的工作，您是做得不错。可是太子丹朱这个样儿，难道您就不管了吗？长此以往，什么时候是个头儿呢？孩子长大了会变成什么样的人呢？您得教育啊！"

尧帝一想也是。孩子得管，怎么管呢？拖出去打五十大板？那也舍不得呀！

许由说："唉，不是我说您，孩子当然要管，但是我也没说让您打他呀！太子什么脾气您自己不知道嘛？打他也不服，还得捣蛋！"

尧帝说："不打怎么办呢？"

许由说出一番话来，不但帮尧帝解决了教育孩子的问题，还给整个人类历史留下了一件神奇的东西。

许由说："您得从正面引导。丹朱太子聪明伶俐，只要有一种游戏能够吸引他，那一定能引导他走上正途。"

尧帝听了觉得有道理。但是那个时候，既没有乐高，也没有啥益智类的儿童游戏。尧帝整天是冥思苦想，可怜天下父母心，为了孩子，没辙也得想出个辙来。

还别说，尧帝这么一开动脑筋，还真发明出一种新的游戏，这个游戏，就叫作围棋！围棋不但有乐趣，也特别消耗时间。于是尧帝就用围棋，引导太子丹朱在游戏中学习。

围棋后来流传很广，从东南亚一直传到全世界，从游戏成为正规竞技比赛项目。

1964 年版的《大英百科全书》把围棋出现的确切年代记载为公元前 2356 年。可见这个说法在国际上接受度也很高。

围棋非常深奥，黑白子，象征阴阳两极。棋盘是方的，棋子是圆的，象征天圆地方，再加上下棋的人，符合天、地、人三才的概念。围棋的棋盘分为四个部分，代表着四季，纵横十九道线，一共三百六十一个交叉点，表示的是农历的一年三百六十一天——您看，一个简单的游戏里面包含了多少传统文化。围棋表面看起来就是游戏，实际蕴含很多哲理以及跟军事相关的战术，甚至还可以看作谋划天下大势的象征。

而且这围棋还有很多好听的别名，譬如星阵、坐稳、忘忧，下围棋又称为手谈。此外还有一个别名叫烂柯，这里有一个典故。据说东晋的时候，有个樵夫上山砍柴。回家路上看见两个童子在山中下围棋，他就站在旁边看。一看还就入迷了，等到他想起来要下山回家的时候，他旁边砍柴的那把斧头的把儿都已经烂了。等回到家一看，好嘛，物是人非，已经不知道过了多少年！所以围棋又名烂柯。

这么有意思的游戏，丹朱也很喜欢，很快就上瘾了，也不出去惹祸了，每天跟尧帝一起玩。丹朱确实有天分，自己还琢磨出了很多新的棋路，不局限于他爸爸教的东西了，可见这个孩子确实聪明。

随着丹朱长大，尧帝渐渐发现自己已经是输多赢少了。要费好大劲才能侥幸胜这么一局，整天被儿子叫臭棋篓子。

先秦古籍《世本》记载：

尧造围棋，丹朱善之。

就是说虽然围棋是尧发明的，但是丹朱才是高手。丹朱被称为围棋第一圣手，算是围棋行业的祖师爷。

丹朱逐渐长大了，尧帝的后宫那也没空着，后来又娶了不少媳妇，生了八个孩子。正当他的生活稳定了，逐渐步入幸福轨道的时候，黄河泛滥了，洪水开始在人间肆虐！

——我们终于来到了著名的大洪水时代。

黄河泛滥在历史上发生过无数次，民间有俗语说黄河是"铜头铁尾豆腐腰"，就是两头没啥大事，主要是中间河段危险。这"腰"就集中在今天的河南省的几个水段。尤其是各个支流汇集部分，就特别危险——这些支流也包括宓妃管理的洛水。每年到了汛期，各路洪水都在腰部开会，水从上游往下游流，从宽处经过窄处，达到一个最大值——现代叫洪峰流量——超过堤岸承受能力的时候，就危险了。上古时期还没有堤坝，就是自然形成的河岸，那是动不动就决口。

前文说过，洪水是洛水女神和黄河河伯两口子打架，一时失手引发的。

但是洪水泛滥人间，其实也不完全怪这二位，这里头还暗藏着一个幕后黑手，那就是沉寂已久的水神共工。

想当初共工跟颛顼争王位，失败之后怒撞不周山，自杀未遂，被一位大人物给救了，在河北那边儿隐居。这位大人物就是天庭大 BOSS 帝夋。

帝夋看共工挺有野心的，性格又很叛逆，就想在人间留下一枚随时可以用的棋子。

帝夋对人间国度的不满，由来已久。因为对黄帝的崇拜越来越普遍，黄帝的形象也越来越高大，在民间获得了天神一样地位。帝夋有点儿不高兴，他一直琢磨着想刷一下存在感啊，让人类知道他才是至高无上的天神。

不过帝夋一开始没想起来共工有啥用，就扔那没管。后来大羿射日，帝夋失去了九个儿子，痛心疾首之际又把共工想起来了。于是他趁着黄河决口，命共工从中捣乱，把灾情扩大。

我们看远古各大文明留下的记载中，几乎都有一个大洪水时代。希腊神话里宙斯就曾放洪水灭世，甚至还不止一次，《圣经》中也有诺亚方舟的故事。其实考古学家们不止一次从远古遗迹中考据得知，毁灭性的大洪水是真实存在的。不仅在中国，地中海、印度、东南亚、大洋洲、美洲、非洲等地区都有非常相似的故事世代流传。从考古结果来看，很多大规模洪水发生的时间非常接近。基本可以确定，古代真的有过一场持续时间很久、波及全球的洪灾。

《圣经》里上帝虽然发洪水，毕竟还让诺亚一家上船了，还保留了很多物种。咱们这位上帝帝夋，难道就想彻底毁灭人间吗？肯定不是，其实他也有后手，也有他的"诺亚方舟"，这个咱们后文会提到。

单说共工参与了帝夋的洪水计划，导致一些本来不受影响的河段也决口了。共工也有自己的小算盘。尧帝治理国家是很不错的，百姓臣服，百官称赞，不出意外的话，没人能跟他争权。所以共工很乐意在其中帮忙制造点意外。大洪水导致人间陷入混乱，王权自然就不稳定了。共工争王位的贼心不死啊。

这时候尧帝确实很郁闷，愁得一把一把掉头发。有困难，找许由。许娘娘能不能帮他解决问题呢？咱们下回接着说。

第六十五回 | **鲧：**
野生治水专家

上回书说到尧帝找来许由研究治水之策。

尧帝就问："我说许娘娘啊，您可是跟我亲口说过，天下大事，什么都能帮我。现在天下最大的事就是洪水了，赶快给我想想办法。"

许由一翻白眼："我说能帮您的是治理天下的政务。治水这种事我帮不上忙。所谓术业有专攻，譬如您要打个家具，就得找木匠，打造兵器，就得找铁匠！我再有才华，也做不出来一把椅子、一柄刀枪！那治水也是一样，得让专家去治，我不懂！"

尧帝："不懂您还这么理直气壮……那，您比较了解天下能人异士，给我推荐一个懂治水的人也行啊！"

许由说："鲧（gǔn）！"

尧帝本来就心烦，一听这话脸上有点挂不住了："咱有话好好说，何必骂人呢。"

许由说："——鲧！"

尧帝拍案而起："姓许的！你有完没完了！想当初我亲自到深山，毕恭毕敬把你请回来，当着文武群臣的面拜你为老师，还昭告天下！你凭良心说，我待你如何？岂止拿你当老师，简直拿你当老婆……一样地尊敬！你怎么能这么对待我呢！"

说着说着甚至有点哽咽。

许由扑哧一笑："哎呀，陛下，您别哭！您不是让我推荐一个治水之人么，我说的鲧，就是这个人的名字。这个人对治理洪水很有研究，我们不妨找他来干这个活儿！"

尧帝这才明白："噢……要说这个人名字取得也很有特色，他爹是不是不喜欢他？"

许由推荐了鲧来治水，尧帝一打听，这还是自己的族亲，鲧是黄帝一脉的后裔。尧帝有点犹豫，就召集文武百官，听取大家的意见。

司马迁的《史记》中记载，

（群臣）皆曰鲧可。……等之未有贤于鲧者，愿帝试之。

皆曰可，就是都说行啊，全票通过！尧帝问就没有别人了吗？大家想来想去也没有更好的人选了，就建议让鲧先试试。

说到这里大家可能也发现了，尧帝好像不太愿意找鲧来治水。大家都说行了，他还要问问有没有别人。这是为什么呢？其实是因为鲧的家族地位。倒不是说他权势有多大，主要是辈分儿大。

讲到这咱们介绍一下这个鲧。

《山海经》记载：

黄帝生骆明，骆明生白马，白马是为鲧。

要这么算，鲧的辈分可大了去了，是黄帝的亲孙子。

尧帝是谁呢，他是黄帝长子少昊的重孙子……那尧帝在鲧的面前，要真论起来，可得叫声好听的。

欢迎大家帮尧帝算算，跟鲧差几辈，应该管鲧叫什么？

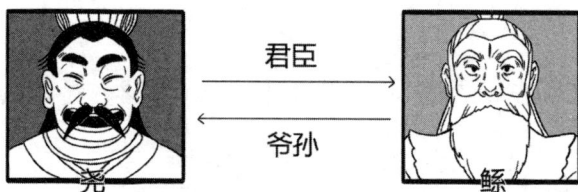

鲧的辈分这么大，还年轻力壮能治水，让有些人觉得有点违和，所以有些记载就把鲧的族谱改了。

譬如《史记》中，司马迁就说鲧是颛顼的儿子，这样就跟尧平辈了，可能是为了照顾统治者的面子。而班固的《汉书》更是狠狠往后推了一把，说"颛顼五代而生鲧"。可能是因为要进一步塑造尧帝的光辉形象，不但不允许他在鲧的面前当小辈儿，还要反其道而行之。

咱们既然是讲《山海经》，就还是沿用原文提供的辈分——鲧是黄帝的孙子，是尧帝的长辈。

正因如此，尧帝有点忌讳他，但是又实在没别的人选了，尧帝最终还是不情不愿地把鲧请了过来。

鲧是有崇部落的首领。有崇部落又称为崇国，位置大约在今天的河南嵩山一带。河南咱们上回说了，黄河的豆腐腰就在河南一带。多年以来，鲧为了保护自己的部落，也一直在跟小规模的水灾作斗争，渐渐就积累起了丰富的治水经验。

尧帝把鲧召来，先客气了两句："嗯……按说咱们这个辈分，我是比你小一点儿，不过我既然是天下之主，咱们就不按家族辈分论了。"

鲧也笑："您叫个什么我也不敢答应。您是君，我是臣。您有什么事就吩咐吧。"

尧帝点点头，心想这家伙挺上道儿，说："群臣推荐，让你把全国治水的工作抓一抓，你可敢去啊？"

鲧说："愿为陛下效力。"

尧帝眼珠一转："治水可是治水，我允许你调派人员和物资，全力支持你，治好了肯定是重重有赏，但是……"

鲧一听要坏，尧帝接着说："但是你要治不好水，我就治你。"

这鲧心里也没底，可是王命难违啊！这时候没法退了，国家大事不是儿戏，尧帝话已出口，金口玉言，就是圣旨。想不去也不行了！

鲧只能在心里骂街，表面上还得恭恭敬敬地领旨谢恩，开始了他漫长的治水之路。

很多史料都提到，鲧不仅会治水，还是城郭的创始人。什么是城郭？城的本意是指内城的墙，郭是外围的墙。上古的城还比较简陋，有一道墙就已经很好了。真正把城池建设成为内外呼应的建筑模式的人，就是鲧。可见鲧还是一位建筑设计师。内外城墙的好处，不仅是恢宏美观，更重要的是有利于防守。所以后来历朝历代都效仿了鲧这个设计，有些城池不仅有两层城墙，甚至有三层、有左右城郭等，发展出了各种复杂的设计，使城市更加安全，更利于管理和防守。

鲧设计城墙，其实跟他的治水理念也有点关系。因为他的理念就是通过筑堤坝来阻挡洪水。

鲧带着沉重的压力，开始了工作。他擅长的是建筑，治水方略也是以建筑堤坝堵住决口为主。他带着人马到处视察，看哪的河岸垮了，就去修个堤坝。简单说就是把缺口堵起来，再把河岸加高，试图把水拦住。可是古代没有钢筋混凝土，堤坝主要是土木结构的，石头太大的都运不动，最多加点碎石头子儿。这种建筑的坚固程度也有限，而且还容易出现虫害。

有个成语就叫"千里之堤，溃于蚁穴"。白蚁特别喜欢在土木河堤里面筑巢，危害非常大。别看蚂蚁洞表面看起来很小，可是里边是纵横交错。再加上白蚁繁殖能力特别强，千里的长堤，也架不住白蚁筑巢，往往表面看着挺好，其实内部已经千疮百孔，水流一大，瞬间就冲垮了。

所以"千里之堤，溃于蚁穴"这个成语，比喻不注意小事就会酿成大祸或者造成严重的损失。还有一个成语叫作"合抱之木，生于毫末"。意思是很粗大的树木也是从细小的树苗成长起来的，比喻做事要脚踏实地，一步一个脚印。这两个成语我们都应该谨记于心。

这两个成语，说的都是量变能引起质变。但是语境就大不相同了：一个是提醒大家别忽略小事可能造成的巨大危害，另一个是鼓励大家从小事做起，也能成就大事。

再回来说，鲧用建筑堤坝的方式治水的结果，其实大家已经知道了，没成功。

以前他在洪水发生之前建筑堤坝，曾经有过很好的效果，这个叫防患于未然。而现在已经洪水泛滥了，再用石头去堵，用土去填，往往堤坝刚修一半，就被水冲垮了。

鲧见此情景非常焦虑。他还真是一个爱民如子的好领导。眼看着百姓流离失所，哀鸿遍野，自己却解决不了问题，心里太难受了。

这一天，鲧正站在一座小山丘上，望着下面冲垮的河堤，冥思苦想，忽然听见有人叫自己："鲧——鲧——"

鲧第一次觉得自己的名字是有点儿别扭。

他抬头一看，面前没人啊？稍微一低头，发现是一只挺可爱的猫头鹰，再往下看，这猫头鹰还站在一只乌龟背上。

鲧纳闷啊，这是什么奇怪的组合。这猫头鹰还笑咪咪的、歪着头在那卖萌，就是它在叫："鲧——鲧——"

鲧说："行了别喊了，听见了！听着别扭。"

猫头鹰就问："鲧先生，您这治水工作进行的咋样啦？"

乌龟也抻着脖子慢悠悠地问："有没有效果呀？"

鲧一听就烦："我说你们俩跑我这起哄来啦？我治水，很用心啊！要说效果，确实不怎么样，还没治好！怎么着，你们有办法呀？"

鲧当然没觉得一只猫头鹰一只乌龟能有啥办法。他这是气话，可是万没想到，猫头鹰咯咯一笑，顺着这话说："对呀，我们有办法！"

这猫头鹰笑起来可不好听，民间有谚语说"不怕夜猫子叫，就怕夜猫子笑"。夜猫子就是猫头鹰的俗称。因为太难听了，民间传闻夜猫子一笑就要死人，很不吉利。

可是鲧一听夜猫子笑完了说出的这句话，十分震惊，赶紧问："此话当真？这是关系整个天下的大事，不能玩笑！"

乌龟慢吞吞地说："办法是真有，就看你敢不敢干。"

鲧说："要是真能退了洪水，那是造福万民的好事，就算是刀山火海，我也敢闯他一闯！"

猫头鹰点头："好！就等你这句话！"

这猫头鹰转动脑袋，往周围踅摸。大家知道猫头鹰脖子构造特殊，脑袋能旋转270度，稍微动动就把一圈儿都看了。它看了看四下无人，这才低低地说道：

"天庭之主帝夋，藏有一宗法宝，名为息壤。这乃是女娲娘娘造人剩下的神土，法力无边。现在洪水范围太广，用凡间的土木岩石去堵已经不行了。神土可不一样，它自己能增长，只要抓一把撒在决口位置，它就自行增加，一把土变一车土，一车土变成一座土山，而且坚如磐石，水冲不走。"

鲧一听还有这种神奇的东西，正符合自己治水的理念，急忙问："那怎么能得到这个神土息壤呢？"

乌龟慢悠悠地说："此乃天庭法宝，帝夋肯定舍不得拿出来，他老人家的九个儿子被人间的大羿射杀，他必然怀恨在心。所以洪水发了好几年了，他都没管，看样子就是不打算管了。"

鲧一听就泄气了："人家不乐意给，不是白搭？"

猫头鹰又是咯咯一笑："不给是不给，您不会自己去拿吗？"

鲧说："啊？我自己去拿？虽然我是黄帝亲孙，得到我爷爷那么一丁点儿的仙家传承，那也就是混了个长寿。我可什么法术都不会！天庭是什么地方，那怎是我这种人随便能上去、随便能拿东西的地方呀？"

猫头鹰说："其实通天之路自古有之，您看我们俩，怎么能口吐人言，又知道这么多事儿？我们俩就是天上下来的！"

鲧说："你们是天上下来的？不知二位在天庭干什么工作的？"

乌龟说："我们在天庭御花园负责游戏项目。"

鲧说："你们还会开发游戏？是什么类型的呀？是经营型的、射击型的？是角色扮演的、还是休闲益智的？"

猫头鹰说："我们就是陪着别人游戏。劈如他们给我们喂点吃的，我们就表演点才艺。"

鲧说："嘻！宠物啊你们是！"

鲧觉得自己被宠物调戏了，居然还挺认真跟它们聊半天——这俩货一看就不靠谱呀！可是万没想到，这俩小宠物接下来说出一番话语，把鲧听得是目瞪口呆！这猫头鹰和乌龟到底有什么能耐帮助鲧治水呢？咱们下回接着说！

第六十六回　| 爬树是个技术活儿

上回书说到，鲧遇到了一只猫头鹰和一只乌龟，这么一个奇怪的组合，居然跑来给他的治水大业出谋划策。

这事儿有根据吗？那自然有啊。咱们熟悉的《天问》里就记载了这件事，屈原问了这么一句：

鸱龟曳衔，鲧何听焉？

鲧为何要听鸱龟的献计跑去盗息壤呢？

鸱就是鸱鸮，古代对猫头鹰的称呼。猫头鹰和乌鸦一样，曾经是神鸟，直到西周以后才逐渐被视作不太吉利的鸟。上古先民主要集中生活在北方，夜晚比较长，所以在夜间行动的猫头鹰很受崇拜，一度被想象成为太阳在夜晚的化身。殷商时期青铜器上最多的鸟类形象就是鸱鸮，可见猫头鹰曾经有极高的地位。

而鸱龟这个词，历朝历代也有过不同的解读。有些学者就认为这是一种长着鸟头的乌龟，是二合一的神兽。后来直到长沙马王堆出土了著名的 T 形帛画，人们从帛画上面看到猫头鹰站在乌龟背上的形象，才重新判断屈原说的鸱龟应该是这两个动物在一起行动，并不是二合一。考古学家还推断，这幅帛画描绘的就是猫头鹰和乌龟给鲧出主意的故事。因为画面上有象征大水的波浪状线条，下面还有玄鱼的形象——而玄鱼恰恰就是鲧的别名。所以这幅图很可能画的就是我们现在讲的这个场景。

猫头鹰和乌龟告诉鲧，天庭有神土息壤可以治水。鲧一问发现它们只不过是帝夋御花园里养的宠物，顿时就觉得这事有点不靠谱，就问："嘻！就凭你们能探听到啥消息啊？"

乌龟说："您别瞧不起宠物啊，我们在御花园之中，什么消息都能听到。因为别人说话都不避讳我们。"

鲧一想还真有道理。在花园里偷着说点私房话，得背着别人，但是树上站个鸟儿，池子里趴个王八，谁在乎呢？说啥都不用避着它们。

乌龟说："在弱水之西，有一棵树名为建木，它就是隐藏在人间的天梯，我们俩就是顺着那个跑下来的。"

猫头鹰说："这棵树跟你还有点儿渊源，那是你爷爷黄帝当初拜访西王母之后，以仙水玉膏栽培的神木。这棵树可了不得，见风就长，借着昆仑山的灵气越长越高，如今已经直通天庭！所以建木就如同登天的梯子，只要顺着它爬上去，就能到天宫的后院儿！"

乌龟接着说："息壤就藏在后院的御花园里左边第三个花盆中！"

前头鲧还听得热血沸腾，听到最后一句又有点不信了："不能吧？这神土怎么也得藏在什么宝库里面吧，好歹要整个三层柜子四层锁啥的，门上设密码，门里藏机关，一打开嗖嗖就放箭……怎么就在花盆儿里放着？这么随意的吗？"

猫头鹰说："你傻啊？天庭里宝物无数，这息壤相比之下就不算什么了。而且它乍看就是一盆黄土，所以正好放在花盆里，这叫灯下黑，最危险的地方就是最安全的地方嘛。"

鲧说："等等，那你们说这个建木到底长啥样？昆仑山周围那是树木成林，古树都是高耸入云，我不能挨个爬一遍吧？"

猫头鹰咯咯一笑："这不成问题，只要你能找到弱水之西，看见就知道那是神木！去吧！"

说罢这番话，猫头鹰跟乌龟高高兴兴地走了，从此是踪迹皆无，估计是跟童话里说的似的——从此过上幸福快乐的生活了！

剩下鲧站在小山丘上，内心很纠结，他琢磨：这俩货到底靠谱不靠谱？真有这么一种神土能治水吗？就算有，我真能拿到吗？——说得好听叫拿，其实就是偷啊！到天庭偷帝爹的宝物，这事就算办成了，肯定也没啥好下场……

思潮起伏之中，鲧又想起来不久前的一件事。

古籍《归藏》记载：

昔鲧筮注洪水，而枚占大明曰："不吉，有初无后。"

这段话就是说鲧曾经找巫师来占卜吉凶，结果巫师说不吉利，"有初无后"。倒不是说鲧绝后，是说他的治水大业，虽然有开端，但是结局并不好。

此刻鲧想起巫师的话，仿佛也预见到了自己没什么好下场。

可是他望着下面冲毁的堤坝，想一想民不聊生的天下百姓，心里不由得一阵热血上涌。心说：也罢！我既然身为治水官，就应该担起这份责任，当为天地立心，为生民立命，解苍生之苦难，为万世开太平！

他是一咬牙一跺脚，管他呢，豁出去了，干！

于是鲧独自一人，前往昆仑弱水以西，去寻找神树建木。

那这建木到底长什么样儿呢？《山海经》是这样描绘的：

有木，青叶紫茎，玄华黄实，名曰建木，百仞无枝，上有九橚，下有九枸，其实如麻，其叶如芒，大暤爰过，黄帝所为。

这树是青色的叶子、紫色的枝条，开出的花是一串一串的，结黄色的果实。百仞无枝，就是下面的树干上都没有旁枝。要到很高很高的顶上，才有弯曲盘绕的枝杈，下面树根也是盘曲交错。

建木咱们谁都没看见过，可是历史上关于这棵神树的记载还挺多。

古籍《淮南子》也提到了这棵神树：

建木在都广，众帝所自上下。

众帝所自上下，就点出了建木可以通达天地的特性。但这里还提到了建木地理位置的一个新坐标：在都广。根据后人考据，都广很可能在四川成都一带。因为《山海经》在描述完建木后，紧接着的一段的头一句就说"西南有巴国"，可能就是指巴蜀之地。巧的是，在四川的三星堆遗址里面，发现了八棵神秘的商代青铜树。其中最高的一号神树修复之后有大约五米高，以原始社会的铸造技术可以说是巅峰之作了。很多考古学家认为，这些青铜树代表的就是建木神树，是上古蜀国对天梯的崇拜。这些青铜神树是国家一级文物，而且被文物局列为首批禁止出境展览的文物，各位有机会可以去三星堆博物馆看看。当然还有其他的看法，也有一些学者认为三星堆神树不是建木，而是扶桑或者若木——这两种树也记载在《山海经》当中。《山海经》里面有十大神树，其中建木是唯一能够通达天地的——其他的树咱们有机会再讲。

关于建木的地理位置，《淮南子》里还提到一个神奇之处：

日中无景，呼而无响，盖天地之中也。

就是这棵树所在的位置，是天地的正中心，太阳正正当当位于树顶上，所以这棵树没有影子。这就很离奇了，因为太阳东升西落，在不同的时间段里，树怎么也应该有影子呀！所以古人认为，它就是整个世界的中心。另外，如果在这里大喊一声，声音会消失在虚空之中，四面八方一点回响都没有——它还有消音的功能。

话说鲧历经千辛万苦，终于来到了建木神树下面。

　　前面介绍过,《山海经》上描述建木是"百仞无枝",仞是古代的长度单位,八尺为仞,古代的尺比现在短,例如商代一尺大约 16.95 厘米,百仞将近 136 米。百仞无枝就是说,这棵树离地一百多米都没有树枝树杈。

　　不知道各位小时候爬过树没有,往上攀爬它得有借力的点,脚下踩着、手上扶着,这才能往上攀登,没有枝杈,就无从借力。爬树是技术活儿,不是谁都能上去的。很多擅长爬树的动物都有尖利的爪子,能抓住树干。

　　鲧站在树下,仰着脑袋往上看,心里不由得发愁:"这玩意儿怎么爬?"

　　可能有人要说,怎么不用梯子呢?根据传说,梯子是春秋时期的鲁班发明的,虽说实际产生的时间应该更早,可在鲧的时代,很可能还真没有。

　　鲧匆忙赶来,也没有准备工具,可是来都来了,总得试试吧。他手脚并用,跟个树袋熊一样,用力抱着大树就开始爬。虽然没有树杈,树皮总还是有点摩擦力。鲧用腿盘着树皮往上蹭,没爬上几米,力气耗尽,啪叽就掉下来了。如是几次,鲧这衣裳就磨破了,连胳膊腿都蹭出血来了。

　　鲧倔劲儿上来了,一次又一次,上去几米摔下来,上去几米又摔下来。最好成绩是爬上去十来米,没想到手上一用力,树皮被扒下来一条,一把抓空,又摔了下来。

　　这回可摔惨了，所谓登高必跌重。鲧是摔得头晕目眩，爬了这么久已经是手脚鲜血淋漓，模样别提多惨了。不知过去了多久，鲧正在昏昏沉沉之中，隐约间听到一个女子的声音，温柔地叫他：

　　"喂，鲧先生？鲧先生？喂喂？"

　　鲧四仰八叉躺在地上，勉强睁开双目，还看见了一位美貌的女子，正看着他露出笑容。

　　鲧有点迷糊，心说我这是摔出幻觉了？

　　这位女子依然很温柔地问："哎我说，您还活着吗？活着就吱一声啊！"

　　说着用脚尖轻轻踢了鲧一下。

　　鲧身上疼啊，这么一踢，他还真就清醒了。赶紧开口："别踢别踢，是活的！"

　　这位女子手里拿着一个小葫芦，一手扶起鲧的脑袋，一手举着葫芦送到他的嘴边。鲧就着葫芦嘴儿喝了两口水，一瞬间就觉得好像有一股暖流疏通了四肢百骸，疼痛瞬间就消除了，连头脑也变得清醒了。

　　鲧活动了一下手脚，赶紧站起来，躬身施礼：

　　"谢谢这位姑娘，您给我喝的这是什么水啊？竟然有如此奇效，莫非您是仙女？"

　　这女子点头说道："我乃是西王母座下的玄女，奉娘娘之命前来搭救你的。"

玄女怎么来了？咱们说过，建木在昆仑山下弱水以西，鲧跑这爬树来了，西王母能不知道么。这棵神树是黄帝种的，纪念跟西王母的一番情意，就算友谊树吧！鲧，是黄帝的亲孙子。

鲧也知道爷爷跟西王母有点交情，所以对玄女十分尊敬。就把自己为什么爬树的始末缘由讲述了一番。

玄女就叹了口气，说："此树确实是可以直达天庭，如同天梯，可是这梯子没有脚踏板儿啊！"

鲧说："此事攸关天下苍生的福祉，娘娘既然把您派来，那必定可以助我一臂之力，玄女姐姐您就大发慈悲，告诉我怎么上去吧！"

好么，把鲧急得，都叫上姐姐了。

那玄女姐姐，会不会帮助鲧呢？且听下回分解。

第六十七回 ┃ 悲摧的太子丹朱

前文说到，鲧好不容易见到救星，苦苦哀求玄女帮助自己上天庭，一口一个姐姐地叫着。

玄女一听这位嘴甜，也挺开心的，于是晃了晃手中的葫芦说：

"既然来了，岂有袖手旁观之理。我这宝葫芦里面装的是昆仑山的仙泉之水，凡人喝了可以强健体魄，变得身轻如燕。但是娘娘另有交代，有句丑话咱们可要说在前头！"

鲧问："什么话？这水还有副作用吗？"

玄女说："水倒是没什么副作用，你此行必然顺利。可是盗窃天庭的宝物，此乃触犯天条！就算是为了黎民百姓，行为上也是盗窃，所以啊，再往后娘娘可就不方便帮你了。以后的事情，你就得自己扛着了。"

鲧一跺脚："也罢！只要能拿到息壤，治理洪水，纵有天大的罪过，我愿意一肩承担！"

说罢一把抢过葫芦来就往嘴里灌，咕咚咚……一口气就喝了个精光。

刚刚喝完，鲧就觉得浑身的伤都愈合了，神清气爽，于是便拜别了玄女，再次抱住树干往上爬。

嘿，真的很神奇。这回爬树感觉完全不一样了，鲧觉得自己轻盈得跟一片树叶似的，稍微借点力就蹿上去好几米！

鲧手脚并用，转眼消失在树顶的云雾之间。

玄女一直看着他爬上去，不由得感叹："小轩轩家的这个孙子，还真是个英雄人物，可敬可佩啊！"

感慨了一番，她转身离去，回家找西王母汇报去了，暂且不提。

单说鲧顺着建木上了天庭，这一路还真就特别顺利，御花园里刚好没人。别的盆里都种花，单单这盆里是黄土，一找一个准。

鲧拿出随身带的包袱，把这盆土倒在包袱里，捆扎停当，背在身上，又从建木下来，回到人间。

鲧赶快带领着兵卒到冲毁的河岸进行修复。先找些石头和树木堆积在水流决口的地方，再抓把土往上一撒。嘿！小小一把黄土撒下去，眼瞅着就层层增高，包裹着那些石头和木头，自动变成了一道坚固堤坝。这息壤果然是神土啊！全自动作业！

当然水灾蔓延范围太广，鲧也得一点一点修复，这也不是朝夕之功。可是他治水初见成效的消息，很快就传到了共工的耳朵里。

共工一听就急了，啥？哪来个什么治水官，岂有此理！不成，我得加大水量，倒看看你的河堤，能不能堵住我的河水！

共工一怒之下，比比画画念起了咒语，施展神通，把五湖四海天下之水都拘起来，专门往鲧修好的河段引。为什么这么做呢？因为共工也曾经治过水，而且他当年用的方法也是堵住水流。正因为如此，他才清楚，用堵塞的方法治水，效果并不是很好！在河床小、水流量大的情况下，越堵越危险。

这共工一施法，水就越涨越高，而鲧就拼命修堤坝，也越修越高。很快双方陷入了僵局：我灌！我堵！我灌！我堵！较上劲了。双方较量一时半会没有结果，咱们先放下不提。再回过头来，说说尧帝的家务事。

尧帝有什么家务事呢？因为天下大乱，王位有点不稳当，尧帝就开始考虑继承人的问题了。丹朱是尧帝唯一的嫡子，顺理成章应该继承王位。但是这位顽皮的小太子长大之后，并没有学好。虽然围棋下得不错，品行还是很成问题。

历史上对丹朱的记载，十分含糊，甚至有些混乱。首先有大量的记载认证了丹朱是个"不肖子孙"，人品不好，所以尧帝没有把王位传给他。可是再看看《山海经》，虽然没有记载丹朱的故事，但是每次提起他的名字，都称为"帝丹朱"。《山海经·海内南经》就写着：

苍梧之山，帝舜葬于阳，帝丹朱葬于阴。

　　说的是丹朱死后，跟舜同葬在苍梧山的两侧，并且也称为帝。可见他曾经短暂地登基过，或者至少不是被家族否定的不肖子孙，而是跟舜同样很有威望的人物。

　　根据史料记载，尧帝起了废掉太子的心思，就把丹朱贬去了丹水做一方诸侯。丹朱很不服气，就联络当地的南蛮部落反抗父亲，甚至招兵买马、聚草屯粮，想把天下抢过来。我们根据一些残存的史料可以拼凑出发生过的一场战役。

　　《吕氏春秋》记载：

尧战于丹水之浦以服南蛮。

丹水，就是丹朱放逐之地。《庄子》里面还有一句话很奇怪：

尧杀长子。

长子就是丹朱，就是再不肖，尧帝也未必会杀自己的孩子，但唯有一个例外，那就是造反。在历史上，因为争夺王位父子相残、兄弟相残的例子就很多了。

古籍《水经注》也描述了关于丹水这个地方的一点奇异之处：

丹水出丹鱼……网而取之，割其血以涂足，可以步行水上，长居渊中。

丹水里有一种怪鱼，用它的血涂在脚上，就能在水面行走，甚至还可以长时间在深水里呼吸。

丹朱造反的时候，洪水还没退。有了这么玄妙的方法，可以全面提高水上作战的能力，这是一个很大的优势。也难怪丹朱敢冒险跟亲爹打仗。不过他到底是战败了，据说因为羞愤，最后自投南海而死。

《尚书·益稷》里面，借着大禹的话形容丹朱说：

无若丹朱傲，惟慢游是好，傲虐是作，罔昼夜頟頟，罔水行舟，朋淫于家，用殄厥世。

这段话狠了，大意就说丹朱这个人，傲慢、暴虐、顽劣、挥霍无度、聚众淫乱，不分昼夜地胡作非为……

这一点值得怀疑，因为尧帝的王位让给了舜，所以史书上才需要抹黑丹朱，把他说得彻底不是人，这样才显得禅让一事合情合理。

可是尧帝这个王位，真是心甘情愿让给外人的吗？且听下回分解。

第六十八回 | 重瞳到底是什么样子?

丹朱要真是如史书记载的那么坏,《山海经》里就不会尊称他为帝丹朱。可见真实历史中的丹朱至少不会一无是处,甚至还可能一度受人爱戴。

这就好比那位隋炀帝杨广。史书中对他有不少极端评价,太平歌词《秦琼观阵》里面是这么唱的:

那隋炀帝无道行事凶,弑父夺权理不公。他鸠兄图嫂把伦理丧,欺娘戏妹把那纲常扔……

这说的都是杨广的罪状:为了篡位把亲爹杀了,用毒酒药死哥哥就图这漂亮嫂子,还调戏父亲留下的妃子和同父异母的妹妹……别的不说,就这几句已经够畜生了。还有些事也十分荒唐,譬如说杨广为了下扬州观琼花非要旱地行舟——旱地没有水,就把黍子倒在河沟里,再拌上香油,就这么着在上头走船。黍子是黄米,古代的主食之一。有个成语叫黄粱一梦,出自唐代传奇

《枕中记》，后来被明代剧作家汤显祖改编为戏曲《邯郸梦》，闻名于天下。简单地说，就是一个穷书生在旅店里做了一场好梦，梦中是娇妻美妾、儿女双全，高官得做、骏马得骑。在漫长的整整一生里，他享尽了荣华富贵，结果醒来一看，还在客栈打瞌睡，店里的黄米饭还没蒸熟呢！——这就叫黄粱一梦。这故事是用来劝喻世人，荣华富贵是辉煌又短暂的。这个成语一般用来比喻不现实的梦想或者不切实际的欲望容易落空。

很多成语解释说黄粱是小米，不对。黄米跟小米是两种不同的农作物，黄米比小米大一些，黏性特别强，适合做米糕。

咱们说到这隋炀帝杨广非要旱地行船，就把发霉的黍子倒在干的河床里，兑上香油润滑一下。船在上面走，没有风浪，就得靠人硬拉，于是选来民间美女赤身裸体拉纤，走到中途还要割断纤绳，使美女个个跌倒，杨广坐在船上哈哈大笑。——这段在相声里也有，是《八扇屏》里一段贯口，就叫"不是人"，可见杨广在民间是什么评价了。

其实单听这些描述，显然是底层的百姓想象出来的，在香油拌黄米上面走船，那走得了吗！很荒谬，纯粹就是为了抹黑而抹黑。

至于杨广有没有调戏过嫂子是无从查证了，但是他当皇帝也不至于真的一无是处。开凿大运河虽然劳民伤财，但是从整个历史的纵向角度看，大大促进了国家经济贸易的发展和南北文化交流，甚至对国家的军事政治都是有益的。

　　只不过因为杨广是隋朝的亡国之君，改朝换代后要极力抹黑前朝的皇帝，这才给杨广量身定制了很多罪行，让他遗臭万年。

　　回到尧帝时代，很可能太子丹朱也遭遇了类似的命运。因为他是造反失败的一方。最后，尧帝的王位传给了舜。

　　话说回来了，这个王位真的是尧主动让出来的吗？这事儿啊，也值得推敲。

　　要把这事说清楚，得从舜这个人说起。

　　舜，姓姚，名重华。重华这个名字可有讲究。因为舜是目生重瞳之人——就是眼睛里有两个瞳孔。这个咱们要说清楚，很多人听说"目生重瞳"，就觉得好像是一只眼睛里有两个黑眼珠，瞅着特别吓人。其实这是一个误解。

　　黑眼珠叫瞳仁，瞳仁中间的小圆圈叫瞳孔。历史上所说的重瞳指的是有两个瞳孔，不是两个瞳仁，所以眼珠子就一个。

　　为什么会有两个瞳孔，现代医学其实是有解释的。这是一种很罕见的病理现象，先天畸形。瞳孔其实还是一个，只是中部产生了上下粘连，就好比一个橡皮圈往中间一捏，这个圆形就变成一个躺着的 8 字，所以看起来就像是有两个瞳仁一样。

　　古人不知道这是病理现象，就对目生重瞳这件事进行了过度解读，认为这样天生奇特的人，都是帝王之相。历史上有记载的目生重瞳的人物都挺有名，有的当上了皇帝，有的想当皇帝结果让皇帝弄死了。

譬如晋文公重耳，春秋五霸之一。上文讲寒食节时提过，火烧绵山的就是他。这位晋文公就是目生重瞳，他登基之前曾经流亡一十九载，被民间称为重瞳子。

还有一位帝王，南唐后主李煜，也是重瞳。但他是一目重瞳。我琢磨着这就不会太好看，瞅着好像大小眼儿。李后主是个才子，书法、绘画、诗词、音律，这些风花雪月的东西没有他不精通的，尤其擅长诗词歌赋："问君能有几多愁，恰似一江春水向东流""剪不断，理还乱，是离愁，别是一般滋味在心头""自是人生长恨水长东"……留下许多脍炙人口的佳句。可是这位什么都会，唯独不擅长当皇帝，最后就亡国了。保不齐是他这重瞳没长全，大小眼闹的，要是俩眼都重瞳，说不定命运能好点儿。

还有一位名气更大了，就是楚霸王项羽，双目都是重瞳，也是帝王之相。可惜没成功，败给了刘邦，最后乌江自刎。

历史上最早因为目生重瞳被记载的人物，就是咱们这故事里的舜。因为他执政的时候天下兴盛，开创了政通人和的新局面，口碑非常好，被当作帝王楷模。所以从此之后，才有重瞳就是帝王之相的说法。

但是史料上重华这个名字很少使用，习惯上都称呼舜为虞舜，因为他所在的部落是有虞氏一族。他是颛顼大帝的后裔，但却是五世庶人。庶人就是平民百姓。当年颛顼可是天下之主，他的后代咋混这么惨呢?

舜到底都经历了些什么? 咱们下回接着说。

第六十九回 | # 舜：
男版灰姑娘的原生家庭

以前讲过，颛顼很倒霉，生了好些儿子都夭折了不说，这些儿子死后还变成各种鬼为害人间。最后实在没有人能继承王位，颛顼不得不从亲戚中选择继承人，把王位传给了白帝少昊的孙子。

但是颛顼有一个儿子挺争气的，叫穷蝉。就是那个活跃在厨房里的小强，后来修成正果当上了初代灶王爷。

舜就是这位灶王爷的五世孙。穷蝉自己虽然修成正果，但是因为没有凡间的官职，这家族也就没落了，所以后辈都是老百姓，到了舜这一代，已经是五世庶人。

舜的家庭虽然不是大富大贵，但是也能吃饱穿暖。然而舜从小的生活就很艰苦，可以说他就是一个古代中国男版灰姑娘——甚至比原版灰姑娘还惨。他这个原生家庭，是千年极品。

跟灰姑娘相似，舜在很小的时候，亲娘就去世了，他的父亲给他娶回来一个后妈，又给他生了一个弟弟和一个妹妹。这位后

妈人品不好，看舜很不顺眼，经常虐待这孩子。

比灰姑娘更惨的是，舜的父亲也是混蛋。

舜的父亲叫瞽叟，这不是他的名字，是外号。瞽就是瞎的意思，叟指的是老年人。他父亲其实并没有失明，只是人称为瞎老头儿，这个外号就是讽刺他是睁眼瞎，不辨善恶！可惜古人还没有大脑的概念，不然的话这个外号可能要叫脑残。

瞽叟不但没有保护舜，还积极参与对舜的折磨，谋害舜的计划里都活跃着这位亲爹的身影，有好几次差点就成功了！这种爹也真是人间极品了，几千年才出这么一位。

舜跟弟弟妹妹的相处也很难。他这个弟弟叫象，妹妹叫敤

(kě) 手，敤是个生僻字，本意是敲击树枝使果实落地的意思。原始社会是男人去狩猎，女人负责采摘，所以女孩子叫这个名字，原意是说采摘果实，引申为手很巧的意思。

这弟弟象和妹妹敤手，就好像灰姑娘故事里两个黑心姐姐一样，处处为难舜。敤手这小姑娘也就是嘴上刻薄点，爱耍个小脾气啥的，象可比敤手严重多了，那是敢打敢骂敢下死手啊。

就这么个家庭，一家五口人，四口一起欺负舜。舜一个人要承担家里所有的工作，起早贪黑地忙活：什么做个饭扫个地，上午擦窗下午洗衣，白天种种地、晚上修桌椅……反正脏活累活全承包了，可是吃的却是剩菜剩饭。有时候没剩，连个饭粒儿都没掉地上，舜就得饿一顿，硬扛着，眼泪往肚里吞，就当充饥了。

当爹的这么对待儿子，让人意外的是，舜并不仇恨瞽叟，甚至还很敬爱他，孝顺他。

大家都知道，古代有二十四孝，舜就是二十四孝之首，被奉为孝道的楷模。二十四孝中，有些感人的故事，也有很多荒谬的故事。咱们还是要辩证地学习。有些事在现代看不科学，更有些事听起来简直就是毁三观，举两个例子：

不符合科学的，有"哭竹生笋"。说的是母亲大冬天想吃竹笋，没有怎么办呢，儿子就抱着竹子哇哇大哭，哭得是感天动地，地上就噌噌噌长出嫩笋了。

还有"卧冰求鲤"。说妈妈想吃活鲤鱼，大冬天的河水结冰了，孩子趴在冰面上，用体温把冰化开，鲤鱼就自己嗖嗖蹦出来了……这都属于不科学的，再说哪位父母舍得大冬天让孩子跑冰河上趴着去，就为吃口鱼呀！

毁三观的，有"埋儿奉母"这个故事。说汉朝有个叫郭巨的人，家里有老母亲，又有妻子，儿子才三岁。因为家里很穷，郭巨就决定不要儿子了，这样可以省下钱供养老母亲，于是刨个坑要把儿子活埋。当然后面有了神话色彩，从坑里出现了一坛子黄金，解决了他的问题。可是单看这个行为，是人干的事吗？这别说不符合价值观了，搁在今天这就犯法了！这叫什么孝顺，现代人肯定不能接受。

所以"二十四孝"这样的故事，可以学习孝顺父母的精神，对一些荒唐的故事不要当真。传统文化也是有精华有糟粕的，要分开看待。

舜的故事也是这样，他的孝顺，听着就不合情理。我就给您讲讲，他都受到了什么折磨。

宋朝的《经得堂记》写道：

舜小杖则受，大杖则走。

意思是父母打他的时候，如果用小棍子舜就忍着挨揍，大棒子打实在受不了，就跑了，免得被打死。就这个惨状，居然很受古代一些儒家学者的推崇。大杖则走，儒家认为这是避免万一被打死，会陷父母于不义——所以逃跑居然还是为了父母的名声，而不是为了自己逃生。所以"小杖则受，大杖则走"这八个字，也成为舜讲孝道的证据。

咱们要强调一下，上述这些都不叫孝顺，别信。无论虐待孩子，还是虐待父母，都犯法。但是不做违反法律的事，那仅仅是道德的最低标准了。咱们还得有点高的追求，要追求彼此尊重、和睦快乐的家庭关系。孝顺是美德，但是那些不着调的封建糟粕就摒弃了吧！

说回到舜，整天被虐，他心里难道真的不委屈吗？

古籍《孟子》中记载了舜如何发泄他的痛苦：

舜往于田，号泣于旻天。

有时候舜也觉得很崩溃，他就跑到田野里去哭。这哭的时候，有声谓之号，无声谓之泣。号泣那就是有时呜咽，有时号啕大哭。旻天就是苍天。

为了避免在家被虐待，舜很小的时候，就出来开荒耕田、学习各种手艺，想要独立创造自己的一番天地。

《史记》上记载：

舜耕历山，渔雷泽，陶河滨，作什器於寿丘，就时於负夏。

这里提到的历山、雷泽等，都是地名。这段话描写的是舜艰苦的创业之路。他曾经在历山开荒种田，到雷泽捕鱼，在河滨做陶器，在寿丘制造一些家用器物，到负夏去行商跑买卖，什么活都会！可见舜不但天生聪慧，也很勤奋好学。不但能干农活，手还巧，什么都会做，做好了还能卖出去，说明他的语言能力也很强。这些优点，都是后来舜从平民阶级崛起的必要条件。

不幸的家庭使舜很早就掌握了独立生存的能力，自学成才。那些乡里乡亲也都眼看着这个孩子在逆境中独自挣扎，努力成长，又心疼又佩服。所以舜渐渐在民间有了声望，也有了独立生存的能力。但是他依然很顾家，即使家里根本没有人对他好。

《尚书》记载：

舜父瞽叟顽，母嚚（yín），弟象傲，皆欲杀舜。舜顺适不失子道，兄弟孝慈。欲杀，不可得；即求，尝在侧。

这就是舜的家庭。父顽、母嚚、弟傲，就是父亲愚昧、母亲暴虐、弟弟骄横跋扈。而且这里明确地说，父母和弟弟，都想杀他。可是他还是很恭顺，对父母孝敬，对弟弟妹妹很慈爱。要杀他的时候，他就跑，可是需要用他的时候，他还回来，有求必

应！世界上真有这样的人吗？历史就是这么记载的，咱们就这么
讲吧。

舜高尚的德行也感动了很多百姓。渐渐地，越来越多的人主
动支持他，帮助他。

《史记·五帝本纪》描述了一个有趣的现象：

舜耕历山，历山之人皆让畔；渔雷泽，雷泽上人皆让居；陶
河滨，河滨器皆不苦窳。一年而所居成聚，二年成邑，三年成都。

这就是说，舜在历山开荒，当地人就把水源让给他用于灌溉；
在雷泽打渔，当地人都主动把房子让给他住；在河滨烧制陶器，
当地的陶器就普遍提高了质量成为名优品牌。他创业的地方，仅
仅一年时间就聚集了很多同道中人，两年后形成了小镇，三年后
就有了城市的规模。这还了得，这能力，搁现在公司早就在创业
板上市了！

舜凭自己的力量成为地方领袖——人生第一个小目标就算完
成了。当然不仅因为勤奋，肯定也因为他有极强的人格魅力。舜
就是这么一个领导人才。

舜孝顺隐忍、聚集百姓建设家园的事迹渐渐传扬开了，传到
了尧帝的耳朵里。

尧帝也觉得这是一个不可多得的人才，就主动地扶持他。《史

记·五帝本纪》记载：

尧乃赐舜絺衣，与琴，为筑仓廪，予牛羊。

就是说尧帝赏赐给舜许多精美的细布衣裳，送他乐器，帮他建造粮仓，还送了许多的牛羊牲畜。

这都不算什么，尧帝甚至还把自己的两个女儿也许配给了舜——直接给媳妇，还一次给俩！

这俩媳妇就是著名的娥皇、女英。舜是二十四孝之首，而娥皇、女英是写入《烈女传》的，载入史册，青史留名。

娥皇、女英一般在记载中，都说是不分大小。其实她们感情虽好，但是名分上其实还是有区别的，娥皇是正妻，女英是侧室。

舜对待这俩媳妇也很公平，没听说他比较偏爱谁。买包都是一次买俩，送花也是每位都九十九朵，不偏不倚，平起平坐。这俩媳妇也非常贤惠，不但持家有道，还帮助舜抵抗家庭暴力。

要按常理去想，舜得到这么多赏赐，甚至都娶了帝王之女，身份高了，家里人应该对他另眼相看了。可是他弟弟象可不这么想。有的人就是这样，见不得别人好。民间俗语这就叫作气人有、笑人无。

当初舜一无所有，象就整天嘲笑他、虐待他。现在舜是平地一声雷，陡然而富，还成为天子的女婿，这回象对舜更是恨得咬牙切齿了。于是就跟父亲瞽叟商量，非要把舜置于死地。瞽叟这个糊涂爹，咱也不知道咋想的，就跟象一起合谋，定下了一条毒计。

有一天，瞽叟就跟舜说："我的好儿子，尧帝他老人家给你建了仓库，又大又结实！可是你瞅瞅，我这仓房，顶上的瓦都没了，要一下雨，这里头的粮食都得完了！唉，合着我这老头子没人管了是吧？"

舜孝顺啊，一听就赶紧说："房顶漏了没关系，我马上就去修！"说着就去拿工具准备干活。

与此同时呢，妹妹敤手来到了舜的家里。咱们说过，这妹妹是有点矫情，现代话说就是有点公主病，但是她毕竟还没坏到要杀人的地步。敤手找到舜家里，跟娥皇、女英说："二位嫂子，出大事儿了。"

娥皇、女英赶紧问："怎么了？"

敤手说："我偷听到象哥哥跟我爸爸私下计划，要在舜哥哥修补屋顶的时候放火烧死他！我虽然从小爱跟舜哥哥吵架，但是我也不忍心眼看着他们把舜哥哥害死呀！"

娥皇、女英俩人一听，特别淡定："行，知道了，谢谢你啊！"

敤手说："舜哥哥有生命危险，你们怎么不着急啊？"

娥皇、女英还反过来安慰她："别急别急，我们自有办法，放心吧！"

敤手忐忑地走了。

没多大功夫，舜就回家了，来拿工具，要去修房顶。娥皇、女英跟他说了这件事。舜还死心眼，说："这房我必须去修，我爹发话了，不去就是不孝。我当然也不想死，这可怎么办呢？"

娥皇、女英就献计，说到时候就这么这么这么办，可以逃得一命。

舜如何顺利化解这场杀局呢？咱们下回接着说。

第七十回 | 狗屎泡澡，法力无边

南北朝时期的古籍《通史》中记载：

瞽叟使舜涤廪，舜告尧二女，女曰："时其焚汝，鹊汝衣裳，鸟工往。"舜既登廪，得免去也。

这里就记载了舜脱困的方法，还是一个具有神话色彩的方法。娥皇和女英让舜换上一件绣着鸟形图案的衣裳，说穿着这件衣服，就可以脱困。

舜来到仓房，象看着他穿了一件新衣服来修房，暗中冷笑，心里暗道："臭美吧你，现在有钱了是吧，还穿着新衣服来送死！好！我直接给你火化！"

舜也没有多说，爬上屋顶，老老实实地开始修理。瞽叟和象立刻偷偷把他的梯子撤走，在墙边堆上柴草，点起了一把大火！等到舜发觉的时候，已经火光冲天，到处是浓烟烈焰！舜想起妻子们的话，赶快张开双臂，挥动自己的新衣服。刹那间，衣服上的鸟形花纹闪闪发光，好像活了一样，两只袖子呼扇起来，如同一对翅膀。瞽叟跟象站在仓库下面，眼看着舜舞动着袖子，像鸟一样飞走了，吓得是目瞪口呆！

这次阴谋失败，可是象和瞽叟并没有放弃。过了没多久，瞽叟又找到舜，好像什么事都没发生过一样，喊他去帮自己把水井清理一下。

这次不用报信，舜也有些怀疑了，娥皇和女英就又给他换了一件绣着龙图的衣裳——看来这二位夫人，陪嫁了不少好东西啊。这都是具有神力的衣服，舜有了上次的经验，就穿上新衣服放心去干活了。

等到舜下了井底深处时，瞽叟带着象冲过来就拼命往井里填土、扔石头泥块，竟然要把舜活埋！可是舜身上的衣服，再次显现神迹，瞬间化为蛟龙，带着舜从水中游到另外的井口，逃脱了出来。

经过几次失败之后，象更加暴跳如雷，天天跟瞽叟说："赶快杀了我哥呀，怎么还不杀了呢！"

瞽叟也发愁啊："我说孩儿呀，咱们这计划是不是得重新考虑一下。第一次舜跑了，可是咱家仓库来不及救火，烧没了；第二次呢，舜又跑了，可是咱家水井都填死了，到现在喝水还得跑去河边打水。这究竟是要害他呀，还是要害我呀？"

象想了想，把牙一咬说："咱们这回，干脆把他灌醉，拿把斧子把他砍死就完了！不会再有损失了。"

瞽叟欣然应允，就跟那位后老伴儿精心准备了一桌酒菜，让象去请舜过来喝酒。

象来到舜的家里，觍着脸露出笑容，笑得甭提多难看了。他假惺惺地说："哥哥呀，爹妈说了，咱们一家人啊好久没有团圆了，今天特地准备了酒菜，你晚上回家吃饭吧。"

此刻象是一脸的和善，但是舜呢，就算他的心态再好，这时候也不可能相信这个邀请是好意，毕竟已经两次死里逃生。他也只好露出尴尬而又不失礼貌的微笑，勉强同意了。

各位看官是不是感觉这一家都不太正常？亲爹要杀亲儿子，已经很不正常了。已经两次看到舜使用神奇的方法逃脱，居然还不害怕，还要继续害人。可是这舜也不对劲，知道他们要杀自己，每次还非要去。

舜准备冒死赴宴，这次娥皇和女英又有什么办法呢？《列女传·有虞二妃》记载：

瞽叟又速舜饮酒，醉将杀之，舜告二女，二女乃与舜药浴注矢，往，舜终日饮酒不醉。

这段就是说，娥皇、女英想到了瞽叟请舜喝酒，是想灌醉他之后杀死他，于是就给了舜一种药。药浴注矢，根据神话学家袁珂先生的解释，矢是个通假字，指的就是屎。这话的意思，就是让舜把药和上狗屎泡澡，可以保证千杯不醉。

舜当然是不愿意，但是也没有办法，为了保命，也得豁出去啊。于是他就跑到后院儿，找到家里的大黄狗。这狗正好也吃饱喝足了，还真给力。

舜接着来到厨房，找来洗澡的大木盆，把狗屎跟药倒在一起，浇上烧好的热水，拿着木勺子搅拌起来，匀匀糊糊这么一大盆。舜把眼一闭心一横啊，坐进去就开始泡澡。

舜泡了这么一回狗屎药浴，神清气爽，赶紧换上一身干净衣服，心情复杂、气味也很复杂地前往父母家里赴宴。到那一看，桌子上摆着七个碟子八个碗，菜肴还挺丰盛！旁边地上还摆了十多个酒坛子——这也是下本儿了。只是在他看不到的门后面，藏着一把锋利的大斧子，早就磨好了！那是光闪闪夺人二目，冷森森耀人胆寒，正是瞽叟和象准备的凶器。

瞽叟、后妈、弟弟象和妹妹敤手，几个人跟舜团团围坐，是推杯换盏，表面上看，还真像是相亲相爱一家人！

席间象端着酒杯格外活跃，频频举杯，劝舜喝酒，妹妹敤手看了知道要出事，紧着给舜使眼色。舜心里有数，咱是泡过狗屎浴来的，怕你们呢！他是酒到杯干，面不改色，越喝越来劲，这么反复几轮下来，舜越喝越清醒，再看瞽叟，年迈之人不胜酒力，早出溜到桌子底下去了！象也渐渐不行了，说话颠三倒四，一站起来脚底下拌蒜，舌头都大了还说呢："哎我跟你说大哥，你今天甭走了！这些酒咱都把它喝了，到时候我拿门后那大斧子啊，喊吃咔嚓我就……哎？我怎么把实话都说出来了！"

等到菜吃光了，酒坛子也都空了，舜一抹嘴，站起来恭恭敬敬施礼："多谢款待！告辞了！"扬长而去！

舜跟家里这些坏人的斗争，持续了很久。后事如何，且听下回分解。

第七十一回 | 尧舜王位更替疑云

队队春耕象，

纷纷耘草禽。

嗣尧登宝位，

孝感动天心。

上回书讲到，舜不但保住了性命，还获得了忠孝仁义的名声。

舜经历的这些事，尧帝都通过两个女儿知道了，所以越发看重舜，终于让他入朝为官，把一些政务交给他管理。

这个时候，尧帝的年纪也大了，就跟许由商量：

"我年纪也不小了，想退休了，这个王位继承的事情到底怎么办好呢？"

许由说："您呐，这个事不应该问我，这不是单纯的国事，还是您的家事。王位谁来继承，那得您自己说了算。"

尧说："那要是我说了算，我还是想传给你呀！你有才干，岁数又比我小，我退休，你接班，这多好。"

许由说："我继承得着吗？您有嫡长子丹朱，我来坐王位还不让天下人笑话么。我不干！"

许由说不干，还就是真心的。不久之后他就告老还乡，跑回了箕山，也就是他本来隐居的地方。尧帝知道许由还是喜欢自由自在的生活，所以也不勉强他，还特地封他为"箕山公神"，所以箕山又叫许由山。同时尧帝还把箕山和山下的颍河一带，都划为许氏一族的封地。人家许由也很讲究，说不出山就不出山，后来死在山上，也葬在山上。附近的居民都以这位贤德之士为骄

傲，于是纷纷以许为姓，这一带就成为许姓祖先的居住地。颍河流域就是今天河南省登封市和许昌市附近。提到许昌大家可能觉得耳熟吧？到了东汉末年，曹操带着汉献帝，就放弃了洛阳和长安这两个旧都城，改为定都许昌，挟天子以令诸侯。这个许昌，就是当年许由的封地。

许由走了之后，尧帝仔细看看自己的儿子，歪瓜裂枣的，确实没什么好继承人，最后把王位传给了自己的女婿舜。关于这段经过，史书上居然有两个截然不同的记载。

第一个说法呢，当然是和平禅让。尧帝把自己女儿都嫁给了舜，又让他入朝为官，进行了长期的考察，说明很重视他，很看好他。于是在太庙祭告祖先，正式让舜接替自己，登上了天子之位。这个说法是我们比较熟悉的。

但是有的史书上还记载了另一种说法。

古籍《竹书纪年》上有这么一句话：

舜囚尧，复偃塞丹朱，使不与父相见也。

这句话严重了。意思是说尧帝晚年的时候，舜已经大权在握，干脆就把尧帝软禁了起来，而且隔绝了他与嫡子丹朱的联系。按照这个说法，尧帝不是心甘情愿让位的，当然丹朱就更有可能造反了，因为见不到父亲，也可以预感到自己的继承权受到了威胁。所以很可能丹朱起兵反抗的不是自己的父亲，而是挟天子以令诸侯的舜。当然，丹朱最后还是失败了。

《史记》记载：

> 尧辟位凡二十八年而崩。百姓悲哀，如丧父母。三年，四方莫举乐，以思尧。

这是说百姓很爱戴尧帝，为了他的驾崩而悲伤，而且为了缅怀他，整整三年都不再歌舞奏乐。那这段话里还有一个信息很蹊跷，尧是让位之后又过了二十八年才去世的。

尧二十岁继位，在位七十年，让位后又活了二十八年，这么一算是活了一百一十八岁才去世。从这里我们不仅仅看到尧的长寿，还看出了一个疑点：他还能活那么久，身体倍儿棒啊，那为啥要急着让位呢？所以尧帝被女婿舜夺权软禁的说法，还是有一定合理性的。

那么舜继承王位之后，对自己的家人又是什么态度呢？那是一如既往地好。

《史记·五帝本纪》上记载：

> 舜之践帝位，载天子旗，往朝父瞽叟，夔夔唯谨，如子道。封弟象为诸侯。

　　这段是说，舜继位之后，打着天子的旗号，去见自己的父亲瞽叟。他的态度一如既往，对父亲十分恭敬。瞽叟都吓蒙了，悔恨不已，也跟儿子和解了。而那个屡次谋害舜的弟弟象，不但没有受到惩罚，还被封为诸侯。

　　所以舜保持了自己的人设，没崩：对父母孝顺，对兄弟友爱。

　　象的封地也有点意思，《汉书》记载：

　　象傲，终受有鼻之封。

　　就是说桀骜不驯的象，最后成了有鼻这个地方的诸侯。您想一下这个名字，象的封地叫有鼻。有鼻子了，那不就是一头大象吗！

　　咱们现在看见的大象，一般在动物园或者景区，可能觉得大象长得挺憨厚可爱的？但上古野象没有被驯服，还是具有很强攻击性的野兽，尤其是象体型巨大，两颗大牙支棱着，在古人的心目中，大象还是挺可怕的。

　　不得不怀疑舜封象也暗含讽刺。我虽然不惩罚你，但是你本质还是野兽啊！

　　还别说，有鼻这个地方也是真实存在的，大约位置就在今天湖南省道县北面。当地甚至还建过象祠，里面还供奉着一尊鼻神。但是这个古迹咱们现在是看不到了，因为在唐朝的时候，被道州刺史薛伯高给毁了。这哥们儿特别刚正不阿，一瞅这象祠就来气：供什么神啊，杀人放火、谋害兄长，就这种人你们居然还给他建祠堂，还烧香拜他？疯了吧！来人呐，给我砸了！

从里到外一顿砸，就把这祠堂给拆了。所以象祠没有保留下来——但好像也不是很遗憾。这个人太坏了，要是干了那么多坏事还能洗白，天理何在啊！

舜以庶人的身份，登上王位，这件事还有更深一层的意义。

舜的老家是东夷部落。这个部落听着耳熟吧？尧那个下野的哥哥挚，就去了东夷部落，而射日英雄大羿也出自东夷。

东夷其实是一个统称，泛指黄河流域下游的很多部落。《论语》上就提到："东有九夷。"就是说至少有九个部落，当然九可能只是表示很多，是虚数，而不是具体数目。倒是没有任何证据表明，舜是认识挚的，这个没有记载。但是咱们可以尝试猜测一下，舜有可能会认识大羿。

大羿在当时是家喻户晓的大英雄，在东夷诸多部落中也是百姓的骄傲、孩子们的偶像。舜在部落里长大，应该也很崇拜大羿。他从平民中崛起，最后成为天下之主，也算是给东夷这些部落争了口气吧！

说了半天舜接管天下的事，可是别忘了，天下还不太平呀！洪水依然没得到控制，治水官鲧还在治水，共工还在反治水，这场较量到底发展到什么阶段了？咱们下回接着说。

第七十二回 | # 英雄鲧壮烈牺牲

上回说到舜继承了王位。

这时候鲧治水已经整整九年了。

共工为了跟鲧较劲，错过了尧帝王位动荡的时机，心里也恨得慌。

他一琢磨，心说我不能自己在这傻干了，还是得召集旧部，把人马再拉起来。不然我光杆儿一个人，拿什么去争夺王位呢？

所以共工就回到了自己原来的部落，找到了以前的忠臣相柳。

这位九头蛇相柳咱们前文书也交代了，在跟颛顼那场大战中身受重伤，一直在老家养伤。看到共工回来了，君臣二人是抱头痛哭！

这一哭呀，就哭了一天一夜。相柳有九个头啊，抱头痛哭，共工还得一个脑袋一个脑袋挨个抱，把他累坏了！哭到后来，都没眼泪了，再一看，还有仨脑袋在那眼巴巴看着他呢！

共工嘴角直抽抽，说："咱就哭到这吧，还是要化悲痛为力量！"

相柳说："哎呀主公，这些年我以为你死了呢！我哭了好几年啊，您到底死哪去啦？"

共工说："你说话能不能吉利一点，我这不活蹦乱跳的嘛！"

相柳说："我的伤是已经养好了，但是往后的日子咋过呀？我跟您说这些年我都饿瘦了，周围野兽让我吃光了。没野兽我就吃土，您瞅瞅，这地方都快让我吃成盆地了！"

共工倒是很自信，说："没关系，只要我回来了，咱们可以再把部落建设起来。"

共工还算是个领导人才，他的大旗重新竖起来，一些流散的百姓就陆续回到了他的领地。以前逃亡四处的老部下们，听说共工重建家园，也纷纷回归。

就这样，共工召集旧部，自号黑龙氏，重新经营自己的势力，再次成为一方小霸主。

可是他看鲧到处忙活治水还是不顺眼，忍不住就跟帝尧打报告。共工就说："老板呀，咱得说道说道了！不是您自己安排的，让我把洪水闹大嘛？那您怎么还把神土息壤交给了鲧呢？这不给我添乱嘛！您现在到底是要发水还是要治水，还有没有个准主意了？"

帝尧收到消息就是一愣："啥息壤？"

共工气得说："您自己家的宝物，忘了？就是鲧拿着到处建坝的那个神土！"

帝夋大惊失色："息壤我当然知道，问题是它不是在我后花园里吗，怎么会到了鲧的手里呢？！"

帝夋确实是不知道。鲧用息壤治水在人间是已经过去好几年了，可是在帝夋那有时差，天上这才刚过去没几天的功夫。天庭里也没人天天去查看息壤还在不在。所以这个失窃事件，到现在都还没有被发现。

共工也是愣头青，他没想到鲧手上这些神土是偷的，所以才刚把消息汇报给帝夋。

帝夋闻听此言勃然大怒！我就是想等到人间水深火热的时候，好亲自出手，拯救万民，那人间还是得崇拜我，把我当作最伟大的神！怎么现在鲧擅自就动用了法宝？那他治水要是成功了，这里头不就没我什么事儿了？

共工一听也明白了，来精神了："敢情鲧那个息壤是偷来的？这家伙贼胆儿不小哇！"

帝夋脸上挂不住了，立刻派人下界问罪！《山海经》记载：

鲧窃帝之息壤以堙洪水，不待帝命，帝令祝融杀于羽郊。

这段是说，鲧偷息壤治水，惹怒了天帝。也不用审问了，直接就给弄死了。谁动的手呢？就是祝融。祝融咱们以前提过，黄

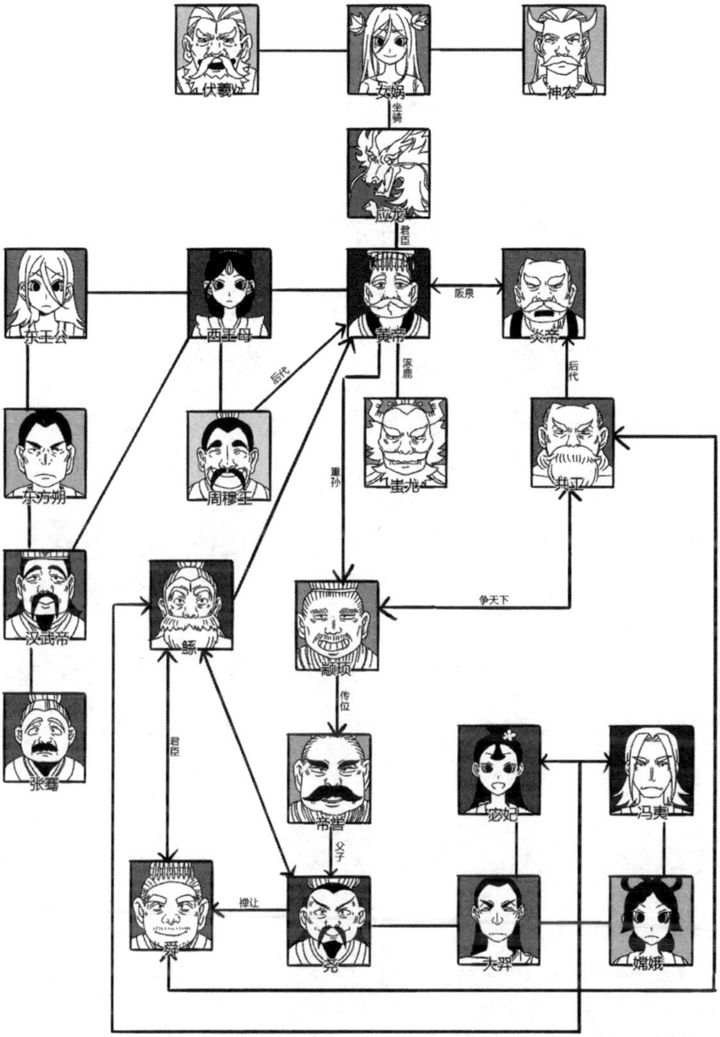
伏羲
女娲
神农
坐骑
应龙
君臣
东王公
西王母
黄帝
阪泉
炎帝
后代
涿鹿
后代
东方朔
周穆王
重孙
蚩尤
共工
汉武帝
鲧
颛顼
争天下
敌对
张骞
传位
君臣
宓妃
冯夷
帝喾
父子
禅让
舜
尧
大羿
嫦娥

帝和炎帝的子孙里都有祝融，这是官职的名字，是掌管火系魔法的火正。这里到底派的是哪一个，《山海经》上也没提。反正鲧是在羽山脚下被杀害了，息壤又被收回了天庭。

对于鲧的死，屈原在他的长诗《离骚》中感叹道：

鲧婞直以亡身兮，终然夭乎羽之野。

婞直，就是刚强耿直的意思，屈原感叹说，鲧其实就是死在了自己这份倔强执着上，以至于丧命在羽山的旷野之中。

可叹啊！鲧为了治水，不畏艰辛，付出了很多心血，最后甚至付出了生命。虽然他的治水大业并没有成功，但是别急，他的执着会传给下一代，继续这番事业。

有人说鲧的下一代在哪呢？他被杀之前有孩子？——没有！但这是神话的世界，万事皆有可能。像鲧这么善良勇敢的人，不能绝后！

据传说，鲧死在羽山脚下，尸身历经三年没有腐烂，甚至还栩栩如生。

尸身之中，正孕育着新的生命！

而在此期间，共工趁着人间失去治水能臣，再次发动了水系攻击。

《淮南子》记载：

舜之时，共工振滔洪水，以薄空桑。

空桑是上古的地名，大约在今天的河南以东、山东以西这片地方，也就是咱们考古的重要发现——龙山文化的遗址。据考证，这个区域是人口非常密集的地方，空桑一点也不空！

所以共工这次洪水发得特别缺德，专门往人口密集的地方去。那舜可就坐不住了，虽然得到了天下，可是放眼望去，天下依然洪水滔滔。舜心说：我这是继承了个啥？水族馆吗？

焦虑之中，他也只得昼夜焚香祝祷，祈求天神来管管人间的事。帝夋当然不管。

所以舜没求来天庭的帮助。但是他万万没想到，却求来了另一尊大神。

这位大神，同情鲧的惨死，要让他的后人继承治水大业。她不但神通广大，而且是四海八荒地位超然的女神，连帝夋都要敬她三分。

说到这很多读者都知道是谁了，正是咱们的老朋友西王母！

到后来羽山脚下，吴刀剖鲧，腹中得子，大禹出世！九尾狐降临人间，应龙显神通，老龟献河图，定海有神针！大禹这才要开河道、通龙门、灭共工、杀相柳，一把神土定九州！